中国社会科学院创新工程学术出版资助项目

日本近代思想研究丛书

崔世广 主编

日本明治时期的社会主义思想研究

卢 坦 著

中国社会科学出版社

图书在版编目(CIP)数据

日本明治时期的社会主义思想研究/卢坦著.—北京：中国社会科学出版社，2016.4

ISBN 978-7-5161-7743-3

Ⅰ.①日… Ⅱ.①卢… Ⅲ.①社会主义—政治思想史—研究—日本—近代 Ⅳ.①D093.134

中国版本图书馆 CIP 数据核字（2016）第 045784 号

出 版 人	赵剑英
责任编辑	王 茵
特约编辑	王 衡
责任校对	胡新芳
责任印制	王 超

出　　版	中国社会科学出版社
社　　址	北京鼓楼西大街甲 158 号
邮　　编	100720
网　　址	http://www.csspw.cn
发 行 部	010-84083685
门 市 部	010-84029450
经　　销	新华书店及其他书店

印　　刷	北京君升印刷有限公司
装　　订	廊坊市广阳区广增装订厂
版　　次	2016 年 4 月第 1 版
印　　次	2016 年 4 月第 1 次印刷

开　　本	710×1000　1/16
印　　张	21.25
插　　页	2
字　　数	294 千字
定　　价	76.00 元

凡购买中国社会科学出版社图书，如有质量问题请与本社营销中心联系调换
电话：010-84083683
版权所有　侵权必究

总　序

　　近代日本像彗星一样登上历史舞台，又像彗星一样消失了，其发展过程颇有戏剧性。明治维新以后，日本提出"文明开化"、"殖产兴业"和"富国强兵"三大口号，走上了快速近代化的道路，一跃跻身于世界五大强国行列，其发展速度令人惊异。然而，近代日本的发展却一直伴随着对外侵略和扩张，特别是在20世纪30年代之后发动了全面侵略中国的战争和第二次世界大战，走上了与世界为敌的道路，最后终于导致了覆灭。近代日本的发展充满着"明"与"暗"、成功与挫折的深刻矛盾，直到今天仍然需要我们对其走过的道路进行深入思考和研究。

　　对近代日本及其所走过道路的研究，可以从政治史、经济史、对外关系史等视角来展开，但是，从思想史的视角进行考察无疑也是重要的和必要的。这是因为，历史归根结底是人们所创造的，人们在创造历史时首先要对历史环境作出反应和认识，然后才能付诸实践和行动，而人们对其所处环境作出反应和认识的结晶便是"思想"。

　　近代的日本变化剧烈、动荡连绵，产生于这一时代的思想自然也会深深地打上时代的烙印。面对接连不断出现的各种矛盾和课题，日本近代思想家们基于不同的立场和思想背景，吸收利用古今内外的思想资源，提出解决问题的方案，设计日本的社会蓝图，描绘日本的发展前景，于是出现了形形色色的"思想"。这些思想如实地反映了近代日本的各种矛盾和问题，并以不同的方式参与了近代日本的建设，对近代日本的历史进程产生了不同程度的影响。因此，系统深入地开展对日本近代思想的研究，从思想史的角度解答日本为什么迅速实现了近代化，又为什么走向了法西斯主义深渊等重大理论问题，对我们加深对日本近代历史的理解，深刻把握日本近代化的模式及其教训，都具有重要的理论意义和现实意义。

然而，思想虽然反映并作用于现实，却并不等同于现实。同样，日本近代思想一方面深深植根于日本近代历史之中，与其发展密切相关，但其始终又与日本近代历史保持着一定距离，具有自己的相对独立性。作为东方的后发型近代化国家，近代日本所面对的课题既有属于日本特有的课题，也有属于东亚国家共同的课题，还有属于世界资本主义发展中的一般性课题。日本近代思想家们对这些课题的回应和解答，不仅使日本近代思想呈现了丰富性和多样性，还使其具有了一些自己特有的发展线索、脉络和逻辑。

关于日本近代思想发展演变的主要线索、脉络和逻辑，我们尝试着将其归纳为三大课题、两个周期和一条主线。首先，日本近代思想自始至终是围绕着三大课题来展开的。这三大课题是：第一，如何处理传统文化与近代文化、日本思想与西方思想的关系；第二，如何处理个人与社会、个人与国家的关系；第三，如何处理日本与亚洲、日本与世界的关系。可以说，以上三大课题贯穿日本近代思想的始终，而对这些课题的不同理解、不同思考便形成了不同的思想或思想流派。其次，日本近代思想的发展经历了前后两个周期性的变化。第一个周期是从明治维新开始，到明治时代结束为止；第二个周期是从大正时代开始，到日本战败投降为止。这两个周期的共同特征，则是前期以欧化主义、近代主义、世界主义为基本倾向，后期以国粹主义、传统主义、日本主义为基本倾向。再者，日本近代思想发展中还存在着一条主线，那就是民族主义和国家主义。这条主线虽然时明时暗、时强时弱，但一直从根本上规定着日本近代思想发展的基调。

我们策划本套丛书的宗旨在于，通过对日本近代思想的系统性、整体性、学术性研究，一方面充分展现日本近代思想的丰富性和多样性，同时透过各种错综复杂的思想现象，发掘日本近代思想的内在逻辑和规律性，揭示日本近代思想与日本近代历史之间的内在关联，以有助于理解和把握日本近代历史的特性。

基于以上目的，本套丛书不以个体精英知识分子的思想、民众思想，或知识、思想和信仰等广义的思想为中心，而以日本近代不同时代背景下产生的思想潮流为中心来展开研究。我们认为，这种以社会思潮为中心的研究，有利于深刻认识日本近代思想的时代精神、日本近代思想与社会的紧张关系、日本近代思想的社会作用与力量，因而也有利于深刻认识日本近代思想的特质。与此相关联，在研究方法上，我们提倡将日本近代思想放到当时的历史背景中去把握，将思想家放到社会思潮当中去把握，先分析思想与时代背景及各种思想来源的联系，进而探讨思想的发展变化以及其内容结构特征，然后搞清思想对当时政治社会及思想文化的影响，以此达到对研究对象的整体把握。

本套丛书基本循着日本近代主要思想潮流演变的轨迹来筹划，包括近代启蒙思想研究、自由民权思想研究、明治中期平民主义思想研究、明治中期国粹主义思想研究、天皇制国家主义思想研究、明治社会主义思想研究、大正民主主义思想研究、大正及昭和前期马克思主义思想研究、法西斯主义思想研究，再加上近代日本的对外认识研究，共计划出版十卷。通过这样的研究，可以基本涵盖日本近代思想的主要潮流，大体展示日本近代思想的全貌。

本套丛书的作者，均为中国社会科学院日本研究所的研究人员和从日本研究所毕业的博士、博士后，都受过日本思想史研究的系统训练，熟悉本学科研究前沿，能熟练运用思想史的研究方法，相信各卷作者都会在自己的研究领域做出应有的学术贡献。作为国内首套体系性研究日本近代思想的创新性尝试，希望本套丛书的出版能对我国日本思想史研究学科的发展，对我国读者了解日本近代思想乃至日本近代历史有所助益。

本套丛书从筹划、申请资助到出版，一直得到中国社会科学院日本研究所李薇所长的大力支持、指导和帮助，在此表示衷心的感谢。另外，对中国社会科学院创新工程提供出版资助，对中国社会科学出版社的大力支持及责任编辑王茵博士的辛勤劳作表示诚挚谢意。

编　者
2015 年 9 月

目　录

导　论 …………………………………………………………（1）
 第一节　研究内容与研究意义 ……………………………（1）
 第二节　先行研究与研究现状 ……………………………（4）
  一　国内学者的相关研究 …………………………………（4）
  二　日本学者的相关研究 …………………………………（8）
 第三节　研究方法与写作难点 ……………………………（13）

第一章　明治时期社会主义思想的传入 ……………………（15）
 第一节　社会主义的内涵及其在欧洲的发展 ……………（15）
 第二节　社会主义抵达日本时初遭冷遇 …………………（19）
  一　社会主义初遭冷遇 ……………………………………（19）
  二　初遭批判的原因 ………………………………………（23）
 第三节　社会主义在日本的早期理解 ……………………（26）
  一　东洋社会党的成立 ……………………………………（28）
  二　东洋社会党的特征及意义 ……………………………（31）
  三　其他相关组织团体 ……………………………………（35）
 本章小结 ……………………………………………………（39）

第二章　明治时期社会主义思想阵营的形成 (42)

第一节　从一位论派到社会主义者 (44)
一　一位论派与社会主义 (45)
二　基督教社会主义的转化 (49)

第二节　从劳资协调派到社会主义者 (56)
一　日本近代工会的开端 (56)
二　劳资协调论的摒弃 (70)

第三节　从自由民权左派到社会主义者 (79)
一　民权左派与社会主义 (79)
二　社会主义者的形成 (81)

本章小结 (90)

第三章　明治时期社会主义思想的成长 (93)

第一节　社会民主党与社会主义协会 (93)
一　基督教社会主义的旗手 (93)
二　昙花一现的社会民主党 (107)
三　社会主义研究会及协会 (125)
四　初期的社会主义论调 (132)

第二节　20世纪初社会主义思想的发展 (144)
一　幸德秋水与《社会主义神髓》 (145)
二　片山潜与《我的社会主义》 (151)

本章小结 (159)

第四章　平民社社会主义时期的思想 (161)

第一节　平民社的主要思想活动 (166)
一　彻头彻尾的非战论 (166)

二　社会主义改造论 …………………………………………（183）
　　三　传道行商活动 …………………………………………（189）
　　四　平民社活动特征 ………………………………………（191）
　第二节　国家社会党与国家社会主义 …………………………（195）
　　一　山路爱山与国家社会党 ………………………………（195）
　　二　国家社会主义 …………………………………………（204）
　　三　"纯正"社会主义 ………………………………………（209）
　本章小结 …………………………………………………………（215）

第五章　明治时期社会主义思想的分化与凋落 …………………（217）
　第一节　唯物论派与基督教派的对立 …………………………（217）
　　一　幸德秋水与基督教 ……………………………………（218）
　　二　唯物论派与基督教派的内容分歧 ……………………（222）
　　三　社会党与日刊《平民新闻》 …………………………（226）
　第二节　直接行动派与议会政策派的分裂 ……………………（229）
　　一　幸德秋水与无政府主义 ………………………………（230）
　　二　社会党的战略之争 ……………………………………（250）
　　三　议会政策派的再度分裂 ………………………………（281）
　第三节　明治时期社会主义思想的尾声 ………………………（284）
　本章小结 …………………………………………………………（290）

终　章 ………………………………………………………………（293）
　第一节　明治时期社会主义思想的内在特征 …………………（293）
　　一　社会主义斗争方式的特征 ……………………………（294）
　　二　社会主义思想的特征 …………………………………（295）
　　三　社会主义领导者的特征 ………………………………（298）

  四　社会主义支持阵营的特征 …………………………（299）
 第二节　明治时期社会主义思想的启示教训 ……………（303）
  一　缺乏马克思主义理论 …………………………………（303）
  二　采取失误的斗争策略 …………………………………（305）
  三　支持基础过于薄弱 ……………………………………（307）
  四　缺失合适的领导者 ……………………………………（310）
 第三节　明治时期社会主义思想的社会意义 ……………（314）

附录　明治时期社会主义思想史相关年谱 ………………（320）

参考文献 …………………………………………………………（322）

后　记 ……………………………………………………………（331）

导　论

◇◇第一节　研究内容与研究意义

和任何社会思想一样，社会主义思想也起源于为了解决社会问题和社会矛盾。[①] 社会主义思想的产生离不开资本主义，随着资本主义制度的发展带来系列棘手的社会问题，部分先觉之士开始逐渐产生对未来社会进行勾画的社会主义思想。"社会主义者"一词最早出现于1827年11月的伦敦合作社机关报《合作杂志》[②]，用来指认同欧文合作学说的人们。而后圣西门派和欧文派分别在1832年2月13日的法文杂志《环球》和1833年8月24日的英文《贫民卫报》中撰文称"社会主义"为未来的理想社会。[③] 在随后的19世纪40年代，社会主义从空想变为科学，《共产党宣言》的面世标志着马克思主义的诞生。可以说社会主义思想包括科学社会主义、空想社会主义和其他非科学社会主义思想，而对社会主义思想作出极大贡献的马克思主义包括科学社会主义、马克思主义哲学和马克思主义政治经济学，

[①]　吴成：《社会思潮研究》，河南人民出版社2007年版，第15页。
[②]　[日]伊藤诚：《现代社会主义问题》，鲁永学译，社会科学文献出版社1996年版，第10页。
[③]　高放等主编：《社会主义思想史》（上），中国人民大学出版社1987年版，第2—3页。

两者既有重合的部分，也有不同的内容。① 社会主义思想在亚洲最早出现于日本，正值明治时期。那么，当时日本的社会主义思想究竟是怎样的意识形态和存在状态，其是怎样演变的，又产生了什么影响呢？在这样的问题意识和探求动机下，本书开始了对日本明治时期社会主义思想的分析与探讨。

本书以明治时期的社会主义思想发展过程为研究对象。开启明治维新历程的日本在接收西方思想的过程中，自然而然地接触到最初诞生于欧洲的社会主义思想。例如在介绍西洋文明方面，加藤弘之、福地源一郎等人均曾提到过社会主义，1881年小崎弘道以《论近世社会党的原因》为题较为详细地言及有关社会主义的内容。但是，这些都是对社会主义的批判声。社会主义者在日本的出现是在19世纪90年代，尤其是甲午战争后的社会急速发展时期。伴随着资本主义的深入发展，贫富分化的社会矛盾和金钱万能、腐败滋生、弱肉强食等社会问题不断升温，吸引着当时的一些社会热心人士加入到改革浪潮。他们在开展社会批判的同时，不断进行学习探索。其中的部分人士开始意识到需要新的理论武器来解决社会问题，于是在众多因素的影响下逐渐走上社会主义道路并形成当时社会主义阵营的主体力量。

不过，就当时的社会主义者来说，虽然他们将社会主义视为理想社会，但却并没有对资本主义经济构造等进行深刻认识，只是抱着美好的愿景从社会进化论的角度对社会发展进行历史展望。幸德秋水早在《社会腐败的原因及其救治》中就曾指出对金钱的欲望等因素导致社会的腐败，而实施社会组织改造是其唯一救治办法，这种通过创造理想社会来解决现实问题的想法是明治时期社会主义者们的共同特征。而后的社会主义思想在思想内容方面逐渐深化。幸德秋水发表了两部关于明治时期社会主义思想的代

---

① 高放等主编：《社会主义思想史》（上），中国人民大学出版社1987年版，第6页。

表著作,即《帝国主义》(1901年)和《社会主义神髓》(1903年)。前者对爱国心、军国主义和帝国主义等内容进行剖析,称帝国主义"实为以所谓的爱国心为经、以军国主义为纬",并得出"如何计以应今日之急症也,曰:无他,惟更向社会国家再施其大清洁法。质而言之,开始世界的大革命之命运耳。变少数之国家为多数之国家……惟能如此,而后吾人始得改造此'不正'、'非义'、'非文明的'、'非科学的'现时之天地也"① 的结论。后者指出由于土地和资本等生产资料被独占,使得劳动者的劳动成果被掠夺,最终导致社会财富的不平等分配,应通过实现生产资料的公有化等措施来消除社会贫困。不过,不得不说的是,甲午战争后的社会主义者们在批判自由竞争的危害和不平等的分配制度等方面热情有余,但是在对作为目标的社会主义及其实现途径进行科学探索等方面却较为欠缺。

  随着日俄战争的临近,当时的社会主义队伍开始构建平民社这一阵地,致力于共同的反战论调。然而伴随着战争结束后这一统一战线的消失,明治时期的社会主义阵营开始分化为以幸德秋水、堺利彦等人为中心的唯物论派社会主义和以安部矶雄、木下尚江、石川旭山等人为中心的基督教派社会主义。之后,由于笔祸事件入狱的幸德秋水在出狱后访问美国,其思想逐渐从议会主义路线转化为无政府主义路线,运动方针也开始转变为总同盟罢工方式的提倡。在1907年2月的社会党第二次大会中,幸德秋水的直接行动论和田添铁二的议会政策论出现明显对立,引发整个社会主义阵营的斗争策略大讨论。可以说,幸德秋水的思想转变直接影响着明治时期社会主义队伍的走向。随后,社会主义队伍内部出现三度分裂,议会政策派也分裂为片山派和西川派,预示着明治时期社会主义阵营统一力量的彻底消失。而在此时,随着政权更迭和时势变化,明治政府对社会主义活动的压制力度不断强化,大逆事件更是给社会主义队伍带来毁灭性打击,直

---

① [日] 幸德秋水述:《帝国主义》,赵必振译,上海梁溪图书馆1925年版,第87页。

接导致明治时期的社会主义进入尾声阶段。

最后，就研究意义来说，对社会主义的研究无疑是重中之重。当前社会主义国家的人口约占全世界总人口的五分之一。在这样的大背景下，要想更好地了解世界就必须首先对社会主义进行认真思索。在世界社会主义范围内，日本的社会主义尤其是明治时期的社会主义曾发挥过特殊作用，一度影响着社会主义在亚洲国家的传播。通过对明治时期的社会主义思想进行研究，可以更好地理解明治时期的思想精神，也可以对社会主义的发展规律有进一步的领悟。尤其对于作为社会主义国家的中国来说，把握近邻日本的社会主义思想发展路径，是件尤为重要的事情。虽然明治时期的社会主义在诸多因素作用下最终结束了自身发展历程，但它依然给我们提供了许多思考空间。通过对其发展过程进行分析思考，能够给予我们许多值得借鉴的经验和值得反思的教训，也能够给予我们更多的社会发展灵感和现实生存智慧。建构理想的社会主义社会是人类永恒的课题，数百年来人类在这条路漫漫的发展道路上摸索前行，而明治时期的社会主义思想便是在这种探索模式下诞生的宝贵经验。

◇◇ 第二节　先行研究与研究现状

一　国内学者的相关研究

就笔者的调查现状而言，目前国内尚没有专门以明治时期社会主义研究为题的系统著作，只是在研究日本社会主义、日本思想史、日本近代史和代表人物时论及相关内容，大致可分为以下几个方面：

（一）20世纪初国人对明治时期社会主义著作的翻译

例如《帝国主义》（幸德秋水著，赵必振译，广智书局1902年版）、

《广长舌》（幸德秋水著，中国国民丛书社译，商务印书馆1903年版）、《社会主义》（村井知至著，侯世绾译，文明书局1903年版）、《近世社会主义》（福井准造著，赵必振译，广益书局1903年版）等著作都再现了明治时期社会主义的思想面貌，对社会主义思想经由日本传播到中国发挥了极大的促进作用。

（二）对日本社会主义思潮的研究中涉及明治时期社会主义的内容

例如《当代日本社会主义思潮》（门晓红著，中共中央党校出版社2007年版）的第一章中介绍了社会主义思想在日本的传播及早期日本社会主义思潮的特征与影响等内容。《冷战后的日本社会主义运动》（朱艳圣著，中央编译出版社2008年版）在第四章第一节中论述了二战前的日本社会主义运动和工人运动，在第五章第一节中探讨了社会主义在中国的早期传播与日本、二战前的日本社会主义运动与中国的相关内容等。

（三）从日本思想史等角度论及明治时期社会主义的内容

例如《国权与民权的变奏——日本明治精神结构》（松本三之介著，李冬君译，东方出版社2005年版）在第八章"黎明时期的社会主义——平民社的人们"中，对社会主义者的形象原型、社会主义者对社会的探索、非战论和直接行动论等内容进行分析。《近代日本思想史第二卷》（近代日本思想史研究会编，李民等译，商务印书馆1992年版）的第七章从近代工人运动的形成及其性质、社会主义理论的研究及其水平、社会民主党的组成、社会主义的流行时代、反战运动的展开与社会主义、战后工人运动的高涨与日本社会党的成立、革命工团主义的抬头与社会党的分裂、社会主义派别的形成与大逆事件等方面进行论述，另外书中还对明治时期的社会主义文学进行了相关总结。此外还有《日本近现代思想史》（刘岳兵著，世界知识出版社2010年版）、《日本哲学史》（朱谦之著，人民出版社2002

年版)、《日本近现代文化史》(赵德宇等著,世界知识出版社2010年版)等著作对明治时期社会主义的相关内容有所论及。

(四) 从日本近代史和代表人物角度论及明治时期社会主义的内容

例如《简明日本近代史》(吕万和著,天津人民出版社1984年版)在第五章和第六章中对明治初期的社会主义运动、早期社会主义者及其反战斗争、日俄战争后的工人运动、大逆事件及其前后等内容进行论述。此外还有对相关代表人物的研究,如《播火者的使命——幸德秋水的社会主义思想及其对中国的影响》(张陟遥著,社会科学文献出版社2013年版)等。总体来说,以上几个方面涉及明治时期社会主义研究的时间范围大都集中在20世纪初,对当时的社会主义萌芽状态论及较少,而且很多在内容上更多的是侧重社会主义运动等,从整体上探讨明治时期社会主义思想面貌的内容并不是很多。

关于明治时期社会主义的论文类研究,在笔者调查的范围内,共有数十篇论文。其研究视角可分为以下几个方面:

(一) 关于明治时期社会主义代表人物的研究

例如《幸德秋水》(苏楠,《世界历史》1982年第4期)、《论幸德秋水》(杨孝臣,《历史研究》1982年第4期)、《幸德秋水的早期社会主义思想与儒学》(王家骅,《日本研究》1993年第3期)、《幸德秋水论稿》(华国学,《外国问题研究》1981年第1期)、《论幸德秋水的哲学思想》(赵乃章,《辽宁大学学报(哲学社会科学版)》1983年第4期)、《论对堺利彦的思想评价问题》(赵乃章,《辽宁大学学报(哲学社会科学版)》1985年第1期)、《试论日本社会主义运动的先驱堺利彦》(滕颖,《哲学研究》1983年第2期)、《片山潜的事业与思想》(金德泉,《国外社会科学》1984年第4期)、《日本早期的马克思主义革命家片山潜》(金竹山,《延边大学学报（哲学社会科学版）》1979年第2期）等。对幸德秋水的研究论文主要从其个人生平、思想轨迹、代表著作、历史评价、哲学思想等方面进行论述。对堺利彦的研究主要集中在其思想评价、社会主义运动功绩等方面。对片山潜的研究主要集中在其社会主义事业与思想内容、向马克思主义者的转化等方面。

（二）关于日本社会主义对中国的影响等的研究

例如《试论社会主义思潮在华传播的起始》（徐行，《南开学报》1999年第2期）、《日本早期社会主义思想对中国的影响》（汤立锐，中共中央党校2012年5月）、《日本早期社会主义思潮对中国共产党的影响》（门晓红，《马克思主义研究》2011年第10期）、《社会主义思潮的传播：从日本到中国》（郑红娥等，《湖南师范大学社会科学学报》2001年第2期）、《日本早期社会主义思潮与中国革命》（王爱云，《广东海洋大学学报》2012年第2期）、《留日运动与社会主义思潮在中国的传播》（郑红娥，湖南师范大学2001年5月）、《早期的日本社会主义思潮在中国的传播与接受》（李智，湖南师范大学2010年5月）等研究论文，主要在社会主义思潮从日本到中国、日本初期社会主义思想给中国带来的影响、留日运动对中国人接受社会主义思潮所发挥的作用等方面进行阐述。

（三）有关明治时期社会主义思想内容的研究

例如《日本社会主义思想史》〔方昌杰，《延边大学学报（哲学社会科学版）》1979年第1期〕、《社会主义思潮在日本的早期传播》〔李智，《湘潮（下半月）》2010年第1期〕等，其研究内容主要集中在西欧社会主义在日本的传播、早期工人运动、早期社会主义思潮的特点、工人运动的新发展、社会党的成立、议会政策论和直接行动论的出现及对立等方面。另外，《日本社会主义：历史、现状、影响——以日本共产党为例》（门晓红等，《新远见》2012年第8期）在论述日本社会主义历史的过程中，提及相关明治时期社会主义的思想内容等。

综上所述，目前国内学者专门针对明治时期社会主义思想进行的研究尚不够充分。在笔者的调查范围内并没有发现关于明治时期社会主义思想本身的专著，论文方面除了对相关代表人物的研究外，大多是有关社会主义早期传播及对中国的影响等内容，对明治时期社会主义的思想内涵、运动纲领、理论政策等内容较少论及。

二 日本学者的相关研究

除了明治时期社会主义阵营自身发行的诸如《平民新闻》等刊物外，日本学者研究明治时期社会主义的著作类成果主要分为以下几个方面：

（一）对明治时期社会主义资料的整理

例如《明治社会主义资料丛书》（太田雅夫编，新泉社1973年版）分别从社会主义协会史、平民社日记、平民文库著作（上中下三卷）、社会主义游说、《平民新闻》与《直言》的内容等方面，对明治时期的社会主义资料进行汇总整理。《明治文化资料丛书社会主义篇》（嘉治龙一编，风间书房1972年版）收录了关于明治时期社会主义方面的相关代表性文章，如《财产平均论》、《社会问题解释法》、《理想团主旨书》、《财富的压制》和《农民的福音》等，这些文章都再现了明治时期的社会主义思想等内容。

（二）明治时期社会主义代表人物自身的文章著作

例如《幸德秋水全集》（幸德秋水全集编辑委员会编，筑摩书房1975年版）按照时期划分，对幸德秋水一生写作的文章、译文、书信等内容进行汇总。此外还有幸德秋水撰写的《社会主义神髓》、《广长舌》、《帝国主义》等书籍。除了幸德秋水的著作外，还有片山潜的《我的社会主义》、堺利彦等人的《日本社会主义运动史》、村井知至的《社会主义》和安部矶雄的《社会问题解释法》等著作。另外还有诸如田添铁二、片山潜、山路爱山等人的文章合集类著作。

（三）针对明治时期社会主义代表人物的研究著作

例如《幸德一派大逆事件始末》（宫武外骨编，龙吟社1946年版）、《幸德秋水——明治社会主义的一等星》（坂本武人著，清水书院1984年版）、《幸德秋水思想与大逆事件》（大原慧著，青木书店1977年版）、《幸德秋水》（伊藤整编，中央公论社1984年版）、《田添铁二》（冈本宏著，岩波书店1971年版）、《社会主义者及无政府主义者人物研究史料1》（社会文库编，柏书房1964年版）、《安部矶雄》（高野善一著，《安部矶雄》刊行会1970年版）等，分别对明治时期社会主义的相关人物进行研究。

（四）对日本社会主义的研究中论及有关明治时期的内容

例如《日本的社会主义》（日本政治学会编，岩波书店1968年版）中收录了松泽弘阳的《明治社会主义的思想》，该部分内容结合明治国家体制，将明治时期的社会主义代表人物划分为前世代、中心世代和后世代进行分别探讨，论述了由社会改良思想所诞生的社会主义思想内容及其日后的发展道路。《日本社会主义的伦理思想》（山田洸著，青木书店1981年版）的第二章以片山潜、木下尚江和幸德秋水为代表，分析了他们各自的人类主义色彩、民主主义色彩和理想主义色彩，介绍了明治时期社会主义运动的发展、衰退过程。此外还有《日本社会主义文献解说》（渡部义通等编，大月书店1958年版）、《日本社会主义运动思想史》（丝屋寿雄著，法政大学出版局1979年版）等。

（五）对明治时期的社会主义进行研究

例如《明治社会主义研究》（中村胜范著，世界书院 1966 年版）、《明治社会思想的形成》（住谷悦治等编，芳贺书店 1969 年版）、《明治社会主义史论》（辻野功著，法律文化社 1983 年版）、《明治初期社会思想的研究》（加田哲二著，春秋社 1933 年版）、《初期社会主义史的研究》（太田雅夫著，新泉社 1991 年版）、《明治社会运动思想》（岸本英太郎著，青木文库 1955 年版）等，对明治时期社会主义的形成及发展过程有较为详细的论述。

（六）对日本思想史的研究中涉及明治时期社会主义的内容

例如在《日本思想史概论》（石田一良编，吉川弘文馆 1976 年版）的第四编近代思想中，有关明治时期社会主义的章节介绍了其从兴起到衰退的过程。《日本思想史读本》（吉田光编，东洋经济新报社 1979 年版）从资本主义发展过程中所带来的劳动问题入手，记述了明治时期社会主义思想的诞生、分裂过程，分析了初期社会主义者的共同思想特征，即基于儒学教养的理想主义和为了理想献身的志士仁人意识。在《近代日本思想的轨迹》（野田又夫编，北树出版社 1982 年版）的第二部分第五章中，作者山泉进从社会进化论的角度出发，对明治时期的社会主义思想内容进行剖析。此外，在明治思想研究中也有关于社会主义思想的内容。如在《明治初期的思想——其特性与界限》（淡野安太郎著，劲草书房 1967 年版）第四章中，作者从明治时期社会主义的萌芽时代、星云时代、贫富论、社会主义论争、欧洲社会党等角度出发，对明治时期社会主义思想的诞生、发展过程进行阐述。

日本学者关于明治时期社会主义研究的论文类成果，在笔者的调查范围内大体可分为以下几个方面：

(一) 围绕明治时期社会主义的发行刊物等进行研究

例如《明治社会主义者的贫民论——以机关报为中心》（向井启二，《龙谷史坛》1983 年 3 月）、《明治社会主义史料中的外国社会主义运动——以〈直言〉为中心》（饭田鼎，《三田学会杂志》1961 年 6 月）、《明治社会主义中的教育论——以社会主义机关报为中心》（桥本敏雄，《东京学艺大学纪要第 3 部门社会科学》1969 年 9 月）等论文围绕明治时期社会主义的发行杂志进行研究。

(二) 对明治时期社会主义代表人物的研究

例如《明治社会主义的思想——以幸德秋水为中心》（盐田庄兵卫，《文化评论》1968 年 11 月）、《明治社会主义的"自由"状况——以幸德秋水和片山潜为中心》（土方和雄，《科学与思想》1977 年 1 月）、《明治社会主义者——堺利彦》（向井启二，《龙谷史坛》1984 年 3 月）、《村井知至——〈社会主义〉以后》（田中真人，《基督教社会问题研究》1996 年 12 月）、《明治社会主义与知识分子——木下尚江》（浜口晴彦，《社会科学探讨》1974 年 3 月）等论文分别对明治时期社会主义的代表人物幸德秋水、片山潜、堺利彦、村井知至和木下尚江等人进行研究。

(三) 对明治时期社会主义与社会问题的解决进行研究

例如《社会问题的发生与明治社会主义》（秋元律郎，《社会科学探讨》1977 年 7 月）、《明治社会主义的农民问题论》（牧原宪夫，《历史评论》1978 年 7 月）、《明治社会主义者与朝鲜——以反对"日韩会谈"斗争为中心》（吉冈吉典，《历史评论》1965 年 6 月）、《粮食进口关税与明治社会主义者》（森山诚一，《金泽经济大学论集》1987 年 7 月）等文章以明治时期的社会主义为思想背景，对该时期的社会问题进行思索。

（四）对明治时期社会主义的思想内容进行研究

例如《明治社会主义思想的诞生与背景》（羽仓一雄，《大分大学经济论集》1977年12月）、《明治社会主义中的国家意识》（冈本宏，《科学与思想》1972年1月）、《明治时期的社会主义》（饭田鼎，《三田学会杂志》1974年3月）、《明治社会主义的思想（日本的社会主义与明治体制的关联）》（松泽弘阳，《日本政治学会年报》1968年12月）等分别探讨了明治时期社会主义的形成背景、思想内容以及社会主义与明治国家体制的关联等。

（五）对明治时期社会主义的发展过程进行研究

例如《明治社会主义的终结——以直接行动论为中心》（飞鸟井雅道，《思想》1968年2月）、《明治社会主义的发展与分化——以运动论和组织论为中心》（冈本宏，《法经论集》1965年10月）、《明治社会主义思想的发展》（羽仓一雄，《大分大学经济论集》1978年12月）、《明治社会主义的形成——至平民社设立期的发展历程》（板垣隆昭，《文化史研究》1967年8月）、《明治社会主义意识的形成》（中村胜范，《法学研究》1968年7月）等分别对明治时期社会主义的不同发展阶段进行探讨。此外，还有对明治时期社会主义运动的研究，如《关于明治社会主义运动的考察——以直接行动论的兴起为中心》（辻野功，《同志社法学》1963年9月）等。

综上所述，明治时期社会主义的研究多是被放在社会主义史、思想史等框架下进行的，专门的、全面的、系统的著作类研究尚不是很充分。论文类成果中除了对明治时期社会主义代表人物的研究之外，中日两国存在着研究视角的不同，如中国学者更偏重日本社会主义的早期传播、日本社会主义对中国的影响等角度，而日本学者则更侧重于明治时期的社会主义资料、发行杂志、社会问题及思想发展等方面。

◇◇ 第三节　研究方法与写作难点

本书基于社会存在决定社会意识的观点，在结合明治时期社会背景的同时，对各个阶段的社会主义思想内容进行探讨。为把握明治时期社会主义思想的整体面貌，需要大量阅读当时的发行刊物如《平民新闻》等杂志，以及幸德秋水等社会主义思想家的全集。还需要随时阅读先行研究以便及时把握相关研究动向，熟读对本书具有参考意义的研究成果，同时还要参考日本社会发展和明治国家构造等研究资料。

本书将采用以下三种方法进行研究。第一是形成论的方法。本书运用形成论的研究方法，从历史学的视点来探究明治时期社会主义思想的形成过程。按照明治时期社会主义思想的内在规律，将这一动态发展过程划分为"社会主义思想的传入"、"社会主义思想阵营的形成"、"社会主义思想的成长"、"平民社社会主义时期的思想"、"社会主义思想的分化与凋落"五个阶段，即明治时期社会主义思想的传入期、形成期、成长期、成熟期和分化期五个部分。本书将对这五个发展阶段进行逐一考察，并对每个发展阶段在整个思想体系中的位置等内容进行剖析，以便从总体探讨明治时期的社会主义思想体系。

第二是形态论的方法。除了运用形成论的动态研究方法外，本书还将运用静态的形态论研究方法，从结构主义的视点来分析明治时期社会主义思想的存在状态。书中将对明治时期社会主义思想的五个阶段进行结构分析，同时注重思想与政治经济文化的关联，从思想内涵、理论方针、社会运动、人物特征等不同侧面来探索明治时期社会主义思想的形态结构，以便从整体上把握明治时期社会主义思想的特征。

第三是实证研究法。本书将从明治时期社会主义思想这一特定研究对象中选取代表人物，如幸德秋水和片山潜等进行研究。幸德秋水生于1871年，卒于1911年，其生卒年与明治时期大体相同。他作为明治时期社会主义阵营的重要代表人物，不仅在社会主义思想平稳发展期发表了大量代表性著作，在明治时期社会主义思想分化期也产生了巨大影响，足以左右整个社会主义队伍的走向。而片山潜也是明治时期社会主义阵营的重要指导人物，他在日后成功走向马克思主义道路，对日本社会主义的发展作出了巨大贡献。所以书中部分章节试图通过对个别代表人物进行分析的方法，来总结明治时期社会主义的代表性理论观点。

  在本书的写作过程中存在着一些难点。第一，目前国内关于明治时期社会主义思想研究的著作缺乏，需要大量搜集、整理、分析日文研究资料，需要广泛阅读明治时期社会主义代表人物的各种著作和当时发行的各种期刊杂志，这意味着撰写过程中的文献阅读量很大，写作的前期准备工程相当庞杂。第二，全面把握明治时期的社会主义并不是件简单的事情。首先，明治时期的社会主义在形成之时杂糅了国内外各种思想，流派众多，所以在研究的时候需要对各种相关思想流派的本质内涵等都有明确的认识。其次，明治时期社会主义的各个代表人物拥有不尽相同的思想，而且每个人的思想也都在随着各种因素的作用发生着变化，这无疑增加了从整体进行把握的难度。再次，各个代表人物思想变化所最终形成的合力，使得明治时期的社会主义思想在发展过程中，演变成一个连运动方针等内容都在不断改变的曲线发展轨迹。此外，由于明治政府对社会主义的干预态度，其代表刊物或组织团体通常是数月之后甚至是当天即被下令停刊或解散，导致明治时期的社会主义并没有呈现出一个长期稳定的发展局面，这也在无形中增添了研究的复杂性与困难性。

第 一 章

明治时期社会主义思想的传入

在日本明治维新移植资本主义成果的过程中，各种社会科学思想不断涌入，社会主义思想便是其中之一。只是由于思想传播往往具有一定时差，此时西方的社会主义思想活动已经开展得如火如荼，而日本国内的大多数人尚不知社会主义为何物。1870年7月，加藤弘之首次在《真政大意》一文中提及"社会主义"一词，随后《邪说之危害》、《论近世社会党的原因》等文章也都开始了有关社会主义的记载。于是，社会主义思想开始了在日本的"旅程"。值得一提的是，它经历了一个从"遭冷遇"到"被理解"的过程。在对这个过程进行探讨之前，首先对社会主义的内涵及其在欧洲的发展进行一些简单介绍和分析。

◇◇ 第一节 社会主义的内涵及其在欧洲的发展

什么是社会主义？从广义来讲，科学社会主义、空想社会主义以及其他各种非科学社会主义都是社会主义。人们由于阶级地位不同、思想观点不同，而对社会主义的理解各异，尽管如此，从社会主义思想的出现大体看来,"社会主义"是指与资本主义对立的一种思想体系、一种社会制度。① 而马克思、恩格斯在提出他们的科学社会主义理论时,主张用"共产主义"一词,有时也讲"科学社会主义"是为了与各种空想社会主义相对立。② 马克思主义是这样解释社会主义的:第一,科学社会主义作为一种思想体系和在这种思想体系指导下的运动,它和共产主义是同义语。科学社会主义就是共产主义;第二,作为一种社会制度,社会主义社会是共产主义社会的第一阶段或低级阶段。③

从总体来看,社会主义思想最早出现于欧洲,截至一战前,它在欧洲的发展大致经历了三个阶段,即空想社会主义的发展、科学社会主义的诞生、科学社会主义与其他非科学社会主义的斗争。④

从16世纪20年代至19世纪40年代的空想社会主义时期可以划分为若干阶段,即16世纪至17世纪,以莫尔、康帕内拉等人为主要代表的空想社会主义;18世纪以摩莱里、马布利为主要代表的空想社会主义;19世纪初以圣西门、傅立叶、欧文为代表的批判的空想社会主义;之后又有以布朗基、魏特林为代表的空想社会主义。⑤ 16世纪的欧洲正值资本主义的兴起阶段,在资本原始积累过程中其弊端和问题日益显露,这给空想社会主义的诞生提供了前提条件。1516年莫尔完成《乌托邦》的创作,畅想了一个废除私有制、实现财产公有和按需分配等内容的理想世界;康帕内拉所描绘的"太阳城",是一个没有私有财产、共同拥有财富的社会共同体。18世纪的摩莱里著有《自然法典》等著作,主张权利平等,实现共同劳动等

---

① 高放等主编:《社会主义思想史》(上),中国人民大学出版社1987年版,第1页。
② 孙凯飞:《什么是社会主义》,黑龙江人民出版社1985年版,第2—3页。
③ 吴黎平:《社会主义史》,北京出版社1988年版,第6页。
④ 高放等主编:《社会主义思想史》(上),中国人民大学出版社1987年版,第7页。
⑤ 戴清亮等:《社会主义学说史》,人民出版社1987年版,第6页。

内容的公有制，带有平均主义色彩；马布利反对私有制和社会不平等，重视法律对社会发展的作用。他们所构想的理想社会大多具有以下特征，主张废除私有制、追求平等、实现财产公有、向往共同劳动权利的集体生活等。

19世纪的空想社会主义被称为批判的空想社会主义学说，其对资本主义的批判不断深化，被认为是空想社会主义的最高阶段。① 对此，卡尔·兰道尔曾在《欧洲社会主义思想与运动史》中提及，"社会主义思想和运动是随着近代工业的出现而出现的。在此之前，即使早期的莫尔、康帕内拉、温斯坦莱、马布利、摩莱里等空想社会主义者在他们的著作中提出了未来理想的社会制度，主张消灭私有财产，实现财产公有制度，但是他们还不能算作近代意义上的社会主义者，充其量不过是私有财产的反对者。同样，在他们那个时期所发生的许多工人骚动事件也不能称作社会主义工人运动。18世纪末，由于工业革命的出现，社会财富日趋集中，贫富不均愈加严重，社会不平等更加扩大。这时，一些关心社会命运的思想家诸如圣西门、傅立叶和欧文便提出了'社会主义'这个名称和他们的空想社会主义学说，以解决'既要保留工厂，同时又要消灭或大大缩小不平等'这个社会根本矛盾"。② 他认为圣西门、傅立叶和欧文出现之后的社会主义才能称为近代意义上的社会主义。圣西门宣称资本主义社会必然衰亡、必然会被新的社会制度代替；傅立叶预见到资本主义危机的必然性并主张创立和谐制度；欧文不仅在观念中追求理想的社会形态，还在实践中探索和谐公社的建立等。布朗基拥有执着的革命意志，倡导武装起义；魏特林主张暴力革命，坚持革命的彻底性等。虽然他们的社会主义学说还都仅停留在空想阶段，但是却为下一阶段科学社会主义的诞生提供了养分。

---

① 戴清亮等：《社会主义学说史》，人民出版社1987年版，第51页。
② [美]卡尔·兰道尔：《欧洲社会主义思想与运动史》，群立译，商务印书馆1994年版，第3页。

科学社会主义的诞生，是资本主义生产方式发展的必然产物。① 19世纪30—40年代的欧洲三大工人运动，象征着无产阶级作为一支独立的政治力量登上历史舞台，这正是科学社会主义诞生的阶级基础。1848年《共产党宣言》的发表标志着马克思主义的诞生，它主要包含以下几点内容：第一，阶级斗争是阶级社会发展的动力；第二，资本主义的灭亡和共产主义的胜利是同样不可避免的；第三，无产阶级是资本主义的掘墓人和共产主义社会的建设者；第四，无产阶级革命和无产阶级专政是实现无产阶级历史使命的根本道路；第五，无产阶级政党的正确领导是无产阶级实现其历史使命的根本保证。② 从《共产党宣言》发表到俄国十月革命胜利，这整整70年间，从世界范围来看，一方面，马克思主义思想在各国工人阶级和劳动人民中间一天天传播开来；同时，资产阶级和形形色色的机会主义者对马克思主义的诋毁和歪曲也更加厉害。③

科学社会主义诞生后不断面临各种非科学社会主义派别的挑战，并不得不与其进行斗争。例如自19世纪40年代以来，马克思主义与蒲鲁东主义的分歧日益加深，1871年巴黎公社运动后蒲鲁东派的力量大幅削弱；巴枯宁派坚持无政府主义并与马克思主义产生对立，在1872年的第一国际第五次大会即海牙大会上被除名等等。继1883年马克思逝世后，1895年恩格斯也离开人世，然而，其他派别的社会主义对马克思主义的攻击并未停止。1896年伯恩施坦公然提出对马克思主义的修正，反对无产阶级专政和无产阶级革命，主张和平过渡，并对阶级斗争和剩余价值理论等进行否定，甚至还在一战期间支持帝国主义战争；而考茨基则于1910年跟鲁道夫·希法亭、奥托·鲍威尔等人组成第二国际中的"中派"，口头上承认革命，实际上背弃革命，大搞折中主义，力图实现马克思主义与机会主义、左派与右

---

① 陶大镛编：《社会主义思想史略》，中国青年出版社1985年版，第85页。
② 戴清亮等：《社会主义学说史》，人民出版社1987年版，第160—163页。
③ 陶大镛编：《社会主义思想史略》，中国青年出版社1985年版，第159页。

派之间的所谓"统一"和"团结",用马克思主义的词句来维护机会主义在群众中的影响。① 这些思想论争工作后来则交由列宁等人来完成。总之,当时的马克思主义是在与各种非科学社会主义的不断论争中实现前行发展的。

◇◇第二节　社会主义抵达日本时初遭冷遇

在当时的国际环境下,西方的社会主义自然而然地通过新闻报道、杂志文章和著作翻译等途径,被极力实施文明开化的日本所知晓。例如,1870年西周在《百学连环》中谈到欧文、圣西门、傅立叶等人的"会社之说"(社会主义)和"通有之说"(共产主义),称"会社之说"是"欲废止政府,农工商悉各结成其会社,以此普及世界,建立国家","通有之说"则是"欲合田地及家财平均之,以作万民各所有,相共而生活,随后诞生之人,亦悉平均相分,以此立国家"。② 然而,作为首先在西方资本主义世界诞生的产物,社会主义思想抵达日本时并不是一帆风顺的。因其具有主张打破社会现状、实现社会变革等思想特征,它在日本一度被视为邪说和思想危险物。

一　社会主义初遭冷遇

日本的社会主义思想启蒙几乎是与资本主义的发展同步进行的。③ 然

---

① 陶大镛编:《社会主义思想史略》,中国青年出版社1985年版,第171—179页。
② 张陟遥:《播火者的使命》,社会科学文献出版社2013年版,第19—20页。
③ 张忠任:《马克思主义经济思想史(日本卷)》,中国出版集团2006年版,第11页。

而，正如福井准造在《近世社会主义》中所言，"然或因孟浪过激之凶徒，为安宁秩序之仇敌，以招世界之嫌恶"①，它在初始之时是被拒之门外的。1872年2月，中村正直所译的《自由之理》便曾宣称社会主义侵犯自由并对其进行攻击等。② 通过对明治初期提及社会主义的文章报道进行分析，不难发现，在抵制社会主义思想的共同态度下，其进行批判的角度是不同的，可以划分为从经济学派角度、社会危害角度和防治对策角度等方面。

（一）从经济学派角度进行批判

日本最初提及社会主义字眼的文章见于1870年7月加藤弘之的《真政大意》，文中首次使用socialism和communism的音译片假名ソシアリスメ和コムミュニスメ。他在文中提到，"社会主义经济学派和共产主义经济学派虽略有不同，但两者大同小异，皆主张天下万民衣食住行等的均等"③。社会主义经济学派和共产主义经济学派主张实现生产资料等私有现象的彻底废除，将其交由政府统一管制而不是授予个人，以此来消除自由经济体制下的社会贫富悬殊问题。但在加藤弘之看来，主张贫富均等、否定自由竞争、妨碍社会进化的做法实属愚昧懒惰，极其束缚个人的自由权利，其苛刻程度令人难以忍受，为"有害之制度"④。此外，美国教育家里纳特⑤在同志社⑥大学公开讲授经济学时曾提及社会主义，学生当中有海老名弹正、

---

① ［日］福井准造：《近世社会主义》，赵必振译，上海时代书店1927年版，第1页。
② 佐々木敏二：「日本の初期社会主義1」，『経済資料研究』1974年5月，2頁。
③ 植手通有編：『日本の名著34 西周・加藤弘之』，中央公論社1984年，370頁。
④ 张陟遥：《播火者的使命》，社会科学文献出版社2013年版，第20页。原文见植手通有編：『日本の名著34 西周・加藤弘之』，中央公論社1984年，370頁。
⑤ Dwight W. Learned，1875年11月赴日，1879—1892年间在同志社大学讲授经济学（丝屋寿雄：《日本社会主义运动史》，法政大学出版局1979年版，第21页）。
⑥ 1864年新岛襄赴美学习，1874年回国，1875年开设此基督教学校。

小崎弘道等人，他也堪称在日本的学校课堂中首次提及社会主义思想的人。① 不过，作为自由主义经济学派，他主张通过社会改良手段在资本主义体制内解决各种社会问题，而不是采用社会组织的根本变更这一方法。在他看来，社会主义不过是一张空头支票。

（二）从社会危害角度进行论述

1878 年 6 月，福地源一郎在《东京日日新闻》发表文章《邪说之危害》，首次使用汉字"社会主义"②，而不是一贯使用的社会说、社会论或社会党说等指代词。文中介绍了德国皇帝威廉一世遇刺和俾斯麦实施社会党镇压法等情况。他认为无视可以发挥重要功效的"自家主义"的做法是极其荒谬的，社会党是激烈的共和政论派，扰乱社会治安的社会党成员无疑是"暴徒"。例如他曾说过，"倡导傅立叶所谓社会论的，只不过是暴徒罢了"③。毫无疑问，福地源一郎对社会党持批判态度，并认为所谓的社会主义主张根本不可能实行。另外，加藤弘之在 1874 年 2 月的《答福泽先生论》中提到，共产主义党派和自由主义党派这两种截然不同的思想都是荒谬的。自由主义党派会导致民权的扩张和国权的缩小，国权的衰弱会危及国家的存在，而共产主义党派则是主张将农工商等诸行业交予国家，会导致国权的扩大和民权的缩小，同样也会危及国家、危及社会。

（三）从防治对策角度进行研究

1881 年 4 月，小崎弘道于《六合杂志》④ 第 7 号发表《论近世社会党

---

① 堺利彦ほか：『日本社会主義運動史』，改造社 1928 年，55 頁。原文见《社会问题讲座第 3 号杂录》。
② 高放等主编：《社会主义思想史》（上），中国人民大学出版社 1987 年版，第 3 页。
③ 佐々木敏二：「日本の初期社会主義 1」，『経済資料研究』1974 年 5 月，3 頁。
④ 1880 年 10 月创刊，至 1904 年 12 月共发行 288 号。

的原因》一文。文章开头便指出,关心时事安危的学者应该探究社会党的由来、分析防止社会党产生的对策,以避免社会党的"破坏主义"① 波及日本。文中仅有一处使用社会主义的音译假名,其余均用汉字代替。他介绍称,"社会主义主张废除各项资本所有权,削减贫富贵贱的差别,期冀实现共有的幸福"②。但他却称社会主义为"社会的病症"③。在他看来,其产生的原因可以分为三种,"一是宗教家或哲学家因共同的信仰观点而聚集,欲远离尘世、清静其身而追求同产共业;二是不满于风俗颓废和贫富差距的社会现状,学者仁人仅凭想象欲对社会施加改良;三是所谓的废除贫富贵贱差别、变更生产资料所有权为公有等主张,只不过是以改变社会现状为借口,其实是因为个人的不平与不满情绪而生"④。他认为如今的社会主义看似是因第二种情况产生,其实是因为第三种情况,社会主义产生的原因在于人性,即感觉到不公平与不满足的人性。只有满足个人需求,比如在知识、权力、名誉等方面的愿望,人才会觉得幸福。相反,不能满足个人需求会使得人心错乱,小则产生具有颠覆政府危害的过激政党,大则产生滋生社会动乱的社会党等。身为牧师的他认为,人性的不平不满是因为宗教的衰退,社会主义的防治对策应为加强具有满足人心作用的宗教扩张。

此外,久保田贯一于1879年3月11日在《东京日日新闻》上发表《社会党的蔓延》,指出社会主义的防治对策在于不能压抑民权,应吸取中央集权过度集中的俄国的教训,尽快采取自由的立宪政治。⑤ 1879年8月

---

① 小崎弘道在《论近世社会党的原因》中视社会主义为破坏主义,给社会主义带来了很大的负面作用,幸德秋水直至1899年9月还在撰文《破坏主义乎乱民乎》反驳此说法,宣称社会主义不是破坏主义。
② 佐々木敏二:「日本の初期社会主義1」,『経済資料研究』1974年5月,7頁。
③ 张陟遥:《播火者的使命》,社会科学文献出版社2013年版,第21页。原文见官川透、荒内几男《日本近代哲学史》,东京有斐阁1976年版,第151页。
④ 絲屋寿雄:『日本社会運動思想史第2巻』,青木書店1968年,117頁。
⑤ 秋山憲兄:『日本の近代化とキリスト教』,新教出版社1973年,266頁。

23 日,《大阪日报》刊登《社会党的议论》一文称,承认自由民权是防御社会党产生的对策,随后《东京曙新闻》撰文称如果开设国会不被允许的话,部分民权论者将会走向社会主义,而《朝野新闻》也发表言论称如果明治政府准许开设国会并承认人民自由,虚无党等事宜将不必担心。①

二 初遭批判的原因

不得不说,当时的人们在与社会主义的早期接触过程中普遍存在着一定的认知局限,如将社会主义误认为贫富平均论或财产共有论、忽视社会主义产生的根本原因、混淆虚无党与社会主义政党、站在国家层面从自由主义角度对社会主义进行理解、未曾触及社会主义的真正内涵等。不过,共同点却是,他们不约而同地显示了对社会主义的批判态度。这些"批判"及"冷遇",不外乎国外现状影响、国内发展要求和自身条件特征等方面的原因。

从国外现状影响来说,西方国家对待社会主义的态度在影响着日本。在当时的西方资本主义诸国,社会主义面临镇压已经是常态。1878 年 5 月及 6 月德国皇帝威廉一世两次遇袭、1878 年 9 月俄国警察头领被袭击、1881 年 3 月俄国沙皇亚历山大二世遭暗杀等,这些事件在那时都曾被报道过为社会党所为,于是,对社会党的镇压更有了堂而皇之的理由。例如德国于 1874 年公布出版法、1878 年公布社会党镇压法,禁止社会主义团体的结社、集会、运动、出版等活动,对加入所禁团体或是为其提供方便的人员进行罚金或监禁处罚等。这些消息在日本国内都有报道,于是当时的日本民众在尚不知社会主义为何物时便对其抱有恐惧。此外,1882 年 3 月伊藤博文等人为制定宪法远赴欧洲取经,在资本主义国家的所见所闻及所聘

---

① 秋山宪兄:『日本の近代化とキリスト教』,新教出版社 1973 年,277—279 頁。

请德国讲师等人的言传告诫，也加深了明治政府尤其是资产阶级利益代表及其维护者对社会主义的反感。正致力于建设国家体制的明治政府俨然已经觉察到西欧资本主义各国所面临的社会主义威胁，也较为提前地有了应对准备。

从日本的国内发展要求来说，当时的国家形态与社会主义相去甚远。明治初期的日本一直在致力于应对各种反对势力，历经1868年1月至1869年6月的戊辰战争，1874年2月的佐贺之乱，1876年10月的神风连之乱、秋月之乱、荻之乱，1877年2月的西南战争，1878年8月的竹桥事件等，明治政府在应对动乱过程中不断实现集权统治的强化。在军事方面，1871年从萨长藩等抽调兵马组建新政府军事力量，1873年颁布征兵令规定义务兵役制等，不断通过加强军备来追求权力巩固。在经济方面，1870年推行殖产兴业政策并引进发达资本主义国家相关制度，废除封建领主土地所有制并于1873年实施地租改正等。可以形象地说，这正是成立伊始的明治政权追求巩固发展的起步阶段。社会存在决定社会意识，社会主义思想起源于资本主义的矛盾，是为了解决资本主义发展所带来的社会问题。而当时的日本正处于推行资本主义的早期阶段，尚未实现其成熟发达，尚未真正面临资本主义弊端引发的社会矛盾极度恶化等棘手问题，最重要的是尚未形成足以担当重任的阶级力量，所以社会主义并未拥有广阔的立足空间也是不难理解的。

从自身条件特征来说，明治初期有关社会主义的书籍数量极少，很大程度上限制着人们对社会主义思想的理解。直到明治15年即1882年才出现日本第一本社会主义原文译著《良政府谈》[①]，可以说当时并不具备真正认识社会主义的知识氛围。而关于社会主义的自身主张，社会主义追求的是对资本主义社会弊端的打破，追求的是社会组织的变更，这显然是违背

---

① 即托马斯·莫尔的《乌托邦》。

明治国家主流思想的。明治初年仅存的数篇提及社会主义的文章作者几乎都为官方学者，如加藤弘之拥有男爵爵位、曾担任东京大学校长和学士院院长等；福地源一郎曾担任明治政府御用报纸《东京日日新闻》的社长、还曾于 1882 年 3 月组织立宪帝政党对抗自由民权运动；小崎弘道曾担任日本基督教青年会创始者等。他们作为明治时期国家推行资本主义诸政策的维护者和鼓吹者，在比他人较早接触到社会主义时对其采取批判态度也是可以预料到的。所以说，无论是学习对象国的影响，还是国家自身的发展要求，或是当时各种社会条件的制约，明治初期的社会主义都没有获得充分的外部生存空间和自身发展余地。

然而，虽然社会主义遭受冷遇，但也正是这些批判文章充当了社会主义思想在日本传播的第一批使者。例如，小崎弘道在《论近世社会党的原因》中首次提及马克思之名，在对其持反对态度的同时也对其主张有所涉及，介绍称其认为社会贫富悬殊的原因在于所有权，资本家以不当手段占据生产利益而劳动者却无法获得相应报酬，解决问题的方法只能是废除现行所有权制度重新建立社会组织等。例如，里纳特曾介绍称，社会党内涵广泛，可大致分为三类，一类是认为政府及各项制度"不良不正"而主张断然废弃的虚无党，即破坏主义；一类是主张全面废除政府而在各地设置共产社会的共产主义，即共产党；一类是主张扩张社会组织参与事务权力的社会主义，即社会党。① 例如，《东京曙新闻》于 1879 年刊登《社会党的原因及来势》一文，在宣称社会主义为不可能实现的空谈、社会党的传播无足为惧的同时，也提到了社会党产生的原因在于贫富悬殊等内容。② 就这样，在反对声中，"社会主义"抵达了日本。

---

① 堺利彦ほか：『日本社会主義運動史』，改造社 1928 年，56 頁。原文见住谷悦治《我等》，1927 年 12 月号，第 637 頁。
② 佐々木敏二：「日本の初期社会主義 1」，『経済資料研究』1974 年 5 月，4 頁。

◇◇ 第三节　社会主义在日本的早期理解

虽然国家主流思想并没有表现出对社会主义的欢迎态度，不过，进入19世纪80年代后，随着国内形势的变化，社会主义的发展之路有所改观。虽然当时依然是几乎没有社会主义信奉者的状况和局面，但随着社会现状的改变和社会主义的传播积累，开始逐渐涌现出具有社会主义早期倾向或类似社会主义主张的理解者。例如1881年7月13日《大阪日报》刊载的《论贫富悬殊之事》及同年12月18日《土阳新闻》第5号所刊登的植木枝盛演说等，均表现出对社会主义主张中关于打破贫富悬殊观点的肯定。① 而"社会主义"一词的流行则始于1887年，当时首期《国民之友》开始连载亨利·乔治一篇文章的译文，他在该文中便常常使用"社会主义"一词。②

这与当时的社会状况密切相关。随着1873年的地租改正条例将实物年贡变为缴纳地价3%③的现金年贡，农民被强行拉入商品经济队伍，当时农民缴纳的地租占据总税收的60%—85%，支撑着明治初期发展的绝大部分财政。④ 随后，废除世袭俸禄过程中的公债发行、筹集西南战争费用的不兑换纸币的滥发，造成1878年前后的通货膨胀，而1881年松方正义的低物价政策等又致使米价暴跌，再加上不断提高的府县税、町村税等地方税，

---

① 秋山憲兄：『日本の近代化とキリスト教』，新教出版社1973年，283—284頁。
② [美] 陶慕廉：《战前日本的社会民主运动》，赵晨译，中国友谊出版公司1987年版，第24页。原文见大原社会问题研究所《日本社会主义文献》，同仁社书店1929年版，第110页。
③ 1877年改为2.5%。
④ 塩田庄兵衛：『日本社会運動史』，岩波書店1982年，3—4頁。

许多生活窘迫、拖欠租税的农民不得不卖掉土地。① 从 1881 年到 1885 年，通货紧缩、物价下跌和持续的高额赋税，使日本处在严重的经济危机中。② 据统计，松方财政之前 1880 年的东京批售米价为每石 10 日元 59 钱，而后的 1884 年跌至 5 日元 29 钱；30% 的中层自耕农（约 28 万户）沦落为小自耕农或佃户。③ 在捐税苛重和实行强制没收的情况下，农民被剥夺了生产资料（在 1884 年到 1886 年的三年内，因抵押期满而被没收的土地按地价计约 2 亿多日元，农户数从 432 万 8543 户骤减到 380 万 9783 户）；国家特别是皇室无代价地掠夺了农民的大量土地和森林，官有森林的面积在 1881 年是 562 万町步④，到 1888 年增加到近 4 倍，即 2140 万町步，皇室所有的森林和土地在 1881 年仅有 600 町步，到 1888 年增加到 6000 倍，即 365 万町步。⑤

1889 年日本宫内厅发行的《须多因氏讲义》曾指出，在当时的社会中，最激烈的斗争，不在于父子之间，不在于统治者与被统治者之间，而在于劳动者与资本家之间，即没有资本、不得不依靠劳动为生的劳动者与拥有资本、不依靠劳动也可生活的资本家之间。⑥ 可以说当时的明治政府以"富国强兵"为口号，采取了把农民和新诞生的工人作为垫脚石来增强国家力量的办法，这样，日本就以政府保护下的官营工业、特别是以军事工业为前驱，开始急剧地走上资本主义的道路，正是这个自上而下的近代工业化政策，使得农民丧失了世代相传的土地。⑦ 据相关记载，当时在东京、大

---

① 絲屋寿雄：『日本社会主義運動思想史』，法政大学出版局 1979 年，9 頁。
② [美] 陶慕廉：《战前日本的社会民主运动》，赵晨译，中国友谊出版公司 1987 年版，第 20 页。原文见山因《日本资本主义分析》，第 5—6 页。
③ 坂野潤治：『日本近代史』，筑摩書房 2012 年，180 頁。
④ 一町步约等于 0.99 公顷。
⑤ [日] 服部之总主编：《日本工人运动史话》，长风译，工人出版社 1958 年版，第 1—2 页。
⑥ 堺利彦ほか：『日本社会主義運動史』，改造社 1928 年，58 頁。
⑦ [日] 服部之总主编：《日本工人运动史话》，长风译，工人出版社 1958 年版，第 2 页。

阪和其他大城市的偏僻街巷里，到处都是失去了土地的农民。① 于是，在国家资本积蓄的过程中，占据全国人口绝大多数的农民群体逐渐分解，丧失土地的农民沦落为工资低廉的雇佣劳动者，不得不依靠出卖劳动力为生，劳动问题开始渐渐成为社会问题，此时诸如困民党等要求减免租税、利息的运动组织不断出现。

一 东洋社会党的成立

1882 年 5 月 25 日，樽井藤吉②等人建立东洋社会党并发行《半钟警报》，这是日本历史上第一个以社会党为名的政党。首先来看一下樽井藤吉的经历，他曾是西乡隆盛的崇拜者，因仰慕西乡隆盛于 1873 年进京，下定"若想要建立治国安民的大策，必须摒弃私利投身公务"的决心，但却因西乡隆盛的失势对新政府感到失望，并曾在西南战争之际策划奥州举兵而失败。③ 1876 年开始在韩国近海的无人岛探险，前后花费数年时间以失败告终，随后他巧妙运用当时贫农阶层的社会不满氛围，组织成立东洋社会党。④ 关于东洋社会党的诞生还有个小插曲，樽井藤吉曾将自己"将财物集中于国家而不是个人所有"的构想书递呈给岩仓具视，但却收到其"有悖国家文明"的反对意见。后来，樽井藤吉的这一想法被身边朋友告知说这是欧洲社会党的社会主义，于是才有东洋社会党之名。此外，东洋社会党的产生还受到九州改进党等政党设立潮流的影响，

---

① ［日］服部之总主编：《日本工人运动史话》，长风译，工人出版社 1958 年版，第 2 页。
② 1850—1922 年，出生于奈良县。1884 年曾去往中国，参与组织上海东洋学馆的成立。
③ 橋川文三編：『近代日本政治思想史』，有斐閣 1974 年，269 頁。原文见铃木正《樽井藤吉与东洋社会党的性格》，载《近代日本的理性》，劲草书房 1967 年版。
④ 同上书，269—270 頁。

樽井藤吉正是在九州改进党集会结束归途中萌生出要创设一个新团体的想法。①

该党的党则内容具体如下：

东洋社会党党则②
第一章　纲领
第一条　我党以道德为言行基准。
第二条　我党奉行人人平等主义。
第三条　我党以实现社会公众的最大福利为目的。
第二章　手段
第四条　通过游说和演说等行为宣传我党的纲领主张。
第五条　通过发行浅显易懂的日文、中文刊物等向中国等国扩张我党主张。
第三章　盟约
第六条　我党党员应遵循以下内容。

与诸位成立此社会党并共同致力于我党宗旨的扩张。诸位并非通过本人加入此党、亦或是本人劝导诸位加入，而是我们通过道义之心团结而成。诸位所编制的党则符合本人内心信奉原则。诸位，既然此党则符合内心原则，必当誓守此则，不受他人毁誉约束。我们应与精神道义富有之人结伴，共同致力于我党的扩大。在扩张我党宗旨之时，并不强求他方遵循此言行。不过，如有过于妨害我党之行，必当以身守卫。诸位所守卫之物并非东洋社会党，其实是道义。在本人心中，并没有能够支配本人的君主，本人所信奉的君主唯有道义。本人在心中起誓以示诸位。

---

① 田中惣五郎：『東洋社会党考』，新泉社 1970 年，28 頁。
② 絲屋寿雄：『日本社会運動思想史第 2 卷』，青木書店 1968 年，281 頁。

第四章　组织

第七条　我党以东洋社会党为名称。

第八条　我党同心相聚，不使用会长和创立者等名称。

第九条　我党不设置本部支部，为方便起见使用东洋社会党何部等名称。

第十条　我党应时常在各地召开集会，开会事宜应在前次会议上提前约定。

第十一条　参会费用由参会人员自理。

除了强调道德、平等、福利、道义等内容外，东洋社会党格外关心土地政策问题，在主张土地共有的同时还提倡矿产森林等一切自然资源的共有。该党将开展贫民救助和实现平等权利等内容视为活动目的，当时3000余名支持者中大部分都是农民，这也存在一定原因。例如1874年的《民选议院设立建白书》中曾提到，"承担着向人民、政府缴纳租税义务的人，也应该拥有知晓相关政府事务的权利"，当时的直接国税仅有地租，而"承担缴纳租税义务"的主要是自耕农和农村地主，并不包括士族，于是便出现了他们作为"纳税者"的政治呼声。① 据统计，在1880年3月国会期成同盟②的第一次大会中，国会开设请愿书署名者的约半数为农村地主。③ 樽井藤吉能较早意识到这些问题，称贫困者都是那些真正参与生产的劳动者，而不参与生产劳动的资本拥有者却坐享利润，因此他主张实施贫民救济，呼吁社会平等和公众福利。

东洋社会党一直呼吁天地公道，并曾在赠与锅岛闲叟庙宇的匾额题词

---

① 坂野潤治：『日本近代史』，筑摩書房2012年，168—169頁。
② 1880年成立的政治团体，致力于开设国会等活动。
③ 坂野潤治：『日本近代史』，筑摩書房2012年，185頁。

中，公开提及"公以博爱之心，立财产公平之制"①，广泛宣传平等思想和财产平均论，因此遭到福地源一郎等人的攻击。福地源一郎称，"若真是以实施财产公平之制为主旨的话，则是打破社会秩序、破坏国家安宁的歪理，必须要将其驳倒"②。另外，最早记录东洋社会党出现的《明治政史》用"奇异的政党"一词来形容该党③，随后"令人担忧，应发文声讨并将其扑灭"、"诱导民众"、"不祥之党"、"社会主义类似党派"、"破坏主义"、"无君无父的禽兽"、"尽早消灭"、"狂妄过激"、"邪党"等各种舆论声调不绝于耳。果然，东洋社会党在成立仅1个月后的1882年6月20日，便因违反集会改正条例④第18条，被打上"非合法活动"的标识⑤，并被加以妨碍治安的罪名遭到禁止。1883年1月，樽井藤吉因散发修订的东洋社会党党则草案，被认定为违反条例规定而被判入狱1年，东洋社会党也不了了之。

二 东洋社会党的特征及意义

东洋社会党带有一定的自身色彩。对此，堺利彦曾指出，"东洋社会党带有明显的道德、理想、无政府主义特色"⑥。可以说，首先，东洋社会党带有无政府主义色彩和国家社会主义色彩。例如，樽井藤吉曾在党则中提到"心中没有能支配本人的君主，唯有道义"，也曾说过"政府衰亡之日即为吾等所期冀的真正文明世界到达之日"。⑦ 1882年，他在《锦江新志

---

① 絲屋寿雄：『日本社会運動思想史第2巻』，青木書店1968年，133頁。
② 佐々木敏二：「日本の初期社会主義1」，『経済資料研究』1974年5月，9頁。
③ 加田哲二：『明治初期社会思想の研究』，春秋社1933年，397頁。
④ 1880年4月发布集会条例，1882年6月对集会条例进行改正。
⑤ 橋川文三編：『近代日本政治思想史』，有斐閣1974年，270頁。
⑥ 堺利彦ほか：『日本社会主義運動史』，改造社1928年，4頁。
⑦ 田中惣五郎：『東洋社会党考』，新泉社1970年，36頁。

号》上发表《东洋的虚无党》一文，称虚无党发生的原因就在于专制政治。① 这种强调通过道德自律作用和自由平等法则来建立社会自治团体，而不是注重发挥政治法律作用和君主权威作用的原理被石川旭山、荒田寒村等人认为带有无政府主义色彩，山路爱山则从其以国家为落脚点、将货币财物集中于国家并以国家为主体经营的角度出发称其为国家社会主义。②

其次，它带有道德色彩。东洋社会党强调道德和道义，党则的纲领第一条便指出"以道德为言行基准"。在其看来，维持社会的良好运转需要人与人之间的友好相处，而人与人之间的友好相处则需要遵循道德法则；道德的体现和归结点是平等，而基于道义的上下均等和人格平等便是社会主义，可以说坚持道德原则是构建社会的出发点，所以才会基于道德观点来主张平均财产、打破尊卑、实现同等权利、消除贫富悬殊。而纲领第三条中的"以实现社会公众的最大福利为目的"也是以道义为出发点，可以说东洋社会党党则中的内容是围绕着"道义"二字展开的。对其创立者樽井藤吉而言，道义是一切权威和最高标准，社会平等的依据不是天赋人权，而是"天赋的道义心"。③ 而在樽井藤吉入狱前所进行修订的党则草案中，更是提及言语平等、品行端正、不得荒废家业、不得诽谤他人等具体内容，进一步体现了东洋社会党的道德要求。

再次，它带有理想色彩。党则修订草案中曾对"矫正旧来陋习，打破贫富世袭"的实现手段作出具体规定，即通过"天物共有"、"協同会社"、"児子共有"、"理学的生殖"等措施来实现。"天物共有"主张实现自然资源的共有，"協同会社"主张加工产品的流通环节从生产者直接到消费者，"児子共有"即孩童共育，主张从孩童的养育到教育都由国家一手承担，

---

① 张陟遥：《播火者的使命》，社会科学文献出版社2013年版，第23页。
② 加田哲二：『明治初期社会思想の研究』，春秋社1933年，409頁。
③ 橘川文三編：『近代日本政治思想史』，有斐閣1974年，271頁。

"理学的生殖"主张实现科学生殖。① 显然，在明治政府大力倡导资本主义并不断进行资本积累的大背景下，这些想法是很难实现的乌托邦式空想。此外东洋社会党对社会主义的认知也带有理想化特征，诸如道德、平均、平等、共有并不简单等同于社会主义等内容。

虽然东洋社会党很快便消失踪影，然而，它在日本社会主义史上却起着不可替代的作用。在东洋社会党的影响下，对社会主义表示出认同或共鸣的声音开始出现，社会主义也得到更多的介绍。② 例如，1882年6—8月，城多虎雄在《朝野新闻》连载《论欧洲社会党》称，社会主义"批判私有制，改变社会劳动者的地位并扩张其利益、幸福"，社会主义的行动"就是以劳力攻击资本，以贫攻富"，以往的革命只是确立了"中等社会"即资产者的"自由、权利"，而为确立"劳力社会"即劳动者的经济自由就必须依靠社会主义革命。③

关于樽井藤吉，他被称为"日本的欧文"，他最先尝试把社会主义思想付诸实践，并提出"协同公社"的空想社会主义模式，主张自由、平等、"天物共有"的共产思想。④ 诸如此类，1884年11月在秩父事件中被判处无期徒刑的菊池贯平所主张的"夺富济贫，天下贫富平均"⑤ 等，都属于因不满社会现状而产生的具有自发性特征的社会理想。这些体现着他们想要实施社会改造的愿望，却并不能被称为真正意义上的社会主义。例如，对于"和平理想家"⑥ 的东洋社会党，石川旭山提到，如同法国社会主义

---

① 丝屋寿雄在《日本社会主义运动思想史》（法政大学出版局1979年版，第15页）中注明其为"产儿制限"，即计划生育。田中惣五郎在《东洋社会党考》（新泉社1970年版，第31页）中指出其为优生学。
② 秋山宪兄:『日本の近代化とキリスト教』，新教出版社1973年，284—285頁。
③ 张陟遥:《播火者的使命》，社会科学文献出版社2013年版，第22页。
④ 同上书，第23页。
⑤ 絲屋寿雄:『日本社會主義運動思想史』，法政大学出版局1979年，18頁。
⑥ 明治文化研究会編:『明治文化全集社会篇』，日本評論社1968年，374頁。

运动先驱圣西门、傅立叶和德国社会主义运动先驱魏特林等人一样，它属于日本社会主义运动史上追求理想道义的空想社会主义阶段。① 作为安部矶雄口中所称的"社会主义者先驱"②，他们的理想仅仅体现为初期抵抗形式，而不是更为科学合理的斗争方式，虽然最终都以失败告终，但却在震动着当时的社会。

值得一提的是，1885 年 11 月，樽井藤吉因大阪事件再度入狱。在入狱前，他曾撰写《大东合邦论》的草稿，后因草稿丢失不得不再度撰写。从这些内容中可以发现其与东洋社会党思想的内在关联。在该稿件中，樽井藤吉称"竞争是世界大势，应联合亚洲'同种'的'友国'，与'异种'人展开竞争"，构建"亚洲黄种人的大联邦"，以抵御西洋列强对亚洲的侵略。③ 他认为这是具备一定基础的。在他看来，亚洲与欧洲不同，以道义为特色，具备先天的道义性。④ 亚洲各国，以当时的日本和朝鲜为例，应进行"合邦"。对于中国，应进行"合纵"、"同盟"。他试图通过共同的基础，提议对亚洲进行重新整合。而这个共同基础也体现在东洋社会党方面。樽井藤吉认为，东洋社会党的根基在于道义、平等与和睦。例如他在入狱前应对警察询问的呈报书中曾提及，东洋社会党具备两大特色：一是"之所以称之为社会党，是因为意味着'和睦'，社会正是由人与人之间的和睦所形成的"；二是"平等主义意味着道德，但凡儒佛等书籍所提及的道德，皆回归于平等"⑤，正是东洋文明造就了东洋社会党。⑥ 这与《大东合邦论》

---

① 絲屋寿雄：『日本社会運動思想史第 2 巻』，青木書店 1968 年，284 页。
② ［美］陶慕廉：《战前日本的社会民主运动》，赵晨译，中国友谊出版公司 1987 年版，第 40 页。原文见大隈重信《开国 50 年史》英译本，史密斯·埃尔德公司 1909—1910 年版，第 2 卷，第 505 页。
③ 橋川文三編：『近代日本政治思想史』，有斐閣 1974 年，272—273 页。
④ 同上书，271 页。
⑤ 同上书，270 页。原文见铃木正《近代日本的理性》，劲草书房 1967 年版。
⑥ 同上书，270—271 页。原文见丝屋寿雄《大井宪太郎与初期社会问题》，青木书店 1961 年版。

所提观点的思想出发点有相通之处，即皆在于所谓的东洋文明。

三　其他相关组织团体

19 世纪 80 年代的工人阶级历史，作为日本工人阶级从痛苦中诞生的经历，是具有特别重要的意义的。①《资本论》第 1 卷第 24 章说的 "所谓原始积累" 的苦难，在日本历史上集中地表现在明治 10 年代，更准确地说，就是在 19 世纪 80 年代。② 日本财阀资本主义越过资本主义的工厂手工业时期，从已经完成产业革命的西欧输入 "文明" 和技术，在日本建立了新式工厂、矿山和交通运输业以及附属的劳动力市场，同时与 "明治大政府" 紧密结合，残酷地剥削工人进行原始积累，从而迅速地发展壮大起来，这都是 19 世纪 80 年代的事情。③

在这样的社会背景下，随着社会问题的日益滋生，不断涌现出对劳动者持有强烈关心的社会主义支持者与理解者。当时除了东洋社会党等对社会主义表示理解外，其他一些组织团体也加入到这个行列。继 1882 年 2 月井上勤翻译《良政府谈》以来，不少新闻杂志都陆续刊登同情社会主义的文章，如民友社④的《国民之友》等表现出对社会问题、贫民问题和劳动问题的关注，强调工会的设立在劳动者权利保护、地位提高和待遇改善方面的必要性，并以此为出发点对欧洲社会主义进行宣传介绍。例如，民友社发行的《现时之社会主义》将社会主义分为广义的社会主义、国家社会主义和公有主义，称与全面废除私有制度、实现绝对平等的共产主义不同，

---

① ［日］服部之总主编：《日本工人运动史话》，长风译，工人出版社 1958 年版，第 1 页。
② 同上。
③ 同上书，第 2 页。
④ 德富苏峰于 1887 年 1 月创办民友社，并于同年 2 月发行杂志《国民之友》（1898 年 8 月废刊，共 372 号）。

公有主义承认消费品的私有、在一定范围内延续分配的不平等和财产制度等。① 此外，根据实现方式的不同，社会主义还可以分为革命的社会主义和渐进的社会主义。② 这些内容对当时社会主义的普及无疑起到了很大的促进作用。因此，幸德秋水和石川旭山曾称民友社为社会主义思想强有力的宣传者，甚至称其为日本社会主义的恩人。

在民友社的寄稿者中不得不提到酒井雄三郎，他自 1889 年派驻法国巴黎后通过《在欧通信》给日本及时地报道了许多国外社会运动的讯息，如国外劳动法案、社会党状况等。他曾发文介绍称，"如果说欧洲诸国人民所拥有的社会秩序和制度，在将来被什么从根本上颠覆、破坏的话，那便是潜伏在社会最下层，并日益开拓其领域的社会主义了"③。他还于 1891 年 8 月赴布鲁塞尔参加第二国际第二次大会，成为日本历史上参与社会主义国际组织大会的第一人，并称"社会党的产生已经是必然，如今在欧洲列国社会中俨然已经是一大势力"。④ 1894 年，他在《社会问题的真相》一文中说，"社会主义成长的原因，在于其对社会改善的希望"。⑤ 然而，如同民友社的态度一样，向社会主义表示出理解态度的他却并不是社会主义信奉者，其出发点只是因为对劳动问题和国外新思想等的关注。在当时的情况下，他反对无视世界诸国的不同条件而将各国的劳动时间统一规定为 8 小时的法律制定，但他却承认劳动者拥有缩短劳动时间、要求提高工资和实施同盟罢工等权利。⑥

---

① 定平元四良：「明治 20 年代の社会主義文献」，『関西学院大学社会学部紀要』1961 年 9 月，88 頁。
② 同上。
③ 佐々木敏二：「日本の初期社会主義 2」，『経済資料研究』1974 年 11 月，18 頁。
④ 同上书，21 頁。
⑤ 佐々木敏二：「日本の初期社会主義 3」，『経済資料研究』1976 年 3 月，24 頁。原文见《国民之友》第 217—221 号。
⑥ 佐々木敏二：「日本の初期社会主義 2」，『経済資料研究』1974 年 11 月，18 頁。

除了民友社以外，1890年3月由植村正久所创刊的《日本评论》也曾提及与社会主义相关的介绍，例如称社会主义与基督教一样，也是以实现人类的幸福和对贫民的救助为目的，以及社会主义是通过生产资料的共有来实现人民的共同利益等内容。① 1891年3月，石谷齐藏在《社会党琐闻》中介绍称，贫民问题为欧洲社会党成立的原理，当贫富悬殊达到极端时会引发同盟罢工，而让劳动者陷入不得不发动同盟罢工状况的正是机器的发明。② 1896年，大西祝在《六合杂志》上发表《社会主义的必要》一文，从宗教和社会主义的诸多一致性方面论证了社会主义的合理性。③ 诸如此类的内容还有很多。总之，历经民友社等团体的思想宣传和各种相关出版物的影响，社会民众或多或少地对社会主义有所了解，不再像明治初年那样将其视为"邪说"般恐怖。

除了报道宣传外，此时还涌现出许多与社会问题研究和社会改良方法探索等相关的团体组织。1892年11月，自由党左派的佐藤勇作与小岛龙太郎、酒井雄三郎等人成立社会问题研究会，开展对社会生活状态的调查和对贫民救助等社会问题的研究。然而，该研究会却随着自由党主流所采取的否认社会主义态度的压力而自行瓦解。④ 1896年4月，桑田熊藏、金井延、山崎觉次郎和高野岩三郎等学者成立社会政策研究会，次年4月改称为社会政策学会，提出"维持私有的经济组织，在其范围内通过个人活动和国家权力来解决问题，避免阶级冲突，期待社会调和"⑤的宗旨，主张在国家现有经济组织体制下，通过国家权力、国家立法和个人活动等措施

---

① 佐々木敏二：「日本の初期社会主義2」，『経済資料研究』1974年11月，22—23頁。原文见《日本评论》第26号、27号。
② 定平元四良：「明治20年代の社会主義文献」，『関西学院大学社会学部紀要』1961年9月，81—83頁。
③ 张陟遥：《播火者的使命》，社会科学文献出版社2013年版，第27页。
④ 佐々木敏二：「日本の初期社会主義2」，『経済資料研究』1974年11月，24頁。
⑤ 橋川文三編：『近代日本思想史の基礎知識』，有斐閣1975年，125頁。

来改善贫富悬殊、缓解社会矛盾。然而值得一提的是，该团体由政府人士和东京大学的教授们组成，他们从研究当时德国社会政治学派中得出结论，否定"社会主义"和放任自流，同时督促国家实行福利政策，一方面是受英、法、美影响的人道主义者的长期对手，另一方面又是日后的带有阶级意识的马克思主义者的长期对手。①

1896年11月，布川静渊等人成立社会学会，称"将探究实际的社会生活，以及时预防尚未发生的社会问题，并对已发生的问题进行调整和解决"②。该学会致力于对社会问题的解决和对社会学原理的研究，提出应成为贫民之友和劳动者的伙伴，以追求国民进步和提高人类价值这一最终目标。随后，1896年12月中村太八郎和木下尚江等人创立主张渐次改善社会的平等会。1897年4月，中村太八郎、樽井藤吉和小岛龙太郎等200余名进步知识分子成立社会问题研究会③，其中也包括幸德秋水和片山潜等日后社会主义队伍的领导者。该研究会以自由民权左派的中村太八郎等人为核心，提出"理论与实际相结合地研究社会问题"④的宗旨，力图依据学理与实际对劳动问题、普通选举、移民问题等社会问题进行研究，并提出实现普通选举、土地归国家所有、教育费用由国库负担等口号，然而该团体随着中村太八郎的入狱而逐渐消失。

可以说，这些团体内部具有很大的思想混杂性，例如社会问题研究会吸引了当时包括政治家、记者、学者、牧师等200余名会员的参与。成员有中村太八郎、樽井藤吉、严本善治、鸠山和夫、田口卯吉、高桥五郎、

---

① [美] 陶慕廉：《战前日本的社会民主运动》，赵晨译，中国友谊出版公司1987年版，第25页。
② 橋川文三編：『近代日本思想史の基礎知識』，有斐閣1975年，125頁。
③ 张忠任：《马克思主义经济思想史（日本卷）》，中国出版集团2006年版，第13页。
④ 张陟遥：《播火者的使命》，社会科学文献出版社2013年版，第24页。

陆羯南、福本日南、酒井雄三郎、佐久间贞一①、三宅雪岭、片山潜、幸德秋水等人。② 其中有自由民权家、开明的资本家、基督教徒、自由主义经济学者，甚至包括国粹主义者，是所谓吴越同舟的。③ 正如其成员的角色多样性一样，该组织内部混杂着各种主张解决社会问题的想法，并没有形成统一的解决方案。此外，这些团体还具有很大的思想局限性，虽然其成员都表现出对劳动者的关心和对社会问题的关注，但其解决问题的方法都仅仅停留在改良阶段，如通过国家法律措施对劳动者实施引导，或通过制定工厂条例等相关手段对劳动者加以保护等，其思维框架依然限制在资本主义生产秩序和社会组织形态内部，未曾触及资本主义社会的阶级矛盾等根本问题。

◇◇本章小结

本章主要对社会主义思想在日本的早期传入等内容进行探讨。在内容分析过程中更为侧重的是日本对外来思想传入的态度与反应，并结合当时的国内外形势对造成此种态度的原因进行分析。文中首先对社会主义的内涵及其在欧洲的发展等进行探讨，通过对社会主义在抵达日本前的相关内容进行介绍，以便更好地理解日本社会最初接受社会主义时的状态。

其次，对社会主义在初次抵达日本时所面临的态度与反应进行探讨，并对其形成原因加以思索。由于受国外社会主义运动影响、日本的国家发展要求和社会主义发展的自身条件等因素制约，社会主义在明治初期传播

---

① 因主张劳动神圣、保护工人、尊重工人等内容，被片山潜称为日本工人运动的大恩人。
② 桥川文三编：『近代日本政治思想史』，有斐阁1974年，335页。
③ [日] 远山茂树：《日本近现代史》，邹有恒译，商务印书馆1992年版，第155页。

到日本时遭到冷遇。加藤弘之、福地源一郎、小崎弘道等人分别从经济学派角度、社会危害角度和防治对策角度等对其进行批判。1887年8月25日的《大阪日报》刊登《财产共有私有之辩》一文，宣称社会主义不仅在经济层面违背资本流通的分配规律，在政治领域也属于异端论调，这种破坏个人所有权的做法会滋生人民的懒惰，甚至会产生无君无父的"禽兽"境界。① 通过这些不难发现，明治初年的社会主义思想几乎没有立足之地和活动空间。

再次，对早期社会主义从"遭冷遇"到"被理解"的转变进行探究，明确东洋社会党等团体对其表示出理解态度的相关背景和表现特征等内容。随着国内形势的发展和社会问题的涌现，除了东洋社会党外，具有社会改造理想的团体应运而生。在对社会主义持理解态度的刊物影响下，社会主义的知晓度也在一定程度上得以扩大。如民友社曾于1893年8月发行社会主义出版物《现时之社会主义》、《文明之弊及救治策》等，这些书籍影响了许多青年学生，西川光次郎便是在其影响下开始认识社会主义，并逐渐成长为一名社会主义者。如果说东洋社会党时期尚属于无意识的社会主义运动阶段，那么民友社时期便已处于有意识地认识社会主义阶段，只是此时还尚未从有意识的认识阶段发展到有意识的运动阶段，即尚未完成从无意识的运动、到有意识的认识、再到有意识的运动这一发展过程。② 虽然此时的社会主义仅作为舶来品，并没有实现在行动内容方面的扩大，但却已争取到了早期理解者，如草鹿丁卯次郎在1893年介绍马克思时便形容他为有功绩之人等。③ 值得一提的是，在当时诞生的各种组织团体中，诸如平等会由于干事入狱等变故维持一年左右便形同虚设，社会问题研究会因中村太八郎入狱和樽井藤吉归乡等原因维持一年多自行消失等，大多数都没有

---

① 秋山憲兄：『日本の近代化とキリスト教』，新教出版社1973年，263頁。
② 絲屋寿雄：『日本社会運動思想史第2卷』，青木書店1968年，302頁。
③ 田中惣五郎編：『日本社会運動史』，東西出版社1947年，242頁。

持续很长时间。尽管如此,他们在探索社会问题解决方案的"此路不通"却启发了后来人的"另选他路",为下一阶段社会主义者的形成提供了思索空间和成长平台。

总之,通过本章的分析可以对早期社会主义在日本的存在状态等内容有所明确。在日本社会主义可以追溯的源头阶段,社会主义初到之时所面临的是加藤弘之、福地源一郎和小崎弘道等人的大量批判,之后东洋社会党、民友社和各种社会问题研究组织等则或多或少地对其表现出理解态度。可以说社会主义的传入经历了先被攻击后被理解的过程,这对日本社会主义的形成及社会主义者的登台起到了思想铺垫作用。

第 二 章

明治时期社会主义思想阵营的形成

继明治初年的社会主义相继经历遭冷遇、被理解的阶段后，甲午战争后的日本迎来了社会主义的形成、应用阶段，而促使这两个阶段转化的便是社会历史条件的变化和大量劳动问题的涌现等现实。正如石川旭山和幸德秋水所说过的那样，"甲午战争一结束，社会主义运动的舞台就开幕了"。[①] 1894 年 7 月爆发的甲午战争给日本的发展带来了莫大契机，巨额赔款的获得和领土市场的扩大提供了充足的资本积累，使得日本能够如火如荼地开展产业革命。如同 18 世纪 60 年代英国的产业革命开始于纺织工业部门一样，日本的产业革命也经历了从制丝、纺织等轻工业的发展到重工业的发展，逐步实现资本主义产业的真正确立。

日本近代产业的迅速发展在改变着经济构造的同时，也使得全国劳动者数量大幅增长。甲午战争后的 1896 年与战争前的 1892 年相比，工厂数量从 2800 家增加到 7700 家，资本金（仅限股份公司）从 1.08 亿日元增加到 1.9 亿日元。[②] 1896 年 6 月与 1893 年 6 月相比，银行资本增加了 1.48 亿日元，铁道公司资本增加了 4800 万日元。[③] 1896 年与 1894 年相比，各类企

[①] 刘岳兵：《日本近现代思想史》，世界知识出版社 2010 年版，第 153 页。
[②] 町田勝：「日本社会主義運動史——百年の歩みに学ぶ」，『海つばめ』735 号（1999.7.25）—783 号（2000.7.23），第 1 回連載。
[③] 佐々木敏二：「日本の初期社会主義 3」，『經濟資料研究』1976 年 3 月，31 頁。

业公司数量增加了 2.2 倍，资本金额增加了 2.7 倍。① 而另一组统计数据则称，此时的劳动者人数急剧增加，1889 年私营工厂的劳动者人数为 22 万人，到 1903 年已增至 48 万人，同一时期在陆海军营工厂的劳动者人数也从 6000 人迅速增至 5.3 万人。②

与此同时，在世界强国争相走上帝国主义道路的背景下，日本已经开始着手制订军备扩张 10 年计划，财政支出的扩大不得不依靠增加税收来填补，当时的物价几乎年涨 10%，无形中加重了劳动者的负担。③ 而 1897 年后则开始了战争繁荣后的景气下滑，因工资下降和失业问题等带来的劳动争议大量涌现，而且伴随着 1899 年 7 月内地杂居政策的实施，大量外国资本涌入日本市场，更是加剧了劳动者状况的恶化。这些情况使得当时的劳资纠纷不断，仅 1897 年后半年就发生了 33 起罢工，参加罢工的共有 3517 人，而 1898 年发生了 43 起罢工，参加罢工的共有 6293 人。④ 对此，横山源之助称，"我并不是说战争直接与劳工问题相关，但是，作为战争的结果，机械工业得到繁荣，它带来了劳工问题"⑤。

随着产业革命的深入推进和资本的不断周转增值，财富日益在少数人手中积聚，社会中富有与贫困的差距和资本与劳动的对立不断加深。这些不仅体现在经济层面，政治方面也是如此。在 1889 年 2 月公布、1890 年 7 月实施的众议院选举法中，只有连续 1 年以上直接缴纳国税 15 日元以上、年龄在 25 岁以上的男子才具有选举权，符合这个条件的人数只占当时总人

---

① 曹天禄：《日本共产党的"日本式社会主义"理论与实践》，中国社会科学出版社 2010 年版，第 10 页。
② 橋川文三編：『近代日本思想史の基礎知識』，有斐閣 1975 年，128 頁。
③ 岡本宏：『日本社会主義政党論史序説』，法律文化社 1968 年，4 頁。
④ [美] 陶慕廉：《战前日本的社会民主运动》，赵晨译，中国友谊出版公司 1987 年版，第 22 页。原文见岸本英太郎《日本工人运动史》，宏文堂 1956 年版，第 38 页。
⑤ 同上。原文见横山源之助《日本的下层社会》，岩波书店 1953 年版，第 304 页。

口的1%左右。只有具备足够的经济实力才有资格参与政治选举，拥有资本已经成为踏入政治领域的必经门槛。在这样的大环境下，议会制度俨然成了特权阶级和金钱阶层的专属活动场所，这些现象更是加剧了金钱万能、拜金主义的社会风潮。甲午战争后的日本也因此被称为"资本家跋扈的时代"。①

社会构造的变化引发着社会思想的变化，正如欧洲产业革命后社会主义思想的出现那样，日本社会主义的形成也是在产业化进程中实现的。那时的情况是，当19世纪90年代日本第一批产业工人开始出现时，他们不仅要为增加工资和改善工作条件而同工厂主斗争，并且还要为争取言论、集会和组织自由而同政府当局斗争。②对此，福井准造曾在1899年出版的《近世社会主义》中提及，"社会主义者何也……所以稽社会党之行动也……然而文明所到之处，则社会问题必随伴之，而社会党亦随而兴……我日本今日之形势，社会问题亦隐约胚胎于其中。贫富悬隔之弊，亦将渐显于社会。是经世忧国之士，所不能默然置之者也。此所以稽察欧美诸国之事例，以讲究近世之社会主义"③。可以说，随着甲午战争后众多社会问题由观念变为现实，部分社会有识之士开始思索这些社会问题产生的根源、解决的方法及国家体制的发展方向，这在一定程度上预示着社会主义力量即将登上舞台。

◇◇ 第一节　从一位论派到社会主义者

基督教徒为明治时期社会主义者形成的早期来源之一，尤其是一位论

---

① 橋川文三編：『近代日本思想史の基礎知識』，有斐閣1975年，130頁。
② [美]陶慕廉：《战前日本的社会民主运动》，赵晨译，中国友谊出版公司1987年版，第5页。
③ [日]福井准造：《近世社会主义》，赵必振译，上海时代书店1927年版，第1页。

派更是在基督教社会主义的形成过程中担负着重要角色，创造了当时社会主义发展的重要局面。一位论派与当时的社会主义队伍关系密切，可以说当时社会主义者中的多半都为基督教社会主义者。① 以其综合性指导刊物《六合杂志》为例，甲午战争后以大量版面刊登社会问题相关文章，尤其是1899年由安部矶雄担任主笔后，逐一报道社会主义研究会的活动情况，一度成为当时社会主义者的机关杂志。②

一　一位论派与社会主义

日本的基督教最早出现于战国时代，1549年西班牙人圣方济各·沙勿略曾到鹿儿岛进行传教，此后的丰臣政权对基督教采取坚决取缔的态度。德川幕府也于1611年开始推行禁教政策，幕府五人组制度和寺证制度等措施的实施使得基督教一直没有发展壮大。③ 明治政府采取延续性政策对基督教实施禁令，并一度制造"浦上教徒事件"④ 等来试图压制基督教。而此时以美国为首的西方诸国，对日本的禁教政策表示出明显的反对态度，认为其违反人道并对其施加压力。例如美国曾在1858年的《日美修好通商条约》中，特别加上"在日本之美国人祈念本国之宗法，置礼拜堂于居留场所内无碍"的条款。⑤ 1873年2月，明治政府发布太政官布告68号，宣布废除之前制定的诸如"坚决抵制基督教邪教教义，应将其可疑者举报至

---

① 橘川文三编：『近代日本政治思想史』，有斐阁1974年，336页。
② 同上。
③ ［日］永田广志：《日本哲学思想史》，陈应年等译，商务印书馆1992年版，第42—43页。
④ 1868年4月，明治政府逮捕了3000余名基督教信徒，其中有1000余人被迫改变信仰，500余人死亡。
⑤ 赵德宇等：《日本近现代文化史》，世界知识出版社2010年版，第132页。原文见历史学研究会编《日本史史料》4，岩波书店1997年版《日美修好通商条约》。

官厅"等内容,允许基督教的公然宣传。① 明治政府对基督教的默认态度,对于基督教尤其是占据明治时期主流的新教来说是个促进发展的出发点。②

1876年美国人威廉·史密斯·克拉克博士到札幌农学校即后来的北海道大学任教时,曾一度影响许多同学包括新渡口稻造、内村鉴三也等人成为基督徒。在1889年2月颁布并于1890年11月施行的宪法中,第2章国民权利义务的第28条"日本国民在不妨碍安宁秩序、不违背臣民义务情况下,有信教之自由"的条款更是在法律层面保证了基督教宣传的自由。随着基督教传教和教会活动的自由化,以横滨、熊本、札幌等地为中心,基督教思想很快传播到全国各地。以横滨为例,1872年便成立日本首个新教教会"日本基督公会",主要人物有植村正久等;以熊本为例,1876年30余名洋学校的学生进行"花冈山盟约",坚定"若是拥有报国之志者,便应阐明西教的公明正大"的使命感,政治志向强烈,主要人物有海老名弹正、小崎弘道等;以札幌为例,札幌农学校的学生曾在克拉克的感化下署名加入其"信奉耶稣者的契约",独立精神和个人主义倾向浓厚,主要人物有内村鉴三、新渡户稻造等。③ 这些具有代表性的人物,不仅在日后的传道过程中表现活跃,也在以严格的伦理意识和"唯一神"的观念为基础,革新着当时的精神思潮。④

一位论派又称唯一神教派,它对传统的三位一体⑤教义提出质疑,认为只有上帝具有神性而不是耶稣基督,这也是一位论派区别于其他教派的最主要特征。一位论派于18世纪成立于伦敦,后在美国得以发展,它否定耶

---

① 朝日新聞社編:『史料明治百年』,朝日新聞社1966年,353頁。
② 橋川文三編:『近代日本思想史の基礎知識』,有斐閣1975年,35頁。
③ 同上书,35—36頁。
④ 同上书,36頁。
⑤ 即圣父、圣子和圣灵具有同一神格。

稣基督的神性而是将其视为宗教伟人，并以"构筑地上神国"为使命。①该派带着实践观点去看待现实世界，相对于其他教派更加热心于社会活动。1825年美国成立一位论派教会，1887年12月，该教会派遣亚瑟·纳普②赴日开展宗教活动。在亚瑟·纳普看来，一位论派与其说是一个教派还不如说是一种精神运动。在当时很大程度上基督教被视为一门学问而接受，纳普曾说过，"除了一位论派外，便没有知识分子应该信奉的信仰了"③。1890年，神田佐一郎④创立唯一协会⑤，并与亚瑟·纳普等人投身于东京自由神学院的相关工作。同时创立月刊杂志《一位论派》⑥，该杂志日后成为基督教社会主义者们的重要宣传阵地，对社会主义的进一步传播起到了很大作用。

可以说一位论派与社会主义之间存在着共通之处。恩格斯曾指出原始基督教同工人的社会主义间的共同点为，共同的阶级基础在于被压迫的、无权的穷人阶级；共同的社会理想在于消灭奴役和贫困；共同的遭遇在于都受到过迫害和排挤；共同的发展前景在于在斗争中开辟前进的道路并最终取得胜利。⑦可以说基督教思想中的博爱精神和人道主义使得其格外注重对社会弱者的救济，对贫困者的关心与同情、给贫者带来福音是其重要的精神内容。而社会主义也着眼于劳动者，并将解决劳动者贫困等问题视为

---

① 町田勝：「日本社会主義運動史——百年の歩みに学ぶ」，『海つばめ』735号（1999.7.25）—783号（2000.7.23），第1回連載。
② 曾在1887年、1889年等数度赴日，接受过侯爵、贵族院议员德川义礼的物质援助。
③ 岸本英夫编：『明治文化史』，原書房1979年，376頁。
④ 神田佐一郎（1863—1944），一位论派传道者。1885年赴美，原本打算在美学医，后在一位论派神学校学习。日后曾参与社会主义研究会的设立。1907年作为日本代表参加在美国波士顿举行的国际一位论派教会大会并进行演讲。
⑤ 即一位论派协会。
⑥ 后改称为《宗教》，1898年3月与《六合杂志》合并。
⑦ 杨煌：《解放神学：当代拉美基督教社会主义思潮》，中国社会科学出版社2006年版，第12页。

重要使命。此外，关于基督教与社会主义，《近世社会主义》中曾记载称：

  研究基督教之教义社会主义之议论，发见于其中者不少。一视同仁者，乃基督教本来之主义，实为扶助四邻之举，或散富者之财，以与贫者。此又吾人教义之所教"凡贷于贫者，非自我而贷之，非自我而施之，而天自偿之"，"凡施惠于贫者，乃与贫者之粮也"，"勿吝尔财，而慨施于贫者，则天下之于财，将舍尔而谁福"，"众人问于幼哈渥曰，以何者而济我侪，曰二而已矣。有衣服者，分诸其无衣服者，有食物者亦然"，是实博爱之本旨，以除贫富隔绝之主义。

  劳动之权利者，社会主义之所唱道。游惰者积财而为资产家，勤勉者饥驱而为劳动者，与社会之本义乃大相反。社会主义为天下所绝叫，故凡对劳动者，必求适用之原则，确立劳动之权利。驱除素餐坐食之徒于社会，乃社会主义本来之素愿，与基督之教义同其趣者。"汝等食于神之前，各劳其手足，凡所获物，以取快乐，以分于众人"，"惰者较蚁而不如，蚁尚有智慧，有首领，有有司，有君王，于夏时收获而收粮。惰者终日卧息，殆远不如蚁"等语，是皆劝告劳动之紧要者，是为劳动者自寻快乐之教义。

  "资本者掠夺之结果也"，此马克思一派之所论，列陆度排斥债主取负债主，为不正之行为，亦曾发见于基督之教义，见于圣书之中者。"凡七年之终，汝必放释之，贷于邻者，勿呵责其债主，其视尔邻，仍如尔兄弟"，"尔勿取尔兄弟之利息，即金之利息，食物之利息，凡一切之利息，皆勿取之"等，皆是也。

  平等者，社会主义最极之目的也。基督教亦以平等为宗旨，物与物无等差，以去贫富之悬隔，即此教义之本旨，"以人人之名数，分与其地，以为产业。人众则与多者之产业，人寡则与少者之产业，各以其核数，而以而受产业之制"。①

从中可以发现，打破贫富隔绝，实现平等互助、共同劳动等内容是基督教与社会主义都格外强调的部分。在基督教徒们看来，社会主义中的人类同胞主义和对弱者一视同仁的平等主义，与基督教中的博爱精神和人道精神是相通的。两者在"爱他"这一点上是一致的。② 他们认为对神的爱的科学是神学，对人类的爱的科学是社会学，神学和社会学的结合才是真正的宗教，才能最大限度地发挥社会力量。此外，两者在追求国民平等权利、向往社会文明进步、开展社会批判、寻求社会真理等方面也存在着共通性。基督教伦理中的正义与爱使得他们带着对社会改造的期许和对平等社会的向往，自然而然地去追求对现实世界的拯救。而由"正义感"③ 所支撑的社会主义中的人类同胞主义观点，也使得其对贫民问题和劳动者问题表现出高度关注。正是这些思想上的共通性给基督教思想与社会主义思想的结合提供了可能。

二 基督教社会主义的转化

除了都对贫困问题和劳动问题等内容的关注以及自身某种思想的相通性给一位论派与社会主义的结合提供了便利条件外，一位论派向基督教社会主义的转化也存在着一定的内部原因。

---

① ［日］福井准造：《近世社会主义》，赵必振译，上海时代书店 1927 年版，第 242—244 页。

② 住谷悦治：「明治キリスト教徒の社会主義思想——島田三郎の社会主義論について」，『同志社大学経済学会』1962 年 11 月，193 頁。原文见安部矶雄《明治 34 年的社会民主党》，《社会科学》第 4 卷第 1 号，第 177 页。

③ 橋川文三編：『近代日本政治思想史』，有斐閣 1974 年，343 頁。

（一）基督教的势力衰退需要重新思考发展空间

近代日本存在的基督教以幕末移入的新教为主，"唯一神"的根本观念与明治时期的社会意识形成强烈冲突，具体体现在：第一，对严格区分上下、贵贱、尊卑、统治者与被统治者的儒学思想的批判；第二，提倡个人尊严，主张自由平等，与政治专制主义形成对立；第三，与传统家族制度间的矛盾斗争等，面临诸多困难的基督教虽然在宪法之下得到公认，但随即便遭受到明治政府的迫害。① 代表性的例子包括文明开化期安井息轩等儒学角度反对者的责难、自由民权期加藤弘之等东京大学派进化论者的批判、天皇制确立期井上哲次郎等国家主义者的攻击等。②

随着1891年1月的内村鉴三不敬事件和1900年5月的山川均不敬事件③等的发生，基督教排除偶像崇拜的方式使得其在发展过程中受到很大压制。又因基督教精神最初多是在儒学伦理的延长线上被理解接受的，明治10年代便遭遇攻击，明治20年代又出现与天皇制国家"对决"的问题。④《教育敕语》所体现的天皇制伦理与基督教所主张的神之下的平等，一度成为当时最为尖锐的争论点。⑤ 例如植村正久曾在《福音周报》上发文指出，向《教育敕语》鞠躬礼拜"如同儿戏"，很快该报便被停止发行。⑥ 而明治20年代后又发生植村正久与自由主义神学派的海老名弹正之间的论争，使得基督教势力不断分裂。

此外，更让基督教雪上加霜的是还要面临佛教势力、儒学者和国家主

---

① 橋川文三編：『近代日本思想史の基礎知識』，有斐閣1975年，75頁。
② 同上书，78頁。
③ 从基督教到社会主义，1900年3月同守田有秋创立《青年福音》。1900年5月，当时的皇太子嘉仁与九条节子举行婚礼，因《青年福音》刊登评论皇太子婚姻事宜的文章《人生的大惨剧》，山川均与守田有秋被定为不敬罪而入狱。
④ 橋川文三編：『近代日本思想史の基礎知識』，有斐閣1975年，36頁。
⑤ 同上书，75頁。
⑥ 同上书，74頁。

义势力等的联合敌视。井上哲次郎的《教育与宗教的冲突》和内村鉴三的《致文学博士井上哲次郎君的公开信》间的论战便是最佳证明。井上哲次郎于1893年开始在《教育时论》上连载《教育与宗教的冲突》，该文获得巨大反响并被28种定期刊物转载，引发了国家主义者、佛教徒和儒学者等"打倒基督教"的一致呼声。① 当时的基督教徒们围绕着《六合杂志》、植村正久的《福音周报》② 和《日本评论》、德富苏峰的《国民之友》、严本善治的《女学杂志》、丸山通一与三并良的《真理》等开展"对决"论战。③ 可以说它在一定程度上出现孤立，甚至被打上"反国体"的烙印。每种思想都在力争自身的发展空间，基督教势力也不外乎如此，由于被压制、自身的内部分裂、与其他思想派别的论争等因素，其中的一部分人开始转移精力，更加倾注于对社会问题的解决。值得一提的是，在关注社会问题方面，既有主张不变革现存社会秩序、继续坚持资本主义制度的基督徒，也有坚持主张变革社会组织、日后走向社会主义队伍的基督徒等派别区分。

（二）一位论派自身的思想特征决定了对社会改造意识的接受

关于基督教徒对社会问题的关注，福井准造所著的《近世社会主义》曾作出记载，"'爱汝邻人如爱己'，此基督教之根本的理想，为四海同胞之福音，基督教徒之所传说。故基督教之炯眼，视人无贵贱之别、贫富之差，又岂于于资本主与劳动者之间，而划鸿沟之界线哉。四海皆兄弟，万物皆我友，又岂徒限于邻人哉。故圣书曰，爱尔之邻，而毋憾其敌。汝曹所闻，然告尔曹，当爱尔曹之敌，诅尔曹者尔祝之，憎尔曹者尔善视之，虐遇迫害尔曹者祈祷之。如此，则为在天尔曹之父之子。以博爱及敌，为

---

① 橋川文三編：『近代日本思想史の基礎知識』，有斐閣1975年，76頁。
② 后改为《福音新报》。
③ 橋川文三編：『近代日本思想史の基礎知識』，有斐閣1975年，76頁。

教义之本旨。然今之人，不独憎恶敌人，即四邻诉寒之声，充满于耳，啼饥之状，激刺于目，而不之问，则基督教徒为社会问题而蹶起，无足怪也"、"如彼基督教徒，向社会问题之运动，皆所以扩布此等之教义，以救护心性之堕落，与社会之腐败，而全其天职"①，称基督教徒倾心于社会问题的解决是必然发生的。

一位论派作为基督教派中崇尚自由合理的派系，它在传播到日本时曾吸引许多进步知识分子参与，当时的一位论派信奉者甚至被认为是进步思想家的别称。② 因一位论派否定耶稣基督的神性，在弱化救世主角色的同时，无形中会提高对个人主观能动性的要求，即思索自我拯救的方法。当时接受基督教思想的很多人都对社会问题及社会政策有着强烈的批判精神。从接受基督教的途径来说，他们几乎都是在接触洋学的过程中受到传教士的影响与感化。他们在学习洋学之时有较早接触西方社会思潮的优势，所以在致力于探索理想社会的建设过程中，也会关注到社会主义这一解决方法。而一位论派的自身特征，诸如带有改造世界的实践色彩；不依赖权威并且敢于进行创新探索，注重发展完善，易于吸收先进思想等，这些都为其向社会主义的转化提供了便利。

（三）对社会事业的失望促使其对社会经济组织进行思考

日本最早致力于社会问题研究的一批人为一位论派的基督徒们。③ 无论是从国外的实践经验来看，还是从当时社会的运行状况来看，其中的部分人士渐渐认识到社会事业根本解决不了社会贫困，停留在处理社会问题层面的社会事业只能是应急手段，而不是根本手段。而且当时社会滋生的金

---

① ［日］福井准造：《近世社会主义》，赵必振译，上海时代书店1927年版，第242—246页。
② 伊藤勲：『明治政党発展史論』，成文堂1990年，315页。
③ 橋川文三编：『近代日本思想史の基礎知識』，有斐閣1975年，126页。

钱至上、道德混乱、政治腐败等风潮，更是加剧着社会问题解决的复杂性与困难性。基督教精神在鼓舞着他们，例如山川均曾说过，"成为弱者的同伴、与权力斗争、同旧制度抗争，基督教的改革者精神在感动着我"①。他们开始呼吁社会问题产生的根源在于社会组织的根本秩序，处理现实问题不如改革社会组织。他们试图在基督教思想中容纳社会主义思想，并将此作为解决社会问题的新方法。于是，他们在对社会事业的成效感到失望后，开始主张对社会组织进行改造，并期待社会秩序的转变。

以基督教社会主义者安部矶雄为例，他早在美国期间便已认识到贫困问题是个大问题，并曾经试图通过社会事业的方法来解决这一问题。② 他在回忆如何走向社会主义时说：

> 我 15 岁的时候进入京都同志社，18 岁时开始信奉基督教，之后一直倾心于应该如何拯救贫民问题。到现在依然印象十分深刻的是，明治 17 年我从同志社毕业时，选择了"宗教与经济"为毕业演说题目，这体现着我当时想要通过宗教和经济实施社会救济的决心。然而，关于如何救济贫民却并没有明确的方法。之后的七八年间，关于救济法的思考一直处于盲人摸物般的状态。明治 25 年夏天的时候，我在美国某个学校的宿舍无意间阅读了贝拉米的《回顾》，这给我提供了很大的灵感，如同盲人之眼重见天日般地与其产生共鸣。之后我又陆续阅读了手头关于社会主义的数十册书籍，数年来的疑问终于消除，我决心依据社会主义来实行此项事业。③

---

① 橋川文三編：『近代日本思想史の基礎知識』，有斐閣 1975 年，74 頁。原文见《山川均自传》。
② 同上书，127 頁。
③ 太田雅夫編：『明治社会主義資料叢書 2』，新泉社 1974 年，279—280 頁。原文见《平民新闻》第 19 号，1904 年 3 月 20 日。

从中可以看出安部矶雄最初是采取实施社会事业的方法然而却一直处于迷茫状态,而后在现实体会和书籍影响的媒介转变因素下,历经思索彷徨最后找到社会主义这一解决方法。之后安部矶雄又"陆续阅读了数十本与社会主义相关的书籍",更加确信了社会主义道路。① 其中在经济学方面给予安部矶雄很大影响的,要数单税论者亨利·乔治的《进步与贫困》等书籍。② 虽然此时他的思想中还有不彻底因子,拯救贫民的方法也有待考量,但他已经认识到社会主义才是解决社会问题的根本出路。1893 年,在安部矶雄28 岁之际,他公然宣称自己为社会主义者。③

以木下尚江为例,他在学习过程中曾产生系列疑问,开始转向基督教信仰后又发现基督教思想难以解决日益涌现的社会问题,于是转向对社会主义的探索,并试图将基督教与社会主义进行结合。他于 1900 年加入社会主义协会,成为基督教社会主义队伍中的一员。他在回忆如何走向基督教社会主义时说:

> 我先学习法律而尽信之,后来对法律权威的渊源产生怀疑,就从基督教的"神"的思想中找到安心之处。而生存竞争的悲剧非神学所可以解释,从社会主义的经济论中找到慰藉。然后回过头来翻阅圣经,一切疑问都在基督的人格中融化,其言行中都可以得到说明,觉得愕然而惊,欣然而喜。所以我的信仰是"基督教的共产主义"或"共产主义的基督教"。④

---

① 早稻田大学社会科学研究所:『安部磯雄の研究』,早稻田大学出版部 1990 年,53 頁。原文见安部矶雄《我是如何成为社会主义者》,《平民新闻》第 19 号,1904 年 3 月 20 日。
② 同上书,53 頁。
③ 同上书,90 頁。
④ 刘岳兵:《日本近现代思想史》,世界知识出版社 2010 年版,第 154 页。原文见《堺利彦全集》第 6 卷,法律文化社 1970 年版,第 192 页。

总之，正如"社会主义作为宗教用语是指人类关系的正义，其宗教根底在于以神之爱和人类同胞主义为基础的平等合作与真正友爱，社会主义是以博爱主义代替利己主义，以人类主义代替拜金主义"① 所描述的那样，基督教社会主义部分结合了基督教对精神方面的改造主张和社会主义对经济组织方面的改造主张，所谓的精神革命和社会改革的糅合。基督教社会主义是以基督教价值观为底蕴，以批判资本主义为核心内容，以追求穷人解放为目标的理论和运动。② 它主张生产资料共有和仁爱互助、抵制剥削和不公正、强调一视同仁的精神修养，反对坐享其成的社会现象并致力于共同劳动社会的建立。不过，当时的基督教社会主义也被称为"小资产阶级的自由主义"，它并不是一股真正科学的社会主义力量，这也和一位论派所获取的支持力量及其自身理论内涵等因素有关。可以说，基督教社会主义具有很大的局限性，它以实现教会的绝对权威为目的，其活动空间并没有跳出教会的框架。③ 作为外来思想的杂糅结果，基督教社会主义包含诸多非合理成分，它并没有对社会革命和社会结构等内容进行科学分析，也没有形成足以改变当时社会现状的力量。马克思和恩格斯曾对基督教社会主义进行批判，"基督教的社会原则带有狡猾和假仁假义的烙印，而无产阶级却是革命的"④。基督教社会主义没有足够强大的阶级基础和足够先进的理论指导，这就决定了它的发展必将会告一段落。例如，英国基督教社会主义是在宪章运动第三次高潮中即 1848 年 4 月形成的，然而 1854 年它作为一

---

① 劳働運動史研究会編：『週刊平民新聞』，明治文献資料刊行会 1962 年，155 頁。

② 杨煌：《解放神学：当代拉美基督教社会主义思潮》，中国社会科学出版社 2006 年版，第 16 页。

③ 高放等主编：《社会主义思想史》（下），中国人民大学出版社 1987 年版，第 654 页。

④ 周向军等主编：《走进社会主义殿堂》，山东大学出版社 2009 年版，第 50 页。原文见《马克思恩格斯全集》第 4 卷，人民出版社 1958 年版，第 218 页。

种运动便宣告终结了。① 这也在一定程度上预示了日本基督教社会主义的发展结局。

◇◇第二节 从劳资协调派到社会主义者

在日本国内面临层出不穷的社会问题之际，远渡海外的知识分子在国外接受先进的思想熏陶，归国后毅然投身于意图通过劳动运动来改变社会现状的活动，诸如片山潜和高野房太郎等人。日本的劳动运动开始于1897年成立的工会促进会，该会最初提出"资本与劳动的并进"、"调和"等方针。② 不过，随着当时社会问题的日益激化，这些方针思想也在逐渐发生着变化。正如"接下来的战争是什么，是贫者与富者的战争、资本家与劳动者的战争、国家主义与社会主义的战争"所指出的那样，最具特征的重要问题不仅是劳资对立的激化、劳动运动的发生，而且是否定国家本身的社会主义的产生。③

一 日本近代工会的开端

如同近代日本的资本主义是从西方大力移植的那样，最初致力于解决资本主义体制下劳动问题的思想也是从西方引入的。19世纪90年代时国外的东西又一次引进日本，即仿照美国组织工会，从而使那些被吸引到新建

---

① 高放等主编：《社会主义思想史》（下），中国人民大学出版社1987年版，第559—660页。
② 古田光ほか編：『近代日本社会思想史』，有斐閣1968年，224頁。
③ 同上书，206页。

的钢铁、机械、铁路等部门中工作的不满的人得到一种组织形式。① 当时这种通过肯定劳资体制、注重劳资协调、促成工会结成等渐进手段来解决劳动问题的思想,便是高野房太郎等人从美国带回的,他也因此被称为日本工会运动之父。他在美国期间曾加入具有稳健特征的美国劳工联合会（AFL）,并被会长塞缪尔·龚帕斯任命为组织者之一。可以说日本近代工会的成立,便是高野房太郎、片山潜等人将 AFL 的组织方针适用于日本的成功案例。② 1891 年 7 月,高野房太郎与泽田半之助、城常太郎等人在美国旧金山成立职工义友会,致力于研究劳动问题,提出"研究欧美各国工人问题的真相,以备他日解决我日本的工人问题"③ 的目标,旨在通过总结美国劳动运动的经验为日后解决日本的劳动问题做铺垫。

1896 年,高野房太郎与泽田半之助、城常太郎等人得出"在日本开展劳动运动的时机已成熟"④ 这一论断并陆续回国。次年 4 月,他与旧金山职工义友会时的同伴泽田半之助、城常太郎等人借鉴在美国期间的经验,成立新的职工义友会。该组织的指导理念与 AFL 如出一辙,在追求产业发达的同时注重资本与劳动的调和。6 月 25 日,职工义友会召开了最初的工人问题演说会,参加的听众多达 1200 余名。⑤ 此后该会每月举行两次以上的公众演说会并适时开展各地游说,宣扬劳动者的组织化是实现劳动者权益的最佳方法。不过,它反对通过革命反抗的方式改变劳动者地位,而是主张通过劳资协调和渐进改良的手段解决问题。该会还广泛地向各工

---

① ［美］陶慕廉:《战前日本的社会民主运动》,赵晨译,中国友谊出版公司 1987 年版,第 18 页。
② 橘川文三编:『近代日本思想史の基礎知識』,有斐閣 1975 年,128 頁。
③ ［日］片山潜:《日本的工人运动》,王雨译,生活·读书·新知三联书店 1964 年版,第 9 页。
④ 橘川文三编:『近代日本思想史の基礎知識』,有斐閣 1975 年,129 頁。
⑤ ［日］片山潜:《日本的工人运动》,王雨译,生活·读书·新知三联书店 1964 年版,第 16 页。

厂散发《寄职工诸君》的小册子,这是日本工人运动史上最早的宣传品。① 宣传书中首先对当时日本社会严峻的劳资形势进行描述,提及身处于弱肉强食的社会,在外国资本家不断涌入的情况下,劳动者必须在竞争的道路上保持优势,文中称:

> 1899年是日本开放内地的时期,也就是外国的资本家想利用我国的工资低廉和工人伶俐,进入我国内地来博取巨万利润的时期。这些,不仅在性情、风俗和习惯上完全不同,而且在苛遇工人这一点上,早已有了定评的外国资本家,从现在起,要不了3年,就将成为你们的雇主。形势既然如此,你们如果不从现在早作准备的话,那么,不仅要遭受到欧美工人们所身受过的那样弊害而已;而且,从最近的情形看来,甚至于连那些同属我们同胞的雇主和你们的关系,亦将随着工厂、制造厂的增加而一天一天的发生变化。要在这样一个除了实利以外,不顾什么情理的弱肉强食、优胜劣败的社会中,能够得到发展,获得胜利,实在不是一件容易的事;何况还有外国人也将来到,插足其间呢!因此,你们必须具有最大的决心,以免为了那些外人而陷入困苦的境地,要在竞争的道路上设法保持优势,这一点是极其重要的!②

在这份宣传书中,强调团结的论调多次被提及。例如"如果你们能团结一致,端正自己的行动,大胆地为所追求的目标而努力;那么,无论怎样不讲情理的人,也不得不在你们的正义面前投降","兄弟相争,外侮就必乘虚而入。你们之所以沦于今日的处境,其主要的原因就在于缺乏步调

---

① [日]片山潜:《日本的工人运动》,王雨译,生活·读书·新知三联书店1964年版,第9页。
② 同上。

一致的行动。到今天，前有外敌相攻，而内则极其腐败，很显然的，像同业相争的事必须停止，而应该团结一致共赴时艰了。如果你们能够紧密地团结起来，随着社会发展的趋势，一方面在内部培养健全的思想；另一方面在外部则用切实的行动来对付敌人和无情的雇主，并且努力矫正弊风，那么，世界上还能有什么你们不如意的事呢"等①，指出应从内部的思想、外部的行动两方面同时着手，形成步调一致的局面。值得一提的是，他们批判所谓的"革命"态度和"贫富平均论"，认为通过革命并不能完全改变现状，社会的进步是迟缓而有秩序的，应摒弃冒进的行动；主张贫富平均是愚蠢的，人类既然有贤愚之分，也必然会有财产的不能平均这一现象。宣传书中指出：

  有人说："现在的事情，实在是不忍一谈；有钱的人越来越有钱，穷苦的人却愈来愈穷。工人们所遭受的压迫，和他们那种凄惨的处境，实在令人悲愤到极点，要想改变这种状态，只有革命，只有平均贫富这一个途径而已"。这种论调，的确是淋漓痛快；假使真能像所说的那样，可以通过革命而得到完全改变现状这一目的的话，当然是件很理想的事。可是，世间的事情往往并不那样简单，在动荡不安的局面下，由于意外的发生而竟完全不能达到最初目的的怪现象，也是屡见不鲜的。因此，这种说法，不是你们所应轻易就赞成的。而且，社会的进步，永远是比较迟缓而有秩序的；可是，革命却正和它相反，是以急风暴雨的形式为特点的。因此，两者之间，不但完全背道而驰；而且，主张平均贫富的人既然承认人类之中有贤愚的分别，那么，其财产的不能平均，也当然是件无可奈何的事；这样，贫富平均论就成了一件能言而不能行的事。

---

  ① ［日］片山潜：《日本的工人运动》，王雨译，生活·读书·新知三联书店1964年版，第11—12页。

因此，我们要断然，丝毫没有犹豫地忠告各位，你们应该决然排除这种革命的企图！毅然斥责这种冒进的行动！让那些主张平均贫富的人，去做这种缘木求鱼，不切实际的傻事吧！①

就职工义友会的主要领导人高野房太郎来说，他十分关注劳动者地位问题并称劳动是神圣不可侵犯的。他认为工会是保障劳动者权利的工具，解决劳动问题的基本手段便是通过组织工会等形式。他称劳动者与资本家间的分裂斗争是不可取的，主张通过互助活动等措施来实行社会改良，通过追求劳资协调来最终实现问题的解决。在美国期间所接触的资本主义文明给予他一定启发，他认同机械化大生产的社会发展模式并认为这是社会进步的标志，所以他建议通过工会运动来促使劳动者生活地位的提高和权利的获得，最终实现社会文明的发展和繁荣。因此，职工义友会的宣传书多次强调工会的重要性并发出组织工会的号召，例如"我们之所以要劝告你们，是希望你们能在同类相聚、同气相求这种人类情谊的基础上，发起、组织同业间的工会，以使全国的工人们都能团结起来，采取一致的行动"，"你们各位今天所应采取的手段，也只有这一种。我们特地再向各位呼吁，希望大家能起而组织同业间的工会"等。②关于工会的组织，职工义友会在宣传书中提及了若干意见，例如认为7人以上的同业者便可组织地方同业工会，之后可适时发展壮大，最终发展成全国性的同盟团等。此外，宣传书中还提到了公积金的问题，认为可将开支以外的会员会费作为公积金，用来救济工会会员的困难，同时制定相应的互助救济制度。文中称：

同业工会应该怎么组织呢？第一，在同一市、镇中，同业者达7

---

① ［日］片山潜：《日本的工人运动》，王雨译，生活·读书·新知三联书店1964年版，第11页。

② 同上书，第12页。

个人以上的，可以组织地方同业工会。第二，在同一市、镇中，各种不同的同业工会可以联合起来，组织地区同业联合团。第三，全国各地的地区同业工会可以联合起来组织全国同业联合团。第四，全国各地的同业联合团联合起来组织同盟团。

同业工会还可以利用它的公积金来救济会员的困难；或者在会员死亡时利用公积金的救济而使其妻儿能安于生活；这样的事就可以养成职工们刚强独立的意志，完成其天赋的责任……这样的事在我国也不难实现，其方法是：一、各地区工会或全国同业联合团，应将其每月所收入的会员会费，除去开支以外，全部存作公积金。二、各工会中应订立章程，规定施行互助救济法的开始时期（例如，在缴纳会费几个月以后才能享受此项权利）以及在公积金数不低于某一限度以内，才能从事于救济会员。三、各工会应逐渐将救助项目扩大，最后可推广到对失业者、旅行者以及衰老者等的救济。①

在职工义友会广泛开展活动的同时，1897年3月，片山潜在考察英国的社会事业后，在日本设立从事社会福利事业的金斯利馆，此名来源于英国的基督教社会主义者金斯利。设立此馆的目的在于，"一是在东京神田区成立一会馆，尽力图谋当地市民的幸福、进步和发达，并以有志于研究社会实际情况的大学、高等学校的毕业生和其他热心人士为中心。即准备以本会作为基督教社会事业的据点；二是从各方面对本会附近的居民，加以劝导、诱掖，使其成为基督教徒；三是将文明的果实，即优美的高等教育的花，广泛而普遍地种植到居民中去，使能同乐；四是使附近的居民互相讲信修睦，增加友谊，以期改进都市的生活；五是鼓励将来在各地兴办这

---

① ［日］片山潜：《日本的工人运动》，王雨译，生活·读书·新知三联书店1964年版，第12—14页。

种事业"①。他最初一直试图通过此类社会事业，来促进贫民解放和劳动问题的解决等。② 在高野房太郎的介绍下，1897年6月片山潜参加职工义友会，一直注重劳动者团结的他迅速投身于工会运动并成为指导者之一。他积极参加职工义友会举办的劳动问题演说会等活动，与工会运动的关系日益密切。③

对于原本是基于基督教立场持改良论者的片山潜来说，他同样认为工会是劳资交涉的最佳团体机构，因此格外强调通过对工会的有效组织，诸如使用团体交涉与和平商议等方式来促进问题的解决。在他看来，工会的结成和工会作用的发挥并不会真正威胁到看似是其对手的资本家，反而会从整体上促进社会的进步。他在《致资本家》中曾指出，对于资本家来说，劳动者的团结并不应该是恐惧的事情，相反地应该对其表示欢迎。④ 和其他工会主义者一样，片山潜也期待诸如工会法、工厂法的制定，认为这些举措可以有效缓解劳动者和资本家的冲突，只有实现资本和劳动的调和，才能真正形成产业的发达振兴和社会的良性循环。所以，他在《国民之友》上发表《在日本探究社会学的必要性》一文称，"面对资本家的残虐和劳动者的耐苦，不得不表示出对前者的反对和对后者的同情。然而，作为社会学研究者的我，却并不是主张对此种冲突进行是非的裁决，而是觉得应着眼于社会全体，想要对其进行调和、融合"，明确地表示出自身的劳资协调论立场。⑤

---

① ［日］片山潜：《日本的工人运动》，王雨译，生活·读书·新知三联书店1964年版，第138页。
② 橋川文三編：『近代日本思想史の基礎知識』，有斐閣1975年，127頁。
③ 片山潜生誕百年記念会編：『片山潜著作集第二巻』，河出書房新社1960年，383頁。
④ 同上书，386頁。
⑤ 佐々木敏二：「日本の初期社会主義3」，『経済資料研究』1976年3月，32頁。原文见《国民之友》第348、349号。

第二章 明治时期社会主义思想阵营的形成

1897年12月,片山潜创办日本最早的劳动杂志《劳动世界》①,提出"劳动神圣"、"团结就是力量"等口号②,呼吁通过工会的力量实现劳资协调和劳动团结,即"工会对于资本家的态度,最理想的是既不用甜言蜜语,也不作无计划而愚蠢的抗拒;只用法律人情所容许的方法,逐渐地从资本家那里取得所应取的,争所应争的"③,认为应采取社会改良而不是社会革命路线。该刊物号称是"人民之声",并在创刊号中表明了捍卫工会组织、捍卫劳动者权利的立场,它在宣言中称:

> 《劳动世界》的出版目的,是在实行"劳动神圣"、"团结就是力量"这些至理名言。因为从目前来说,将我们工人的劳动视作神圣,发挥充分团结的工会力量,正是日本工业发展的基础。而鼓励实施对工人开展教育,促使他们研究技术,以逐渐改进和提高他们的地位,也是企图使日本的工业能得到健全发展的前提。因此,对于妨碍工人运动的人,猜疑和敌视工会组织的人,《劳动世界》将竭尽全力来对付他们,并忠告和教育这些反对的人,阐明我们工人的地位。④
>
> 《劳动世界》的方针是社会改良,而不是革命。我们并不是对资本家实施分裂斗争,而是实现两者的真正调和。如果是因资本家的不当,使得劳动者处于被压制的情况,《劳动世界》将进行极力反对,始终维护劳动者的权利。如果不这样的话,便不能实现真正的调和。⑤

---

① 半月刊,1900年6月改为月刊,1901年12月废刊,1902年1月改为《内外新报》,1902年4月复刊《劳动世界》,1903年3月改称《社会主义》,1904年12月终刊。
② 张陟遥:《播火者的使命》,社会科学文献出版社2013年版,第148页。
③ [日]片山潜:《日本的工人运动》,王雨译,生活·读书·新知三联书店1964年版,第59页。
④ 同上书,第131页。
⑤ 佐々木敏二:「日本の初期社会主義3」,『経済資料研究』1976年3月,35頁。

工会主义者们将工会视为伸张劳动者权利的武器以及实现劳动阶级组织化的第一步。正如列宁所言,"在资本主义发展初期,工会是工人阶级的一个巨大进步,因为工会是工人由散漫无力到初步阶级联合的过渡"①。在1897年6月职工义友会的第二次劳动问题演说大会上,高野房太郎提议成立工会促进会的想法得到大家的支持。于是,同年7月,他们成立以促进工会的设立为目的的工会促进会。对此,片山潜曾指出,"如果不把自主的风气灌输到工人们中间,不让他们知道其地位之重要的话,那么,就决不能收到劳动功效。而要将自由自主的风气灌输到工人们中间,并且要让他们了解到自身地位的重要,就不能不组织工会;除此以外,是不会再有其他方法的。这就是工会促进会成立的原因"②。该组织所制定的规章③如下:

第一章 总则

第一条 本会以期望组成足以伸张我国工人的权利、除去其积弊、养成其优良风气并使同业者互相亲睦的工会为目的。

第二条 本会定名为工会促进会。

第三条 本会会所,设在东京市日本桥区本石町一丁目十二番地。

第四条 本会对于已经设立的工会,将进行联系;如有欲组成工会者,则将予以辅导和奖励。

第二章 会员

第五条 凡愿参加本会者,须依照本会规定的格式填写入会申请

---

① 张陟遥:《播火者的使命》,社会科学文献出版社2013年版,第148页。原文见列宁《共产主义运动中的"左派"幼稚病》,载《列宁选集》第4卷,人民出版社1995年版,第206页。

② [日]片山潜:《日本的工人运动》,王雨译,生活·读书·新知三联书店1964年版,第104页。

③ 同上书,第104—106页。

书，经两名会员以上的介绍向本会提出申请。但曾得到本会工作人员同意的会员，则立即发给会员证。

第六条 凡拟退会者，可叙述其理由向本会提出申请。

第七条 会员迁往他处时，应即通知本会。

第八条 本会会员之间，应用友爱的精神互相勉励，纠正缺点，以保持本会会员的名誉。

第九条 本会会员如有损及本会的名誉或违反会章者，经干部会议的决议，命其退会。凡作上述处分时，干事应于下次会议时进行报告。

第十条 凡非会员而有功于本会者，经干事会的决议，推选其为名誉会员。

第三章 工作人员

第十一条 对本会的工作人员，设有若干名常务委员及会计的职位，其任期为一年。

第十二条 常务委员名额为十五名，由会员用记名投票方式，从东京范围内的会员中选出；干事五名和会计两名，由常务委员互选。从干事中互选两人担任常任干事，常任干事的车马费用，在本会会计同意的情况下，得以实报实销。

第十三条 对本会进行赞助的社会知名人士，可经干事会决议推选为评议员，参与本会的主要会议。

第十四条 干事负责监督本会的会计及庶务，常务委员则辅助干事执行会务。

第十五条 凡当选为本会工作人员者，除非有不得已的事宜，不得推辞。

第四章 开会及杂志

第十六条 本会每月出版一本以上杂志，分发给本会会员。

第十七条　本会每月开一次会议，讨论会务及研究与工会组织相关的重要事项。必要时可召开临时会议。

第十八条　为充分达到本会目的，将通过演说会或座谈会的形式，聘请社会知名人士或热心人士发表演说。

第五章　会计

第十九条　本会会员每月应缴纳会费十钱；本会经费不足时，经全体大会通过，可由会员募捐筹集。凡因疾病或其他事故而不能缴纳会费时，可经干事会的决议予以免除。

第二十条　本会会计应在每月都将上一月的收支情况制成决算表向会员进行报告。会员随时均可到本会检查账册。

第六章　杂则

第二十一条　对于本会各项规程、规则，如认为有增补、修改的必要时，须获得三分之二以上例会出席者的同意才能通过。

工会促进会试图吸纳当时的社会力量，成立当天吸引了包括片山潜等人在内的70余名人员参与。该会作为职工义友会的进一步发展形态，其指导理念继承AFL的稳健工会主义，即通过工会的组织来实现保护劳动者权利的目的。工会促进会的成立，象征着工会组织化的开始，之后"同盟罢工"等活动频发。① 在1897年的工人运动中，工人罢工和劳资纠纷达41次，参加者5000多人。② 其中1897年的下半年发生罢工32次，有3517人参加③。工会促进会的成员也发展迅速，1897年末达到1200人，1898年末发展为3000人，1899年末达到5700人。④ 该会每月在东京、横滨等地开展

---

① 古田光ほか編：『近代日本社会思想史』，有斐閣1968年，206頁。
② 张陟遥：《播火者的使命》，社会科学文献出版社2013年版，第26页。
③ ［日］服部之总主编：《日本工人运动史话》，长风译，工人出版社1958年版，第6页。
④ 岡本宏：『日本社会主義政党論史序説』，法律文化社1968年，6頁。

两次以上的街头演说会,宣传在劳动者间成立工会的方法等内容。其中的积极分子甚至还成立了一个青年演说队,派遣演讲员前往各地进行演说,以促进工人们认识到团结的必要性。① 可以说,作为捍卫劳动者权利的阵地和培养工会组织的学校,工会促进会在对工会成员的宣传教育、对增设工会的鼓励等方面发挥着作用。

在这些活动的影响下,各工会组织不断涌现。例如1897年12月,1000多名铁工成立日本最早的近代工会铁工工会②;1898年2月,日本铁道工人在取得要求提高待遇的罢工胜利后,于同年4月成立日本铁道矫正会③;1898年3月,深川印刷公司的100多名工人举行职工恳谈会,并于同年8月发展为印刷工人恳谈会;1899年11月,工会促进会成员岛田三郎牵头成立铅版印刷工工会等。这些工会都具备一定的规模,以铁工工会为例,在1900年初便拥有42个支部以及5400余名会员④,并且还以美国工会的规章作为范本制订了规章和附则。⑤ 然而,这些工会诸如"铁工工会、日铁矫正会以及其他工会,都是根据劳资调和主义,以改良风俗和以福利互助为主要目标的"⑥。可以说当时的工会运动特点是,"通过社会改良而不是革命,并不是与资本家实行分裂斗争,而是希冀实现真正的调和",力争使劳动者拥有"自主的风气",并提高劳动者的"地位和权利"⑦。虽然如此,但其积极意义却不容忽视,随着这些组织从宣传层面到实践层面的

---

① [日]片山潜:《日本的工人运动》,王雨译,生活·读书·新知三联书店1964年版,第152页。
② 由当时的炮兵工厂和甲武铁路公司工人等人士组成,1901年形同消亡。
③ 会刊为《铁道世界》,1901年解散。
④ 张忠任:《马克思主义经济思想史(日本卷)》,中国出版集团2006年版,第23页。
⑤ [日]片山潜:《日本的工人运动》,王雨译,生活·读书·新知三联书店1964年版,第240页。
⑥ 张陟遥:《播火者的使命》,社会科学文献出版社2013年版,第149页。
⑦ 橋川文三編:『近代日本思想史の基礎知識』,有斐閣1975年,129頁。原文见《劳动世界》创刊号《宣言》。

过渡，也标志着日本近代工会运动序幕的拉开。

在这些组织成立的背后，都有片山潜等人的思想指导和大力支持。1898年2月，片山潜领导参加了日本铁路工人大罢工并取得胜利，此外还怀着满腔热忱投身多方面的活动，例如宣传合作社运动、组织贫民研究会等。[1] 以合作社为例，他曾在《劳动世界》上发表题为《合作社是工人们的城廓》一文，称"生存在宪法政治下面的人民，早晚一定会掌握政权而举自治独立之实，那就像太阳从东方升起、水向低处流淌一样，是我们决不用怀疑的……救济的方策既不在于增加工资，也不在于减少工作的时间，而在于如何能使他们成为工资的主人。达到这些目的的方法便是促使他们设立合作社。合作社是工人们在激烈残酷的自由竞争战场上能获胜的堡垒"[2]，在肯定劳动人民地位的同时大力宣扬合作社的作用。到1899年夏天的时候，已经有十五六个合作社分别在东京、横滨、福岛、原町、仙台、青森和北海道的札幌、上川等地成立。[3]

总之，就当时日本社会的工会发展而言，从1897年开始一直保持着良好态势，工会成员和各工会的支部数量都在逐年增加。尤其是1899年的工会组织在人员数量方面达到最好时期，各地加入工会的成员大幅增加。1900年以后，由于工会内部开始出现不同派系、部分劳动者因资本家的怀柔政策而退让等诸多因素影响，工会组织的凝聚力一度下降。而工会自身的性质也隐藏着衰退的主要原因，例如工会是以熟练工的师傅率领做零活的手艺人和徒工、见习工等一揽子加入方式为中心，所以师傅的领导力量一旦随着新技术、机器的引进和师徒关系的解体而丧失，或者师傅对政权或雇主的抵抗意识一旦减弱时，就会发生成员一个个接连脱离组织的现象；

---

[1] 李威周：《日共创始人——片山潜》，商务印书馆1980年版，第20页。
[2] [日]片山潜：《日本的工人运动》，王雨译，生活·读书·新知三联书店1964年版，第161—162页。
[3] 同上书，第165页。

第二章　明治时期社会主义思想阵营的形成

他们那种旧手艺人的"豪爽"气质，同效仿美国劳联组织方针的领导者意识之间的差距，以及更侧重于工会会员共济活动方面的弱点，使得他们丧失抵抗政府镇压的力量。① 虽然工会主义者们宣称不与资本家进行分裂斗争，而是采取互相协调的手段，但是却未必受到同样的方式对待，例如片山潜和高野房太郎指导下的工会依然受到很大压迫。

1900年3月，山县内阁颁布专门针对工会运动等活动的《治安警察法》②。此法堪称"工会死刑法"③，在事实上禁止了工业劳动者和佃农们为了他们的自身利益而起来反对雇主、地主的运动，凡劝诱他人参加要求增加工资、缩短工作时间或降低地租等运动的事，都被列为扰乱社会秩序和安宁的犯罪行为，后来这个法律把一切工人运动都解释成为犯罪。④ 对此，幸德秋水在《万朝报》上公开发文称，"这个法律，实际上是保护资本家及地主，而压迫工人及佃农的法律……政府之所以制定本条，原来是顾虑到将来工人问题、社会问题丛生的时候，将以此来做防范的。这种用心也可说是好的。然而，当我们看了本条以后，却认为他日激起工人问题、社会问题的，一定是政府自己，一定就是这个法律。为什么要这样说？因为这个法律，从某方面来看，可以完全认为是资本家、地主的护身符，会使得他们敢于胡作非为，横暴残酷"⑤。他认为，此法的受益者为资本家及地主，甚至这些内容都是作为他们的保护伞而诞生的。于是，在工会运动合

---

① ［日］远山茂树：《日本近现代史》，邹有恒译，商务印书馆1992年版，第156页。原文参照大河内一男《黎明期的日本工人运动》（岩波新书），隅谷三喜男《社会运动的发生和社会思想》（岩波讲座《日本历史·现代Ⅰ》），大原慧《工人运动和初期社会主义》（《讲座日本史》6），松泽弘阳《日本社会主义思想》。

② 取代1893年4月的集会及政社法。

③ 町田勝：「日本社会主義運動史——百年の歩みに学ぶ」，『海つばめ』735号（1999.7.25）—783号（2000.7.23），第1回連載。

④ ［日］片山潜：《日本的工人运动》，王雨译，生活·读书·新知三联书店1964年版，第250页。

⑤ 同上书，第40—41页。

法性被剥夺的情况下，尚未脱离"幼儿期"的工会运动一时间瓦解消失。

二 劳资协调论的摒弃

初期的工会运动并没有摆出与资本家"对决"的态度，例如工会促进会在设立宗旨书中曾提到，"如何使劳动者忠诚于产业？那便是给予他们自主的风气并提高其地位"，显示出"协调"的理念；而《寄职工诸君》所提及的"1899年是日本内地开放的时期，外国资本家用低廉的薪金利用我们可怜的劳动者来博取巨大的利益"等，对"无情的雇主"显示出警戒之心，但却并未将其视为"敌人"，依然抱着协调的幻想。① 不过，随着时间的推移这些论调在逐渐发生着变化。

放弃劳资协调论，即劳资共荣②论，实现从工会主义到社会主义的过渡、逐步向以阶级对立为前提的劳动运动观靠近的代表者便是片山潜。③ 当时许多工会成员对工会运动的前景表示担忧，或因一直未能成功制定工厂法④而产生失望，工会促进会不得不被迫解散。再加上《治安警察法》的规定，比如将组织他人参加相关团体的行为视为犯罪、禁止包括工会在内的一切大众运动、允许警察自由解散集会演说等，这对于还在襁褓之中的工会发展来说无疑是致命一击。工会运动的彻底被否定等因素促使了片山潜的思路转变，如何决定未来的走向便成为当务之急。当时正好成立以村井知至为首任会长的社会主义研究会，片山潜便积极地加入其中，开始了对社会主义的关注和学习。

---

① 橋川文三編：『近代日本政治思想史』，有斐閣1974年，338—339頁。
② 同上书，338頁。
③ 片山潜生誕百年記念会編：『片山潜著作集第二巻』，河出書房新社1960年，386頁。
④ 工厂法法案向议会的提出屡次被阻止。

第二章　明治时期社会主义思想阵营的形成

1899年1月1日，作为当时唯一的工人运动机关报①，《劳动世界》开辟了社会主义专栏，每期介绍欧美的社会主义运动，称"作为劳动者唯一的机关杂志、代表者和辩护人，我们带着正义的精神和进步的态度开设社会主义专栏，这并不是仅仅为了知识层面的'运动'或是随意说些幻想的言论"②，"我们每期记述欧美社会主义运动的趋势，实际上是说明社会主义成了拯救20世纪人类社会的新福音书"③。此外，村井知至曾于1899年4月在《劳动世界》上发文指出"工会的结局是社会主义"④，在其"工会运动最终将走向社会主义"的观点影响下，片山潜开始逐渐远离效果甚微的劳资协调论并向社会主义靠拢。虽然此时他的社会主义思想尚不成熟，比如误认为社会事业和都市改良事业也为社会主义的应用内容⑤等，但至少他已经开始主张废除生产组织方面的社会制度。

与此同时，高野房太郎则认为工会的成立本是经济行为，强行添加政治色彩的做法势必会遭到资本家的镇压，无疑会进一步加剧劳动者生存状况的恶化。他主张实行非政治主义，认为应该坚持贯彻工会主义的劳资协调论，继续实施社会改良来对劳动者施加保护，而不是通过政治手段赋予他们政治任务。而片山潜则主张工会运动应寻找新的出路而不是一味地使用劳资协调手段，认为工会运动应与社会主义思想相结合。于是，高野房太郎与片山潜产生了思想分歧，两者的主张内容与斗争方式渐行渐远。片

---

① ［美］陶慕廉：《战前日本的社会民主运动》，赵晨译，中国友谊出版公司1987年版，第23页。原文见片山潜《日本的工人运动》，查尔斯·H.克尔公司1918年版，第38页。

② 佐々木敏二：「日本の初期社会主義3」，『経済資料研究』1976年3月，35頁。

③ 张陟遥：《播火者的使命》，社会科学文献出版社2013年版，第149页。

④ 岡本宏：『日本社会主義政党論史序説』，法律文化社1968年，9頁。原文见岸本英太郎《片山潜》第一部，未来社1959年版，第81页。

⑤ 渡部義通ほか編：『日本社会主義文献解説』，大月书店1958年，39頁。原文见《劳动世界》第46号，1899年10月15日。

山潜渐渐从经济活动的斗争转向政治活动的斗争，希望通过诸如加强劳动者教育、争取普通选举权利等手段来改善劳动者的生存条件。高野房太郎则在 1899 年辞去工会促进会和铁工工会的常任干事等职位，交由片山潜接任，并于 1901 年去往中国。3 年后，年仅 35 岁的高野房太郎病逝于中国青岛。

此外，在 1899 年 7 月的印刷工人恳谈会上，片山潜与桑田熊藏、金井延等社会政策学派产生意见对立。桑田熊藏和金井延等人基于反社会主义的立场，认为工会团体应仅限于追求经济层面的目的，而片山潜则回应称"如今的调和已经不能实现……是主人与奴隶的关系"①。随后也出现了诸如"劳动运动应从小战争发展为大战争"等言论的主张者。② 对此，桑田熊藏和金井延分别在会上发表言论称：

> 为了经济的进步，工人和资本家必须互相协调和彼此帮助，这是经济上的自然法则、经济上的原则。因此，社会主义派的工人运动者，在谈到工人与资本家的关系时，他们所抱的见解是非常错误的。他们认为资本家是无用的废物，必须把资本家打倒，以使一个国家的资本完全归国家所有，也就是说要建立一个一切生产都属于国家事业的共产国家，并且认为把现有的经济组织打破是解决工人问题的唯一方法，不这样就不能谈工人问题。现在，我不想从学理上和伦理上来指出这个问题和这个主义的缺点；而只想向主张这种主义的人请教一个问题，就是照你们的主张，到底能不能在将资本家打倒以后，建立一个使所有的人民完全驱使成为劳动者的国家呢？过去，有不少社会主义的理论家曾经发表过各种议论，也曾作过各式各样的设计。可是，这些设

---

① 橋川文三編：『近代日本政治思想史』，有斐閣 1974 年，339 頁。原文见片山潜・西川光次郎《日本的劳动运动》，劳动新闻社 1901 年版。
② 同上。原文见村井知至《社会主义》，劳动新闻社 1899 年版。

计没有一个是能适用的。

　　工人的工会或同业工会,无论怎么样都应该用和平的、稳健的手段来发展。就工人的工会来说,首先应该努力的事,不用说就是要会员彼此互相勉励以求进步、以提高其地位和理想。不过,工会必须向纯经济的目的前进,换一句话说,工会的义务是不要牵涉到政治上去。如果贸然去谈政治的话,据我个人看来是极不合适的。因此工人的工会作为一个组织来说,无论在什么情形之下都应该根据经济上的方针来活动……为什么要反对社会主义呢?我作为一个日本国民,对于这种主义是决不能赞成的,应当说:"社会主义,归根结底是一定会破坏现在的国家组织的东西。"社会主义的最终目的是在根本破坏现在这种私有财产制,而将基础置于诸公共财产制之上。那么这种主义是必须破坏现行的国家组织,否则是决不能实行的。①

　　而片山潜则称,"工人和资本家间的调和是必要的,不过从现在这样的情形来看,工人和资本家间的调和,毕竟是件办不到的事。今天所谓的调和,实际上并不是什么调和……真正的调和,是非由我们领导工人举起旗帜不可的……资本这东西,如果能为工人所持有的话,就让工人们持有,岂不好吗?从工人们可以持有资本这一方面来说,欧美的工人们也有过种种的经验,而且他们的结果都很好。像英国的合作社组合(工人生产合作社所办企业)那样,每年的营业额能达数亿万圆之多。这企业完全是由大家共同劳动,从事生产而成立的"②。对于刚加入社会主义研究会的片山潜来说,他并不认同桑田熊藏对社会主义者阶级观的攻击,以及金井延的

---

①　[日]片山潜:《日本的工人运动》,王雨译,生活·读书·新知三联书店1964年版,第75—78页。
②　同上书,第76—77页。

"社会主义是对国家组织的极大破坏"等论调。① 在他看来，若没有"领导工人举起旗帜"是不可能真正奏效的，而且资本应该尽可能地被掌握在工人手中，以最大限度地促进生产进步。他否定他们对社会主义的可操作性以及政治走向的质疑。他认为，工人运动的永久不变的方针是，"应该让工人们或者组织工会，或者组织像合作社、合作工厂那样的经济团体。再进一步大大地联合起来，使其从事于政治运动。然后通过应用在政治上所得到的力量，来谋求达到工人们'实行社会主义'的最后目的"。②

在社会改良主义和社会主义的论争中，片山潜明显地站在偏向社会主义思想的立场。他称，"我认为社会主义是可行的。铁道可以为国家所拥有，如同水道为东京市所有一样。比起个人占有，社会全体持有的方式更为适当"③。1899 年 10 月，片山潜在《六合杂志》上发表《今后的劳动运动》一文，公开宣称阶级对立和劳资对立。④ 这与他之前所显示出的劳资协调态度形成鲜明的对比。可以说，1899 年前后片山潜的劳动运动论在发生着变化，这与他倾心于社会主义的时期恰好重合。⑤ 1900 年 3 月，日铁矫正会得出解决劳动问题只能依靠社会主义的决议。1900 年 5 月，片山潜于《劳动世界》第 60 号开始连载《社会改良与革命》一文，宣布彻底从社会改良走向社会革命。

同样，作为工会促进会与铁工工会的机关杂志，《劳动世界》也逐步褪去经济主义、伦理主义的色彩，倾向于将劳动问题的解决寄托于政治变革，

---

① 絲屋寿雄：『日本社会主義運動思想史』，法政大学出版局 1979 年，52 頁。
② ［日］片山潜：《日本的工人运动》，王雨译，生活·读书·新知三联书店 1964 年版，第 199 页。
③ 飯田鼎：「明治の社会主義 3」，『三田学会雑誌』1974 年 3 月，46 頁。原文见「片山氏の社会主義」，『労働世界』第 46 号，1899 年 10 月 15 日，68 頁。
④ 大原慧：『幸徳秋水思想と大逆事件』，青木書店 1977 年，95 頁。
⑤ 片山潜生誕百年記念会編：『片山潜著作集第二巻』，河出書房新社 1960 年，387 頁。

1903 年更是改名为《社会主义》，进一步明确劳动运动中的社会主义理念。① 作为当时社会主义的重要实践形式，开展劳动运动的目标方针等内容也在不断形成。其目标手段为，通过普通选举权的获得，将劳动者的代表送入议会，通过政治形式来拥护劳动阶级的基本权利。② 1901 年 4 月，由二六新报社主办的劳动者恳谈会成功召开，通过了促进立法保护劳动者，以及争取普通选举权等五项决议。③ 这些内容，在当时并不成熟的社会主义队伍中得到广泛认可。1902 年 8 月，《劳动世界》所连载的《劳动问题的解决》指出，"最根本的解决办法便是全面废除现存制度，经营以国家为雇主的产业"，极力证明能真正解决社会问题的国家必须是社会主义国家。④

可以说，工会运动的发展瓶颈和社会主义的深入接触，使得片山潜进一步走上社会主义道路，并彻底转变斗争方式。不断的实践活动，使得他在认识到社会财富的直接生产者是劳动阶级的同时，也投入到劳动者立法等相关活动中。⑤ 他在从劳资协调论到阶级斗争论的变化过程中，从未否定过工会的作用，主张通过工会、合作社等形式组织起更多力量，可谓是多种手段并用。他坚持对掠夺劳动者大部分生产成果的劳资制度予以否定，主张通过普通选举活动等方式获取政治权利进而实现社会主义社会。例如，他于 1900 年极力主张"有必要组织劳动者政党"，设定了与既存体制对决的政治目标。⑥ 即通过劳动运动大联合发动政治运动、通过政治运动实现社

---

① 橋川文三編：『近代日本政治思想史』，有斐閣 1974 年，339 頁。
② 片山潜生誕百年記念会編：『片山潜著作集第二巻』，河出書房新社 1960 年，388 頁。
③ 同上书，389 頁。
④ 同上。
⑤ 橋川文三編：『近代日本思想史の基礎知識』，有斐閣 1975 年，133 頁。
⑥ 橋川文三編：『近代日本政治思想史』，有斐閣 1974 年，339 頁。原文见《劳动运动的前途》，《劳动世界》1900 年，第 57 号。

会主义。总之，在这个时期，伴随着高野房太郎的离世和片山潜的思想转变，明治时期的工会主义仅仅持续了几年时间便发生重大转向。

从以上本章第一节和第二节的内容来看，在从一位论派到社会主义者、从劳资协调派到社会主义者的形成路径中，两者具有一定的交集部分，例如安部矶雄、村井知至和片山潜都为基督徒等；其活动范围也有重合部分，例如安部矶雄和村井知至等人都曾参与工会主义的工会促进会活动，片山潜也曾参与最初由安部矶雄和村井知至主导的社会主义研究会活动等。此外，两者的主要人物都在很大程度上受到美国色彩的影响。美国、基督徒等关键词影响着从一位论派到社会主义者、从劳资协调派到社会主义者的形成路径。（见表2—1）

表2—1　　　　　　　　两派社会主义者的美国经历

相关人物	在日本从事的社会主义活动	在美国接触的社会主义活动
安部矶雄	基督教社会主义者，曾任社会主义协会会长。	1891年赴美，曾就读于美国哈特福德神学院、芝加哥大学，1895年作为基督教社会主义者归国。
村井知至	基督教社会主义者，在《六合杂志》宣传社会主义，曾任社会主义研究会会长。	1889年赴美，曾就读于美国安多佛神学院和衣阿华大学，期间学习社会学和社会问题，关注社会事业，接触社会福音运动和基督教社会主义。
片山潜	社会主义者，设立金斯利馆、幼儿园和市民夜校等，职工义友会、工会促进会等团体核心人物。	1884年赴美，1896年归国。1886年在美国加入基督教。曾就读于安多佛神学院、玛丽维尔大学、衣阿华大学、耶鲁大学等。学习神学和社会学，对基督教信仰和社会问题表示关心。

续表

人物	在日本从事的社会主义活动	在美国接触的社会主义活动
高野房太郎	工会主义者，创立职工义友会和工会促进会。	1886年赴美，10年后回日本。曾就读于哥伦比亚大学。在旧金山生活期间接触美国的工会主义，并为AFL组织者之一。
城常太郎	工会主义者，参与职工义友会和工会促进会的创建。	1888年去往旧金山，1896年返回日本。在美国期间参与创立职工义友会。

就对美国的态度而言，以片山潜为例，他在1902年春成立"赴美协会"并担任会长，随后该协会在《劳动世界》1902年4月3日的第1号公开宣称，"赴美吧、赴美吧，本会正是为了发出'此声'"。[1] 该协会在《劳动世界》的赴美协会记事栏中定期刊登诸如赴美相关事宜、在美见闻、会员消息、美国概况、演说会情况、例会活动、往来通信等相关内容，其会规[2]如下：

赴美协会规则

第一条　本会名称为赴美协会。

第二条　本会以鼓励赴美为目的。

第三条　本会设置干事职位以处理会务。

第四条　本会会员限定为该杂志的直接订阅者，预付三个月以上钱款的便为会员。

第五条　本会将解决希望赴美者的疑问，并给予相关建议和介绍。

---

[1] 岡林伸夫：「<論説>ある明治社会主義者の肖像——山根吾一覚書」,『同志社法学』1995年9月，225頁。

[2] 労働運動史研究会編：『社会主義』，明治文献資料刊行会1963年，514頁。

第六条　本会相关事项将刊登在《劳动世界》（后改为《社会主义》）上。

第七条　本会不收取其他会费。

第八条　本会事务所设置在神田区三崎町的金斯利馆内。

对此，片山潜曾称，"就我的观点来说，我们日本国民远离国家奔赴万里之外，去往他乡追寻一番事业，这应该是国民最高形式的忠君爱国了"。① 他认为"人口增加会产生社会弊病"，农村地区佃户的增加使得地租涨价，人口涌入城市使得劳动者人数增多、工资下降、房租物价高涨，其利益获取者是地主和资本家，利益损失者却是佃户和劳动者。② 在这种情况下，国家却对自由移民等施加种种限制，使得"有为青年在国内依旧是地主和资本家的'饵食'"，实在是"一日也不能忽视这种状况"。③ 在他看来，对于学业之道和实业之道被闭锁的青年来说，倒不如"赴美"去追求"成功"④。

就思想转换来看，片山潜、安部矶雄等人的思想体系虽不同，但是社会主义思想的来源却基本相同，都是源于美国的社会主义者，尤其是威斯康星大学教授伊利和柯库珀。⑤ 19 世纪八九十年代的安部矶雄、村井知至、

---

① 冈林伸夫：「<論説>ある明治社会主義者の肖像——山根吾一覚書」，『同志社法学』1995 年 9 月，223 頁。原文见片山潜『渡米案内』，労働新聞社 1901 年，4—5 頁。

② 冈林伸夫：「<論説>ある明治社会主義者の肖像——山根吾一覚書」，『同志社法学』1995 年 9 月，224 頁。原文见隅谷三喜男『片山潜』，東京大学出版会 1977 年，139 頁。

③ 冈林伸夫：「<論説>ある明治社会主義者の肖像——山根吾一覚書」，『同志社法学』1995 年 9 月，224 頁。原文见片山潜「人口増加と労働者」，『日本人』1902 年 3 月，18—22 頁。

④ 冈林伸夫：「<論説>ある明治社会主義者の肖像——山根吾一覚書」，『同志社法学』1995 年 9 月，225 頁。原文见片山潜「青年に対する二種の圧制」，『労働世界』1902 年 10 月，18—19 頁。

⑤ 张忠任：《马克思主义经济思想史（日本卷）》，中国出版集团 2006 年版，第 13 页。

片山潜和高野房太郎等人都在美国。当时的美国,各种垄断组织遍及所有工业企业部门,成为垄断资本高度发展的国家。① 产业的迅速发展带来社会思潮的变换,例如 1886 年 12 月塞缪尔·龚帕斯等人成立大型工会组织 AFL 并主张稳健的工会主义、当年发生的全国性的五一总罢工等,这些直接影响着高野房太郎、片山潜等在美人士对劳动运动的态度。此外,基督教也在积极开展着自身革新运动。19 世纪 80 年代发生的一场以神学院为中心的社会基督教运动,对安部矶雄等人有重大影响的威斯康星大学教授伊利便是这场运动的中心人物之一,同时也是当时美国基督教社会主义的代表人物之一。② 1889 年威廉姆·布利斯等人还在波士顿成立基督教社会主义协会等,这些影响着村井知至等神学院学生对社会问题的关心以及向社会主义道路的迈进。可以说美国色彩和基督教的影响是前两种社会主义者形成的共通特征。

◇◇ 第三节　从自由民权左派到社会主义者

一　民权左派与社会主义

正如"日本的社会主义运动萌芽于基督教思想和自由民权思想这两大温床"③ 所指出的那样,除了基督教思想外,自由民权思想尤其是自由民权左派思想也与当时社会主义者的形成密不可分。堺利彦曾说过,"本来,欧洲的近世社会主义是对法国革命的自由平等学说进行进一步的理论扩充

---

① [美] 爱德华·贝拉米:《回顾》,林天斗等译,商务印书馆 2009 年版,第 1 页。
② 张忠任:《马克思主义经济思想史(日本卷)》,中国出版集团 2006 年版,第 22 页。
③ 吉川守圀:『荊逆星霜史——日本社会主義運動側面史』,青木书店 1957 年,45 頁。

而出现的，日本的社会主义运动从自由党左翼诞生也是自然而然的事情"①。在自由民权运动时期，明治政府运用了各种怀柔手段或强硬手段对其进行瓦解。随着其中部分力量对藩阀政府的妥协，1882年前后开始分裂为左派与右派，1884年10月作为自由民权运动领导核心的自由党解体。1892年11月，大井宪太郎等左派人员成立东洋自由党，提出"应整理财政，在国家经济容许的范围内，分步骤地休养民力（特别是对贫苦工人的保护）"②等政纲，致力于开展保护农民、小手工业者等活动。③ 同时该党还创设机关杂志《新东洋》④，在党内成立日本劳动协会、普通选举促进同盟会等，提出要维护贫民劳动者的利益。

可以说民权左派思想与社会主义思想存在某种相通之处。例如试图从土地问题入手以解决各种社会矛盾等方面。大井宪太郎所成立的日本劳动协会（1899年6月，大井宪太郎在大阪再次成立日本劳动协会，并发行机关杂志《大阪周报》，然而不久却面临自然消亡的命运⑤）主张应实施土地国有化、耕地平均和土地平分；植木枝盛曾在1881年的私拟宪法草案中提出，在肯定财产私有制的同时应实施土地共有；中江兆民也曾在《三醉人经纶问答》中借"洋学绅士"的人物形象提出过土地共有的想法。⑥ 例如着眼于对贫者和弱者的保护等方面。1882年6月东京马车铁道的运营使得当时众多车夫濒临失业，于是自由党左派青年奥宫健之⑦组织车夫成立马车铁道反对同盟，呼吁社会关注劳动者群体面临的生活困难。随后奥宫健之

---

① 堺利彦ほか：『日本社会主義運動史』，改造社1928年，3—4頁。
② ［日］片山潜：《日本的工人运动》，王雨译，生活·读书·新知三联书店1964年版，第4页。
③ 张陟遥：《播火者的使命》，社会科学文献出版社2013年版，第23页。
④ 堺利彦ほか：『日本社会主義運動史』，改造社1928年，6頁。
⑤ 同上书，9頁。
⑥ 大原慧：『幸徳秋水思想と大逆事件』，青木書店1977年，21頁。
⑦ 1911年1月在大逆事件中被处死。

成立车会党并制定车会党党则，提及当车会党成员遭遇困难时应根据情况予以救助等内容，可以说它类似于保障车夫正常生活的工会。对于这些活动，堺利彦曾对其评价称，"它带有实际的、劳动运动的特色，很明显地属于自由党运动的一部分"①。此外 1882 年参与东洋社会党创立的武富时敏等人为自由党成员，1884 年在被称为带有社会主义性质的秩父困民党②暴动中，其发起人物是琦玉县自由党员，可以说民权左派人士对于劳动运动等是寄予深深同情的。例如在追求权利平等方面。自 1881 年 10 月自由党成立之时便在提倡主权在民、普通选举等内容，在要求实现国民相关自由和权利方面倾注力量。而明治时期的社会主义在很长时间内也将普通选举的实现等内容视为首要任务。可以说民权左派思想中的部分主张能够在随后形成的社会主义阵营中得以发现。

二　社会主义者的形成

曾参与自由民权运动的部分急进分子走上了早期社会主义运动的道路，如其中的幸德秋水。随着对藩阀、资本家、政党腐败的绝望，幸德秋水约从 1899 年开始转向对社会主义的关心。③ 在此之前，他曾以十岁出头的年龄作为代表在板垣退助面前朗读文章、曾先后师从于林有造和中江兆民，可以说他比常人更早地拥有对社会政治的关心和对经国济民的理解。1895 年幸德秋水进入《中央新闻》工作，因撰写《大森站奉送记》等诸多文章而崭露头角，并从新人记者变为评论记者。随后他加入到号称"永远无休"的万朝报社工作。④ 幸德秋水的思想发生很大变化，这些转变可以划分为三

---

① 堺利彦ほか：『日本社会主義運動史』，改造社 1928 年，4 頁。
② 在琦玉县秩父地区，由部分自由党员和农民等人组织而成的团体。
③ 古田光ほか編：『近代日本社会思想史』，有斐閣 1968 年，224 頁。
④ 《万朝报》由其同乡黑岩周六于 1892 年 11 月创立，到 1899 年该报的发行量已在东京排名第一，1940 年 10 月废刊。

个阶段,一是对自由党的失望,二是对社会问题的思考,三是向社会主义的迈进。这三个阶段是同时交叉进行、互相促进互相影响的,而不是严格地从一过渡到二、从二过渡到三的时间变更阶段。

(一) 对自由党的失望

最初在 1890 年议会开设之前,自由党的机关杂志日刊《自由新闻》等曾带有社会主义倾向,然而,伴随着议会的开设,一些人开始逐渐意识到,自由党只不过是地主和资本家的政党。① 1891 年 5 月,自由党在其大会上明确发表排斥社会主义的宣言,称"我党主张富者和贫者各司其职、共享社会之利,而社会主义则主张强行将其平分、共有,这与我党的自由主义是相违背的"。② 1896 年 4 月,自由党党首板垣退助加入第 2 次伊藤内阁并担任内务大臣。1898 年 6 月,自由党与大隈重信主导的进步党合并为宪政党,开启日本最初的政党内阁。宪政党分裂为旧自由党派系的宪政党与旧进步党派系的宪政本党后,1900 年 9 月,宪政党即旧自由党成员与藩阀势力代表伊藤博文合作成立立宪政友会。它的成立给一度寄希望于自由党,希望其能打破藩阀政治、建立革新局面的幸德秋水等人带来沉重打击。伊藤博文是幸德秋水最为痛恨的藩阀代表,他曾不止一次地公开讽刺伊藤博文只是依靠圆滑逢迎之能获取威望。例如他曾在《伊藤侯之盛德》一文中指出,"夫伊藤侯,吾固谓为大人物也,然如彼其怯懦也,其巧佞也,其陋劣也,其无耻也之小人也。人皆腹非之,腹非之不已,以口诛之,口诛之不已,以笔伐之,腹非口诛,以至于笔伐"③。在希望破灭之余,幸德秋水发表《悼念自由党》一文,称:

---

① 堺利彦ほか:『日本社会主義運動史』,改造社 1928 年,4 頁。
② 同上书,5 頁。
③ [日] 幸德秋水:《广长舌》,中国国民丛书社译,商务印书馆 1903 年版,第 81—82 页。

呜呼,汝自由党之事,吾不忍言之矣。想二十余年前,专制压抑之惨毒,滔滔横流于四海,正维新中兴之宏谟,遇大顿挫之时,祖宗在天之灵,故特降生汝自由党,扬其呱呱之声,放其圆圆之光。自由平等之正气,于是磅礴于乾坤,振荡于世界,实文明进步之大溯流也。

是以汝自由党,为自由平等而战,为文明进步而战,见义不为是无勇,赴汤蹈火所不惧,千挫不屈,百折不挠。凛凛乎其意气,戛戛乎其精神,如秋霜哉,如烈日哉,而今安在哉。

汝自由党之起也,政府之压制益甚,迫害愈急。一言论也,而思所以钳制之。一集会也,而思所以禁止之。一请愿也,而思所以防止之。捕缚也,放逐也,牢狱也,绞颈台也,无所不用其苛刻也。而汝自由党见鼎镬而不惧,望刀锯其如饴,荡尽亿万之财产而不顾,损伤数百之生命而不惜。岂非汝自由党一片之真诚,为千古所不可磨灭者哉,而今安在哉。

呜呼壮哉,汝自由党也。噫吁哀哉,汝自由党也。汝自由党能如此,岂非赫赫伟男子,烈烈大丈夫哉,洒多少志士仁人之热泪,流多少志士仁人之鲜血,掷多少志士仁人之头颅。前者仆,后者继,从容含笑以就死。当时谁知彼等之死,即自由党之死乎。呜呼,汝自由党之前途,其光荣洋洋,有可想见矣。呜呼,热泪鲜血,丹沉碧化,而今安在哉。

汝自由党也,以圣贤之骨,具英雄之胆,目如日月,舌如霹雳,攻无不取,战无不克。开拓一立宪代议之新天地,建干旋乾坤之伟业,惜汝非守成之才,而建武之中兴,中道倾覆。汝虽有光荣于历史,而问汝之事业,汝之名誉,而今安在哉……而吾独握一管之笔,掉三寸之舌，为自由平等文明进步，而吊汝自由党之死，祭汝自由党之灵。①

他由褒及贬地指出自由党曾经的坚持已经不复存在，他声称"自由党已死"，指出自由党致力于追求自由平等和文明进步的时代已经结束。从此，他对自由党派系的革新政治不再抱有希望，并与星亨等人为首的自由党彻底划清界限，正式宣告同资产阶级政党分手。② 在对自由党彻底失望后，他开始思考新的出路。

（二）对社会问题的思考

转向对社会问题的思考是幸德秋水对当时形势的认识和自身境遇的双重结果，即当时目睹社会各方面的腐败堕落和他深感命运不公的自身经历。一是就对当时形势的认识来说，他曾在1898年1月31日发表的《剑相知录》中指出，"20世纪之问题，非政治问题，乃社会问题也"。③ 他对社会问题的关注与思考还曾一度付诸实践，他与黑岩周六、堺利彦、内村鉴三、山县五十雄等人组成堪称"平民社先驱"的理想团，欲对社会实行救济。关于理想团的性质，黑岩周六在《理想团主旨书》中曾指出，"理想团不是政治党派，不是宗教团体，不是经济组织，也不是《万朝报》的机关，而是以社会改良为理想的团体"④。理想团的目的在于，"希望能使现实社会更加接近理想社会，为此，应舍弃个人私利，致力于社会公义"，"用'公义'来矫正社会私利"，"希望能在这个黑暗的社会中带来一点光明"。⑤

---

① ［日］幸德秋水：《广长舌》，中国国民丛书社译，商务印书馆1903年版，第90—92页。
② 张陟遥：《播火者的使命》，社会科学文献出版社2013年版，第43页。
③ 同上书，第111页。原文见［日］大原慧《日本的社会主义2》，《东京经大学会志》第67号。
④ 嘉治隆一编：『明治文化资料丛书社会主义篇』，风间书房1962年，204页。
⑤ 同上书，208—210页。

然而，该组织却并没有提出能够真正解决社会问题的方法，日后随着幸德秋水和堺利彦的退社，理想团几乎停止活动。二是就其自身经历而言，幸德秋水曾在1904年1月发表的《我是如何成为社会主义者》一文中回忆称，"成为社会主义者的原因在于境遇和读书。境遇方面是指自幼生长在高知县并醉心于自由平等说，因目睹维新后亲戚一家变得家道衰落而倍感同情，也因自身凑不齐学费深感命运不公。在读书方面，《孟子》、《欧洲革命史》、《三醉人经纶问答》、亨利·乔治的《社会问题》及《进步与贫穷》让我成为热心的民主主义者，并促使我对社会问题持有浓厚的兴趣。然而，明确地断定'我是社会主义者'，是在六七年前阅读夏福理的《社会主义神髓》之时"①。

（三）向社会主义的迈进

促使幸德秋水领悟到社会问题根本解决方法的便是与社会主义的接触。他在回忆如何成为一名社会主义者时曾提到的《社会主义神髓》，是指他的在英国研究过社会主义的表兄安冈雄吉归国时带回的书籍，幸德秋水1897年前后去其居所拜访时曾借阅，虽然安冈雄吉认为社会主义不适合日本而且自身并没有走上社会主义道路，但这本书却给幸德秋水带来了关于社会主义的最初思考。② 随后，他宣称，"现在已不是自由民权时代，应该举起的新旗帜是对社会主义的研究"③。1898年11月，他在《社会腐败的原因及其救治》一文中指出，"如今的腐败堕落，其罪过并不在于腐败堕落者本人，而在于使其陷入这个境地的社会制度"，"现今的社会组织，实际上并不允许通过正当手段来获取钱财。至少可以说，通过腐败堕落的方式比通过正当手段，可以更容易地获取更多钱财"，"要杜绝这些腐败堕落，只能

---

① 藤原正人編：『幸徳秋水全集第五巻』，誠進社1982年，68頁。
② 絲屋寿雄：『日本社会主義運動思想史』，法政大学出版局1919年，63頁。
③ 大原慧：『幸徳秋水思想と大逆事件』，青木書店1977年，37頁。

通过对如今的社会组织进行根本上的改造这一手段"。① 也正是因为这篇文章得到了村井知至和片山潜等人的关注，在他们的邀请下，幸德秋水加入社会主义研究会，正式加入社会主义者的队伍阵营。② 1899 年 7 月，幸德秋水发文称，"期待着社会主义运动成为政界腐败等社会问题的救治对策"。③ 随后，他提出实现生产资料公有的主张，声称正是因为公共事业被私人垄断才致使劳动者丧失各种权利，并最终导致种种社会问题的难以解决。1901 年 4 月 9 日，幸德秋水在《万朝报》公开发文，宣称"我，是社会主义者"，④"非社会主义者不能奏劳动问题解决的最后之功"⑤，正式迈进社会主义道路。

在幸德秋水看来，社会主义是世界范围内的大潮流。他在《十九世纪与二十世纪》中指出，"盖从文明版图扩张之后观之，吾知各种民族之运输交通，必益发达。由是世界上之生活、利害、物价、智识、道德，渐同赴平准自然之势。彼欧洲之政治家，不得独夸其武力，欧美之资本家，不得独炫其经济，化其凌虐之思想为博爱，变其竞争之手段为共和。政治家则由自由主义，转为国民主义，由国民主义，转为帝国主义，又由帝国主义，转为世界平和主义。经济者及社会者，则由自由竞争主义，转为资本合同主义，由资本合同主义，转为世界社会主义。夫如是而人类进步之历史，始大成也"，"伟矣哉，汝十九世纪之政治家，授吾人以自由之福利，更产出帝国主义，以矫自由竞争之弊也。虽然，帝国主义者，特吾人世界社会主义之导火线耳。吾人于二十世纪之前半，必将更组织世界社会主义，以代帝国主义，并扫去其一切弊毒。此固世界上之人类，所同有之感情，同

---

① 藤原正人编：『幸德秋水全集第二卷』，誠進社 1982 年，150—154 页。
② 太田雅夫编：『明治社会主義資料叢書』，新泉社 1974 年，416 页。
③ 藤原正人编：『幸德秋水全集第一卷』，誠進社 1982 年，294 页。
④ 同上书，222 页。
⑤ 刘岳兵：《日本近现代思想史》，世界知识出版社 2010 年版，第 166 页。

有之进步也"①。他认为,世界范围内的潮流在政治层面经历了从自由主义、国民主义、帝国主义到世界和平主义的过渡,在经济和社会层面经历了从自由竞争主义、资本合同主义到社会主义的过渡,这正是人类的进步。而这样的认识也更加坚定了幸德秋水的社会主义道路。

值得一提的是,与从基督教立场和工会主义走上社会主义道路的前两派不同,从自由民权论者成长为社会主义者的幸德秋水,更多地是从对政治的批判、尤其是对藩阀政治的批判入手的。这也与他曾工作所在的《万朝报》等有关,例如《万朝报》的定位便是极力揭露社会焦点新闻的大众报纸。作为主笔的幸德秋水,正如其名字"秋水"的日文含义为"研磨锋利的刀剑"一样,他从不吝惜对藩阀派系的讽刺、对政治腐败的攻击和对金钱社会的批判。他在1899年7月的《现今的政治社会与社会主义》中称,"促使欧美诸国产生社会主义的原因,大多是因自由竞争、产业革命等带来的贫富悬殊和劳动者生活困难等问题。虽然现在的日本也有陷入这样危险状态的趋势,但如今的劳动者还未到失业挨饿的程度,从这点来说,与欧美相比社会主义的急迫感程度要轻些。但是,如果目睹政治社会的现状,便会发觉社会主义的急迫感比起欧美是有过之而无不及了"②。他在那时认为,政治问题比经济问题更为严峻。正是基于之前参与自由民权等活动的基础,他才会格外关注政治社会并曾经寄希望于自由党等党派,希望在政治层面能消除藩阀政治的弊害并实现理想社会,现实的失望让他放弃了这些寄托,走上了"反对寡头政治和王政,反对商业贵族和金钱王侯,主张实现能够体现人民利益的政府和参政自由、生活自由等真正自由"③的道路。

---

① [日] 幸德秋水:《广长舌》,中国国民丛书社译,商务印书馆1903年版,第5页。
② 太田雅夫编:『明治社会主義資料叢書1』,新泉社1974年,198頁。原文见《六合杂志》第223号,1899年7月15日。
③ 労働運動史研究会编:『週刊平民新聞』,明治文献资料刊行会1962年,155頁。

在成为社会主义者后，幸德秋水的思想中依然存在着自由平等思想的根基。他曾在1900年10月的《侮辱文明者》中指出，"西洋文明的真髓在于自由平等和自主独立"①。他还在《十九世纪与二十世纪》中描述称，"十九世纪之文明，以个人自由主义，打破贵族专制主义，脱却人类奴隶之羁绊，伟矣哉，是文明进步之第一关头也。虽然人类文明之切要问题，不在个人之福利，而在社会全体之福利。吾人进步之重大目的，不止于获得自由，而更期进于平等之域"、"十九世纪之文明，虽能打破政权之不平等，而未能打破经济之不平等，遂激成一种自由竞争之制。下层劳动者，前不堪政权之弊，曾结合以脱政治之桎梏，今则不堪经济之弊，遂渐生结合以脱资本桎梏之思想。此思想一发动，而世界之运动又增一进步"②，强调世界上的"思想运动"引发于"不平等"，而其目的便是获取"自由平等"等内容。

此外，幸德秋水一生的革命伙伴堺利彦在总结如何成为一名社会主义者时也曾表述过，"在我的少年时期，头脑里的第一个大思想毫无疑问地便是由《论语》、《孟子》而来的儒学思想，其次是《民约论》和《法国革命史》而来的自由民权说。然而宪法的发布和议会的召开并没有实现自由民权和仁义道德，孔孟思想和法国思想没有发挥任何作用，此时忠君爱国思想、进化论思想、功利主义思想等在我的脑子里混杂一团，不时调和冲突，致使我产生不安之念。在不安之中接触到了社会主义，如同口渴之人遇甘甜之水般阅读了伊利等人的社会主义书籍，在阅读过程中逐渐明白了法国革命的真正目的和社会主义的产生原因，犹如眼前得到光明般地理顺了头脑中的混杂思想，并使我得以安心。我的社会主义，从根本上来说还是自由民权说"③，格外强调自由民权思想对他走上社会主义道路的影响。他还

---

① 藤原正人編：『幸德秋水全集第二卷』，誠進社1982年，450頁。
② [日]幸德秋水：《广长舌》，中国国民丛书社译，商务印书馆1903年版，第3—4页。
③ 太田雅夫編：『明治社會主義資料叢書2』，新泉社1974年，263頁。原文见《平民新闻》第8号，1904年1月3日。

在自记《年谱》中称，"明治32年做完毛利家的工作，进入《万朝报》，才渐渐成为新闻记者。在这里和幸德秋水结交，认识了安部矶雄、片山潜等，又渐渐成为社会主义者了"①。他的思想形成路径可以概括为从资产阶级民主主义向社会主义的转化，即从主张家庭改良和文体改良等内容的中产阶级社会改良者，走向了社会主义道路。②

除了自由平等思想外，还有儒学的影响。因幸德秋水曾在8岁到15岁期间陆续跟随木户明学习过9年儒学，他在走向社会主义道路时也一贯保持着相应的儒学观点。他曾在1899年6月的《应该排斥中国人吗》中说过，"己所不欲勿施于人是孔丘所告诫的真理"③。他还在寄林三十六郎的信中称，"我是从儒家进入社会主义"。④ 当时的许多知识分子都是如此。幸德秋水的同伴堺利彦也曾说过，"社会主义思想是同时实现自由民权和仁义道德的思想"⑤，"对于帝国主义的霸道，听到孟子的王道，其灿然光明所照，使我私自有满怀希望与安心之感"⑥。在他们看来，儒学中的仁义道德与自由民权思想中的自由平等等内容是可以连接的。儒学观点所涵括的志士仁人思想、道德意识和社会责任感等，这些内容在幸德秋水等人身上都有体现。在其影响下，幸德秋水的社会理想呈现出"有德义之民主社会"。⑦ 他认为解决社会财富分配不公等问题是解决社会道德问题的前提，并且为了建立"有道义"的社会，才选择了社会主义。⑧

---

① 朱谦之：《日本哲学史》，人民出版社2002年版，第306页。
② 橋川文三编：『近代日本政治思想史』，有斐閣1974年，336頁。
③ 藤原正人编：『幸徳秋水全集第二巻』，誠進社1982年，189頁。
④ 朱谦之：《日本哲学史》，人民出版社2002年版，第285页。原文见《幸德秋水的日记与书简》第343页。
⑤ 松本三之介：『明治精神の構造』，岩波書店2012年，171頁。
⑥ 朱谦之：《日本哲学史》，人民出版社2002年版，第309页。原文见《堺利彦全集》第一卷，第282页。
⑦ 张陟遥：《播火者的使命》，社会科学文献出版社2013年版，第110页。原文见［日］大原慧《幸德秋水的儒学伦理和非战论》，《现代和思想》1970年10月号。
⑧ 张陟遥：《播火者的使命》，社会科学文献出版社2013年版，第178页。

◇◇ 本章小结

按照思想来源及其影响因素等内容,本章将明治时期社会主义者的形成划分为三种路径,即从一位论派到社会主义者、从劳资协调派到社会主义者、从民权左派到社会主义者。

首先,对基督教社会主义者的形成过程进行分析。随着19世纪资本主义社会的不断发展,对社会问题的解决和社会事业的实施开始得到广泛关注。最早的社会主义便是被视为社会问题的改良策略而被人们重视的。关于基督教和社会主义,德国福音派社会主义者鲁道夫·托特称,社会主义的基本原理,除无神论外,在福音书中都已形成。[①] 可以说在基督教社会主义者看来,两者之间存在着一定的思想结合点,如博爱精神与人类同胞主义的共通,以及对贫民弱者的共同关注等。这些在引导着部分基督教徒对社会主义的接近,并促使着基督教社会主义的诞生。基督教社会主义结合了基督教对精神世界的关注和社会主义对物质世界的关注。对于基督教社会主义者来说,与其说是把社会主义视为一种思想,更不如说是视为一种宗教。

其次,对从工会主义到社会主义的转换过程进行探讨。工会主义的片山潜和高野房太郎曾于1898年4月建立过贫困研究会的组织,将目光投向贫民问题。他们除了积极组织工会外,还通过设置合作社等形式开展实践运动。他们基于劳资协调论立场,主张通过劳动团结来实现劳动阶级的组织化和力量壮大,最终实现劳动问题的解决。随着劳动运动的衰落和工会道路的闭塞,设立之初并不是为宣扬社会主义的《劳动世界》开始转换方

---

① 杨煌:《解放神学:当代拉美基督教社会主义思潮》,中国社会科学出版社2006年版,第18页。

针政策，转向对社会主义运动的宣传介绍，比如主张政治权力的获得、通过普通选举实现社会主义等。片山潜逐渐被"工会的结局是社会主义"等观点所影响，开始主张"实现自然资源、公共利益的共有和一切工业的共同经营，反对垄断即土地和劳动资料的私有，反对掠夺劳动者大部分生产成果的工资制度，反对弱肉强食的竞争"[①]等，彻底放弃劳资协调论并走向社会主义。

再次，对从民权左派转变为社会主义者的过程加以思考。这个过程经历了三个阶段，一是对自由党政治的失望、二是对社会问题的思考、三是向社会主义的迈进。由自由民权左派转化而成的社会主义者首先着眼于政治追求，随着部分力量与藩阀势力的妥协以及自由党作为资产阶级政党性质的逐渐加强，幸德秋水等人开始思考新的问题解决思路。这个新的思路便是社会主义。幸德秋水后来曾自己概括称，境遇和读书影响其走上了社会主义道路，促使其实现了从民主主义到社会主义的转变，并最终提出生产资料公有和废除资本主义体制等主张。值得一提的是，在他的社会主义思想里，始终保持着自由平等思想的影子以及儒学的影响。

三种不同思想来源的社会主义者并不是相互独立的，他们往往身兼数职，在对方的组织团体中担任职务或是在对方的杂志刊物上发表文章。安部矶雄和村井知至大致是在1895年前后成为社会主义者，幸德秋水和片山潜晚于其后大致于1900年前后成为社会主义者。安部矶雄等人的社会主义转变是在美国完成的并作为基督教社会主义者的身份归国，同为基督徒且同有留美经历的片山潜则是在日本国内完成了向社会主义的转化，而本土派的幸德秋水和堺利彦等人则是在日本国内完成从社会主义的接触到转变的整个过程。以基督教思想和工会主义为出发点的社会主义者们，其关注对象经历了从经济问题到政治问题的转换，而幸德秋水最初的出发点则更

---

① 労働運動史研究会編：『週刊平民新聞』，明治文献资料刊行会1962年，155頁。

多地是出于作为新闻论说记者对以政治问题为代表的社会问题的关注。三者形成之初所共通的便是对社会问题的关注，这也正是社会主义的出发点与落脚点。

通过本章的分析，可以明确不同派别社会主义者的思想形成路径及内在特征等内容。这个阶段属于明治时期社会主义的思想形成期，正是这个阶段的存在才使得日本社会主义有了从理论变为实践的可能性。在社会主义思想的形成阶段，不同社会主义者的思想路径既有相似点又有相异点，相似的是他们分别对原有的思想状态产生怀疑并逐渐对社会主义有所理解，相异的是他们的社会主义形成过程是基于不同的思想沉淀基础。在社会环境的变化下，他们敏锐地对社会发展前景进行感知，在历经自我发展后成长为社会主义队伍的主体力量，迎接着下一个社会主义阶段的到来。

第 三 章

明治时期社会主义思想的成长

基督教社会主义者是此时社会主义阵营的重要力量。他们是当时第一批社会主义信奉者，比幸德秋水和片山潜等人提前 5 年左右的时间完成向社会主义者的转化，因此较早地担负起社会主义队伍的指导角色，并对明治时期社会主义思想的普及起到了很大作用。可以说，明治 30 年代的社会主义是扎根在基督教的人道主义之中的。[①] 也可以说，明治初期的社会主义是以基督教系统为中心力量，早期的社会主义活动是由基督教社会主义者们所发起的。

◇◇第一节 社会民主党与社会主义协会

一 基督教社会主义的旗手

日本早期社会主义潮流的主导权握在基督教社会主义体系手里，他们

[①] 刘岳兵：《日本近现代思想史》，世界知识出版社 2010 年版，第 154 页。原文见高坂正显《明治思想史》，灯影舍 1999 年版，第 331—367 页。

开辟着当时的社会主义道路。① 其中的安部矶雄和村井知至等人不仅在基督教社会主义队伍中发挥着旗手作用,在整个社会主义阵营中也被公认为是对社会主义造诣很深的人物,可以说他们在当时引领着整个社会主义队伍的发展。以安部矶雄为例,他被称为日本社会主义之父,牧师的经历②和留美的经历等使得他成为了一名基督教社会主义者。相对于其他人经由从改良思想到社会主义思想的过渡,安部矶雄则是一举成为社会主义者并开启了其具有特色的思想和主张之路。③

(一) 安部矶雄的社会主义起点

1. 安部矶雄的同志社时代

安部矶雄于1879年9月至1884年6月期间,就读于同志社大学。他曾一度不接受基督教,据说在其不知道同志社大学为基督教学校的情况下入校学英语,进校后受到学校氛围尤其是基督教平等民主氛围的影响,开始对基督教的认识有所改变。1880年10月,安部矶雄在京都寺町初次购买《圣经》一书,开始了对基督教的研究。④ 1882年2月,他在新岛襄的洗礼下成为一名基督徒。后来,安部矶雄将自身逐渐接近基督教,并成为基督徒的原因概括为三点:在同志社大学生活期间,受到新岛襄等诸多老师在礼拜堂进行的关于宗教、道德方面演讲的影响;平时的谈话大都限于学问或者宗教,这已成为全体学生间的风气,在这样的环境下受到基督教的感

---

① 张忠任:《马克思主义经济思想史(日本卷)》,中国出版集团2006年版,第13页。原文见日高普《日本的马克思经济学》,大同书店1967年版。
② 安部矶雄在1884年从同志社大学毕业后,曾在冈山有过几年牧师经历。
③ 早稻田大学社会科学研究所:『安部磯雄の研究』,早稻田大学出版部1990年,52页。
④ 同上书,4页。

化；新岛襄格外慈爱，被其具有特色的"民主"人格所触动。① 这些在他身上都可以窥见。

除了基督教信仰外，此时的安部矶雄也开始了对贫困问题的关注，"如何拯救贫民"成为他毕生的课题。② 在他看来，"在自由竞争制度下，贫民根本就不能通过自己的能力来维持生活，而依靠自己的能力来独立生活本应该是人类的荣誉"③。他的毕业讲演便为《宗教与经济》，这些研究经历促使他对社会问题发生兴趣，也为他在日后逐渐成为社会主义者提供了可能性。④ 不过，此时的他虽然已经逐渐认识到物质问题的重要性，但他依然把"灵魂"的救济，而不是"物质"的救济放在首位。例如，他说过，"我常常从精神方面来看社会主义"，"我的想法是，精神生活是目的，而物质生活不过是其手段而已"。⑤ 可以说，对于日后走上社会主义道路的安部矶雄而言，无论社会主义有何等重要，始终只是被作为提高精神生活的手段。⑥ 他的这个思想特征一直持续到后期，甚至是在1906年11月《新纪元》的废刊之际还在称，"平民社时期的社会主义多少倾向于物质主义，我等更想从精神层面宣传社会主义"。⑦ 总之，这段在同志社大学的学习经历，一是让他成为基督徒，二是让他开始关注社会问题，这也为其日后成

---

① 早稻田大学社会科学研究所：『安部磯雄の研究』，早稻田大学出版部1990年，5頁。原文见安部矶雄《我的同志社在校时代》，《改造》第9卷第3号，1927年3月，第16页。

② 同上书，52頁。原文见安部矶雄《我是如何成为社会主义者》，周刊《平民新闻》第19号，1904年3月20日。

③ 嘉治隆一编：『明治文化资料丛书社会主义篇』，风间书房1962年，51頁。

④ 早稻田大学社会科学研究所：『安部磯雄の研究』，早稻田大学出版部1990年，6頁。

⑤ 刘岳兵：《日本近现代思想史》，世界知识出版社2010年版，第156页。原文见安部矶雄《安部矶雄自叙传》，明善社1947年版，第196—199页。

⑥ 早稻田大学社会科学研究所：『安部磯雄の研究』，早稻田大学出版部1990年，50頁。原文见辻野功《安部矶雄的家庭论》，《明治社会主义论》所收，1978年。

⑦ 同上书，77頁。原文见《〈新纪元〉废刊之际》第13号，1906年11月10日。

为一名基督教社会主义者打下了基础。

2. 安部矶雄的美国生活

安部矶雄于1891年9月赴美，就读于哈特福德神学院，并曾短暂留学于德国的柏林大学等。① 他于1894年毕业，毕业讲演所选择的题目是《基督教徒的经济观》②，这是他对从同志社大学毕业时的讲演题目《宗教与经济》的进一步深入。从中可以发现他的关注点未曾改变，一直试图站在基督教的立场上对经济问题等社会问题进行研究。例如他在日后曾称，"为了阐明社会主义的性质，主要应该从经济学的立场上对其进行详细论述"③。他在开展这些研究的同时，也在对国外的社会事业进行考察。这些观察和思考使他进一步认识到，无论是社会事业还是慈善事业或是社会改良，并不能真正解决劳动者贫困等社会问题。他说，"纽约在实施着数千以上的社会事业，据说伦敦的社会事业比其更多。社会事业的实施虽然在逐年增多，却并不可能真正地消除社会贫困"④。他也开始承认基督教在解决社会问题方面的局限性，试图在基督教以外，从物质层面再挖掘出有效的解决方法。

在他抱有探求动机之际，当时的畅销书、贝拉米的著作《回顾》给他提供了认识问题的新灵感，那便是社会主义。可以说是直接影响安部矶雄走上社会主义道路的贝拉米在《回顾》中构想了一个百年后的社会。贝拉米称，"私人资本占有制度是荒唐的……首要问题是实现工商业国有化，由国家接替一切私人企业，成为唯一的资本所有者"⑤。在那个"简单而又合

---

① 张忠任：《马克思主义经济思想史（日本卷）》，中国出版集团2006年版，第13页。
② 刘岳兵：《日本近现代思想史》，世界知识出版社2010年版，第155页。
③ 同上书，第157页。原文见安部矶雄《社会问题的解释法》，东京专门学校出版部1901年版，第355页。
④ 早稻田大学社会科学研究所：『安部磯雄の研究』，早稻田大学出版部1990年，7页。原文见安部磯雄『社会主義者となるまで』，改造社1932年2月，201—204页。
⑤ [美] 爱德华·贝拉米：《回顾》，林天斗等译，商务印书馆2009年版，第2—3页。

理的社会制度"①里，国家是所有货物的唯一生产主体，没有劳动问题、没有商业买卖等、全体公民共同参与劳动和福利分配。"每年年初根据国家一年的总产额算出每人应得的份额，把数字记在公共登记册上每个公民的名下，同时发给每个人一张取货证，他就可以凭此向各居民区的公共货栈随时提取所需的任何物品"②。他基于平均主义观点，认为每个人可以获取平等的分配份额，并称"普遍存在着的生产上和社会上的骚动、各阶级对于社会不平等现象的不满以及各种悲惨遭遇，都预示着某些巨大变革的即将来临"③。可以说，这种反对私人资本占有，提倡工商业国有化，致力于维护全体社会的共同利益等观点，也正是安部矶雄的主张。

于是，安部矶雄开始坚定地称，"用基督教的人道主义来赋予将来成为社会主义者的应有素质……现在的社会事业作为消灭贫乏的方法还不充分"④。这些认识也在决定着他的基督教社会主义的基调。此时的他已经意识到，解决社会问题的关键在于经济组织的变革，只有从源头上改变生产资料的分配，才能够改变社会运作状态，从根本上解决贫富分化等社会问题。

（二）安部矶雄的初期社会主义

1895年2月，安部矶雄以基督教社会主义者的身份归国。随后，他开始担任《六合杂志》的主笔并开始了社会主义思想的宣传。尤其是1896年以后，《六合杂志》作为阵地积极地参与到社会问题和社会主义的相关讨论中，一度发挥出社会主义启蒙刊物的作用。⑤例如，《六合杂志》第172号

---

① ［美］爱德华·贝拉米：《回顾》，林天斗等译，商务印书馆2009年版，第11页。
② 同上书，第67页。
③ 同上书，第41页。
④ 刘岳兵：《日本近现代思想史》，世界知识出版社2010年版，第155页。
⑤ 佐々木敏二：「日本の初期社会主義3」，『経済資料研究』1976年3月，25—26頁。

刊登安部矶雄的《社会问题与慈善事业》一文，称"作为社会问题的'解释法'，有慈善事业、教育事业、自助事业、社会主义等。社会主义是对现时社会进行根本改造，而慈善事业等则只有'外部治疗'效果"①，应将社会主义作为解决社会问题的最佳方法。随后，1896 年 4 月，安部矶雄在《六合杂志》上发表文章《关于社会主义的难题》，指出对于当前的社会主义者来说，致力于实现生产资料的共有已经没有异议，问题是依据劳动来进行分配还是平等地进行分配，从最终来看是"将各人尽力所得劳动成果根据各人需要进行分配"，因为新社会的实现会带来人心的变化，不会有懒惰者，反而会呈现出"劳动是神圣、快乐"的社会状态。② 这是他对社会主义的畅想。

安部矶雄曾说过，"基督教的人道主义是我日后成为社会主义者的根基"③，"以人类爱为中心，宗教与社会主义在我心中浑然融合"，④ 人道主义和博爱精神成为他接受社会主义的思想基础。他认为基督教的"人类爱"仅仅局限在教会内部是没有价值的，应该将此精神扩大到现在的经济组织。⑤ 基督教能够解决某些精神层面的问题，却不足以解决物质层面的问题。基督教和社会主义是可以相互补充的，社会主义可以理解为某种经济层面的基督教，基督教可以理解为某种伦理层面的社会主义。即基督教为"宗教的社会主义"，而社会主义为"经济的基督教"，两者的连接点便是

---

① 早稻田大学社会科学研究所：『安部磯雄の研究』，早稻田大学出版部 1990 年，53—54 頁。原文见《六合杂志》，1895 年 4 月 15 日。
② 佐々木敏二：「日本の初期社会主義 3」，『経済資料研究』1976 年 3 月，26—27 頁。
③ 橋川文三編：『近代日本思想史の基礎知識』，有斐閣 1975 年，127 頁。
④ 刘岳兵：《日本近现代思想史》，世界知识出版社 2010 年版，第 156 页。原文见安部磯雄『社会主義者となるまで：安部磯雄自叙伝』，明善社 1947 年，196—199 頁。
⑤ 同上书，第 156 页。原文见安部磯雄『社会主義者となるまで：安部磯雄自叙伝』，明善社 1947 年，205—206 頁。

"平等主义和世界同胞主义"。① 只有两者相结合,通过实施社会的根本变革才能从根本上解决物质问题。他甚至认为,不带有基督教精神的社会主义是失败的,这个认识在其社会主义思想中占据重要位置。②

关于社会问题,他主张"狭义"范围内的社会问题概念,认为贫民问题是所有社会问题的中心,生产资料的缺乏、不公平分配等因素造成了贫困现象,这可以通过适当开展慈善、对贫困者进行教育、成立工会等团结组织、实施国家事业以及推动经济制度的根本改革等多种方式,结合起来加以解决。在他看来,慈善事业是应急手段,教育问题是归结点和无形的扶助,自助事业是培养劳动者的自主独立精神,国家事业是借助国家力量解决社会问题,正如"在做外科手术前,先要给患者提供营养让其状态好转"那样,这些渐进式地处理社会问题的方法也是不可轻视的。③ 正是基于这些考虑,安部矶雄在认识到慈善事业、教育事业、自助事业和国家事业重要性的同时,坚称社会主义的变革才是社会问题的根本解决方案。④ 他希望通过这些方式的并用,来实现"救助贫民,消除贫富差距,从根本上消除社会贫困",而这正是解决社会问题的"唯一目的"。⑤ 他说:

> 解决社会问题毋宁说是解决贫民问题更为合适。欧美各国的学者大多都使用复数词汇 Social Problems,他们将社会问题进行广义解释,不用说是劳动问题、土地问题和教育问题等,也包含着经济问题、政

---

① 早稲田大学社会科学研究所:『安部磯雄の研究』,早稲田大学出版部1990年,56頁。原文见《社会主义》,《基督教新闻》1897年。
② 早稲田大学社会科学研究所:『安部磯雄の研究』,早稲田大学出版部1990年,57頁。
③ 嘉治隆一编:『明治文化資料叢書社会主義篇』,風間書房1962年,47—195頁。
④ 早稲田大学社会科学研究所:『安部磯雄の研究』,早稲田大学出版部1990年,92頁。
⑤ 嘉治隆一编:『明治文化資料叢書社会主義篇』,風間書房1962年,52頁。

治问题、禁酒问题和监狱问题等。然而，就我的观点来说，将所有与社会相关的事物全部纳入社会问题，这是对其意义的模糊，这绝不是对此问题的正确解释。若是社会问题包括所有与社会相关的问题，那该如何区别社会问题与社会学呢。换言之，因理工科类的科学也会给社会带来福利等，也应该将其归入社会问题的范畴吗。这绝对不是社会问题研究者们所能首肯的。说起社会问题的重点，据我观察，应该是消除人类社会的贫困、打破贫富间的差距。基于此立场推进社会问题研究时，经常会进入经济领域，其归根结底还是贫民问题。①

安部矶雄还指出，经济不平等等社会问题是由"不公平的分配"造成的，为铲除这些不平等，应仿效"德国的社会主义"。② 除了强调经济层面的平等分配外，安部矶雄也强调政治层面和道德层面的平等主义。他认为社会主义不仅可以解决经济层面的平等，也可以解决政治层面和道德层面的平等。他说，"首先实现经济上的平等，然后逐渐将其推广到政治、社会、道德等方面"③。他的社会主义思想可以概括为若干方面，例如关于社会主义的真正革命，他坚持贯彻"最终发展到共产主义"的立场，认为"共产主义"为"真正的博爱主义"、"依据自身情况劳动并按需所取"的社会。④ 关于社会主义社会的实现，他认为虽然"路程尚远"、"必然要经历五六百年的岁月"，但是"若按照方针前进一步，便会更加接近目的一步"，社会主义原理的应用是具备有效性的。⑤ 他所主张的社会主义实现方

---

① 早稻田大学社会科学研究所：『安部磯雄の研究』，早稻田大学出版部1990年，60頁。原文见《社会问题解释法》第一章。
② 张陟遥：《播火者的使命》，社会科学文献出版社2013年版，第25页。
③ 早稻田大学社会科学研究所：『安部磯雄の研究』，早稻田大学出版部1990年，78頁。原文见安部矶雄《社会主义与基督教》，《新纪元》第5号，1906年3月10日。
④ 同上书，54頁。原文见《六合杂志》第184号、第195号。
⑤ 同上书，55頁。原文见《社会主义不是空想》，《劳动世界》第17号，1898年8月1日。

式是借助议会主义政策,即通过获得普通选举的方式来实现社会主义,进而实现土地等生产资料的公有和社会财富的平等分配。他认为"实现社会主义目的,应缩小私有财产的领域,扩大共有财产的领域",实现社会主义的问题与其说是"生产论",更不如说是"分配论"。① 他将个人主义理解为助长贫富分化的自由竞争主义,认为"如今的社会是以个人主义为基础的激烈竞争场",而社会主义可以消除个人主义的弊病,所以应是共同劳动的"共动主义"。②

可以说,社会民主党成立之前的明治时期社会主义,其代表者的思想特征可以在安部矶雄的思想体系中得以体现,而社会民主党之后则是将重担交由幸德秋水等人。③ 安部矶雄的社会主义思想,侧重于经济至上主义或精神至上主义,带有微温的社会民主主义色彩。④ 他的思想关注点一直都体现着思想稳健的特征,而且在他身上还可以看到改良主义的影子。即使他成为社会主义者,也没有放弃国家事业、慈善活动等社会问题改良方案,依然对其抱有希望。他的思想中有理解错误的地方。例如他说过,"从社会主义中去除基督教的话剩下共产主义,从民主主义中去除基督教的话只剩下自由平等"⑤,显然是严重误解了相关概念的内涵。他还认为民主主义和社会主义的差别在于,两者是基督教分别在政治和社会经济方面的不同体现,称"我如果不信奉基督教的话,恐怕就不会成为社会主义者……基督教精神中确实包含着社会主义。基督教体现在政治方面便成为民主主义,

---

① 早稻田大学社会科学研究所:『安部磯雄の研究』,早稻田大学出版部1990年,54—56頁。原文见《关于社会主义》,《六合杂志》第195号,1897年3月15日。
② 同上书,56頁。原文见《虚无党无政府党及社会党》,《劳动世界》第5号,1898年2月1日。
③ 同上书,50頁。原文见山泉进《社会主义与博爱精神——安部矶雄》,《近代日本于早稻田的思想群像Ⅰ》1981年版。
④ 同上书,50頁。
⑤ 同上书,80—81頁。原文见《吉野博士与无产运动》,《青年与理想》所收,1936年版。

体现在社会经济方面便成为社会主义"①。值得一提的是,自《新纪元》时期开始,安部矶雄开始主张社会主义与精神方面"修养论"的密不可分。② 他提及"在宣传社会主义的同时,也必须在精神方面进行努力","社会组织的改革如果无视个人基础的话,是不可行的",社会组织的改革与个人品性的修养并重,修养或博爱等精神方面的内容是实现社会主义的重要阶梯。③

(三) 安部矶雄的"应用市政论"

1902年,安部矶雄翻译美国公共行政与市政学奠基人弗兰克·约翰逊·古德诺的著作《市政论》,并在此基础上于1908年著《应用市政论》一书。④ 他在开篇中提到,"人生当田园生活时,无所谓政治教育卫生之种种困难问题也。一为都市生活,则困难问题,接踵而至。今之社会问题,即谓为都市问题亦可……社会问题,与都会为表里……此之有待于研究者,由都市人口增加为之因也。人口稠密,则地价踊贵,地价贵则房屋鳞次而栉比……且生存竞争之烈,贫富阶级之殊,关于贫民者,至重且要。然则教育之事,如何而兴。金融机关,如何而设。家屋问题,如何而改良。是皆属于市政范围以内,留心市政者,不容忽视之也"⑤。他认为,正是都市生活使得困难问题不断发生,或许是都市人口的增加引发一系列社会问题,社会问题也可以称为都市问题。在生存竞争激烈、贫富差距悬殊的情况下,

---

① 早稻田大学社会科学研究所:『安部磯雄の研究』,早稻田大学出版部1990年,80—81頁。原文见《吉野博士与无产运动》,《青年与理想》所收,1936年版。
② 同上书,79—80頁。
③ 同上书,79頁。原文见安部矶雄《社会主义与基督教》,《新纪元》第5号,1906年3月10日。
④ 丸山宏:「明治社会主義者達の公園観」,『昭和58年度日本造園学会研究発表論文集(1)』1983年3月,50頁。
⑤ [日] 安部矶雄:《应用市政论》,张更生译,明星印刷局1927年版,第1—28页。

其中的教育、金融、房屋问题等成为不容忽视的市政应用问题。

在安部矶雄看来，都市问题的改良对贫者更为有利。他指出，"都市改良之利，贫富均之，而关系贫者尤切。富者轻车载驰，不似贫者奔波道途之苦。邸宅广大，掘井流泉，非如贫者汲绠之苦。选择食料，尤其馀事，总之富者较贫者无往而不便宜。故设立市场，在贫者为最适要。其他家屋，公园，卫生，慈善诸问题，胥关重要"①。其中，他特别提及了对道路问题的认识，认为道路问题为首要的市政问题。他称，"市区改正之方针既定，第一问题即在道路之改良，期于完善"②。他还提到了在百年后的今天依然具有现实意义的观点，认为若出现交通拥挤的情况，可以降低车费，使得民众易于居住在郊区，并建设实施"地下铁"计划以缓解交通，称"若地上铁道不敷市民之用，不得不计划于地下铁之设矣。总之交通事业与教育经济至为密切，使车价低减，人民易于转住市外，今日一切难问题已涣然冰释矣"③。

安部矶雄认为公益事业为社会主义活动的表面化手段，都市公共事业为社会主义的应用，可以在社会主义的框架内把握都市公共事业的"公共性"，例如将社会主义具体应用于市政等。④ 片山潜也持同样观点，他在1905 年 11 月 23 日第 22 号《劳动世界》上发表《东京市与社会主义》一文，称"如今欧美诸国的各都市，利用最新的文明和最先进的政治思想活动来应用社会主义。我所亲身观察的伦敦、格拉斯哥、巴黎及柏林等城市，都市社会主义的名称正是因欧美各城市的市政而来……社会主义以社会的公平分配和满足万民为原则。这应用在一个村落，便是村民协同一致，公平地享受福利。应用在一个城市，也是相同，全体居民共同享受福利。例

---

① ［日］安部矶雄:《应用市政论》，张更生译，明星印刷局 1927 年版，第 36 页。
② 同上书，第 50 页。
③ 同上书，第 66 页。
④ 丸山宏:「明治社会主義者達の公園観」,『昭和 58 年度日本造園学会研究発表論文集（1）』1983 年 3 月，51—52 頁。

如隅田河岸的赏樱和上野、浅草、芝公园的益处由市内的一百五十万人民共同获取等"①。作为"民众共有"之物，这些公共事业也能体现出社会主义的公平分配和使用。

（四）村井知至的"异名同体论"

在基督教社会主义队伍中，村井知至是安部矶雄的同班同学，两人有着较为相似的经历，在相近的时间里转变为基督徒和基督教社会主义者。他在安部矶雄之前赴美，回日本后曾在杂志《一位论派》上宣传基督教社会主义思想。②村井知至本来是排斥基督教的，由于在病痛和贫困时被基督徒所拯救，因此接受其感化并加入其中成为了一名基督徒。此后他开始用宗教的眼光看待这个世界，比如他认为近代社会主义并不只是一种社会改革方案，而是一种"活着"的宗教。社会主义的"人情大义"、"相爱大道"与基督教精神可以说是相等的。③两者在传播速度、世界同胞主义、贫民观等方面是相通的。社会主义和基督教其实是"异名同体"④，社会主义是物质形式的基督教，基督教是精神形式的社会主义，可以将两者对等地结合起来。

作为一名基督徒，村井知至将博爱视为基本立场，平等视为追求目的。他认为传统顺序上的自由、平等、博爱口号应该改为博爱、平等、自由。这无疑体现了他的基督教精神。在他看来，在当时的条件下，过多的自由体现在经济层面无疑会加剧自由竞争，进一步加重贫富分化现象，因此应

---

① 丸山宏：「明治社会主義者達の公園観」，『昭和58年度日本造園学会研究発表論文集（1）』1983年3月，51頁。原文见劳働运动史研究会编：『明治社会主義史料集補遺4』，明治文献資料刊行会1963年，373頁。
② 张忠任：《马克思主义经济思想史（日本卷）》，中国出版集团2006年版，第14页。
③ 张陟遥：《播火者的使命》，社会科学文献出版社2013年版，第25页。
④ 冈本宏：『日本社会主義政党論史序説』，法律文化社1968年，9頁。

区分轻重。他所理解的社会主义,是通过将私有资本变为公有资本、将自由竞争变为共同合作的过程,最终实现公平的财富分配和平等的社会福利。在经济层面是废除私有资本、实现资财公有,在伦理层面则是摒弃个人主义、坚持协同主义。然而,他在承认"经济基础"重要性的同时,却自称对其"伦理方面"更感兴趣,而将重点放在"伦理方面"①。从这点来看,他的社会主义思想与其说是以实现社会主义为目的,倒不如说是视社会主义为实现他所理解的基督教精神的途径。此外,他还表示出对教育问题的关注,例如他曾在《六合杂志》上发表《社会主义的教育方案》一文,提出为了确保劳动者和贫民拥有接受教育的机会,应实施义务教育、由国家财政对高等教育进行支持等观点。② 值得一提的是,村井知至在 1900 年远赴巴黎参加第二国际第五次大会,在参会回来不久后,逐渐远离社会主义运动,到外国语学校任教并担任校长直至终老。③

(五)"合法主义"社会活动

在当时以安部矶雄和村井知至为旗手的基督教社会主义阵营里,由于采取的是通过普通选举来实现社会主义的"合法主义"路线,即通过占据议会多数席位的手段来实现社会主义制度,因此对普通选举权的争取便成为格外重要的活动内容。他们将其视为一贯的方针。对此,安部矶雄曾说过,"在我国实行社会主义,就算会有大革命,也绝对不会是见血的革命"④。随着社会主义队伍的不断扩大和后来者的逐渐加入,他与村井知

---

① 田中真人:「村井知至——『社会主義』以後」,『キリスト教社会問題研究』1996 年 12 月,167 頁。原文见渡部義通ほか編『日本社会主義文献解説』,大月書店 1958 年。
② 佐々木敏二:「日本の初期社会主義 3」,『経済資料研究』1976 年 3 月,34 頁。
③ 张忠任:《马克思主义经济思想史(日本卷)》,中国出版集团 2006 年版,第 14 页。
④ 早稲田大学社会科学研究所:『安部磯雄の研究』,早稲田大学出版部 1990 年,68 頁。原文见安部矶雄《社会主义论》,1903 年 3 月 26 日。

至、幸德秋水、片山潜等人纷纷参加普通选举促进同盟会①，投入到争取普通选举权的运动中。

由于选举法对获得选举权资格的最低纳税金额②等内容的规定，当时日本全国约99%的人口都被阻挡在选举的门外。在1890年7月众议院第一次总选举中，拥有选举权资格的人数约有45万人，只占国民人数4000万人左右的1.1%③。议会选举成为少数人专属的活动舞台。于是，致力于采取议会主义道路的社会主义者大量发文指责选举法的不完善，揭露选举活动中的政治垄断，攻击政府的失职与失策等。他们认为应寻求政治革新并改革选举制度，选出真正能代表劳动者利益的议员，逐步将劳动者议员送入议会，打破议会被少数人把持的现状。

在这样的诉求下，经过普通选举促进同盟会等团体的各种努力，当时的普通选举运动取得一定进步。1900年3月，普通选举促进同盟会制定了由几千名会员签名通过的《请废止众议院议员选举法中纳税资格的限制》请愿书，并拟定了《普通选举法修正草案》，提及将众议院议员的选举权由年满25岁改为20岁、被选举者的年龄由30岁改为25岁等内容。④ 在第14次议会通过的众议院议员选举法改正议案中，获得选举权的资格条件改为缴纳国税10日元以上、获得被选举权的资格条件中则撤销了对纳税金额的限制，并且从1902年第7次总选举开始实施。这些小进步极大地鼓舞着当时的社会主义者，促使他们更为积极地参与到争取普选权的运动中。

---

① 1897年7月，中村太八郎、樽井藤吉、河野广中、木下尚江等人在长野松本结成普通选举促进同盟会。以此为基础，1899年10月，中村太八郎等人在东京组织同名的普通选举促进同盟会。1900年11月改称普通选举同盟会。

② 1889年纪元节发布的宪法对国民的选举权和被选举权有很大的限制，选举权拥有者仅限缴纳国税15日元以上且年龄25岁以上的男子，被选举权拥有者仅限缴纳国税15日元以上且年龄30岁以上的男子。

③ 絲屋寿雄：『日本社会主義運動思想史』，法政大学出版局1979年，35頁。

④ [日]片山潜：《日本的工人运动》，王雨译，生活·读书·新知三联书店1964年版，第88—91页。

二　昙花一现的社会民主党

作为日本历史上首个诞生的社会主义政党,"令世人大吃一惊"① 的社会民主党的成立象征着当时社会主义者思想转化的完成和社会主义运动的开始,它也堪称是经由三种路径形成的社会主义者凝聚成统一力量的标志。对此,太田雅夫也曾称,社会民主党是"以工会促进会为中心的工会运动、以社会主义协会为中心的社会主义研究和实践、以普通选举同盟会为中心的普通选举运动"三派的合流。② 这样的三派合流在日后也发生了诸多变化。在此后的若干年,建立该党那些人后来成为日本社会主义运动中各主要流派的代表:幸德秋水成为无政府主义者,片山潜成为共产主义者,安部矶雄成为社会民主主义者。③ 这些看似巧合的事件背后,隐藏着发挥着根基作用的思想源流的实质影响。

社会民主党成立前,在当时的工会运动尚未衰退时,工会促进会曾邀请基督教社会主义者安部矶雄、村井知至担任评议员。当时的基督教社会主义阵营中也有许多人主张应充分结合工会运动的力量来开展社会主义活动。然而,随着工会促进会的解散和工会运动的衰退,这种合作被暂时打破,而后,片山潜在《工会与政党的关系》中提出观点称,应通过组织劳动者的政党来拯救劳动运动。④ 片山潜的号召吸引了部分工会成员加入到社

---

① 住谷悦治:「明治キリスト教徒の社会主義思想——島田三郎の社会主義論について」,『同志社大学経済学会』1962 年 11 月,177 頁。
② 早稲田大学社会科学研究所:『安部磯雄の研究』,早稲田大学出版部 1990 年,61 頁。原文见太田雅夫「明治社会主義と社会主義協会」,『明治社会主義資料叢書 1』,新泉社 1974 年。
③ [美]陶慕廉:《战前日本的社会民主运动》,赵晨译,中国友谊出版公司 1987 年版,第 24 页。
④ 片山潜生誕百年記念会編:『片山潜著作集第二巻』,河出書房新社 1960 年,389—390 頁。

会主义运动队伍，尤其是进入1901年，社会主义思想逐渐浸透到日本铁道矫正会等组织，其干部还曾对片山潜表露过"如果能够组织以社会主义为基础的政党的话，将会带领两千余名成员全部参加"的意向。① 此外，1901年4月，日铁矫正会还在大会上通过了"支持社会主义"的决议。② 通过组织政党的形式来实施社会主义的必要性开始凸显。以此为契机，同时也为了能够最大限度地争取成员力量、改变《治安警察法》所致使的劳动运动衰退等局面，1901年5月，安部矶雄、片山潜、幸德秋水、木下尚江、西川光次郎、河上清开始筹备建立社会民主党。六人中除了幸德秋水外均为基督徒，这充分表明基督教社会主义者在当时社会主义阵营中所担负的重要角色。对此，片山潜曾作出记载称：

> 1901年在大官市举行的日本铁道矫正会的年会上，通过一个宣言，称社会主义是解决工人问题的唯一的、根本的方法，并且还令其执行委员会参加争取普通选举权的运动。日本铁道矫正会所决议通过的明确采取社会主义的立场，以及当时许多其他征兆，都使我们确信日本工人阶级从事于政治活动的准备，业已成熟。因此……创立了一个名为社会民主党的社会主义政党。③

在社会民主党成立之际，安部矶雄在《六合杂志》上发表《将来的大政党》一文，称"我始终不能对自由党和进步党所提倡的民主主义感到满意，随着民主主义的不断发展，应该坚决地提倡经济上的平等。所以我构想的将来的大政党，是提倡经济上的民主主义，并且直接倡导社会主义"，

---

① 早稻田大学社会科学研究所：『安部磯雄の研究』，早稻田大学出版部1990年，25頁。
② 片山潜生誕百年記念会編：『片山潜著作集第二卷』，河出書房新社1960年，389頁。
③ 李威周：《日共创始人——片山潜》，商务印书馆1980年版，第22页。

其中包括"所有的生产机构及交通机构实行公有，为打破贫富差距应实现公平分配，全面废除阶级制度以实现政权平等，缩小军备并逐步实现全部废除"。① 作为社会民主党的核心人物，他对该党的未来发展进行构想，期待经济、政治方面的社会改造。社会民主党在成立时的党纲极为简单，即"第一条，我党以实行社会主义为目的。第二条，我党名为社会民主党。第三条，我党设于神田区仲猿乐町九番地。第四条，凡有一定的职业，经本党党员 2 人的介绍申请入党，并经评议会的通过者得入党为党员。凡违反党纲或有毁坏党的名誉者，得经评议会的决议开除党籍。第五条，我党设干事 2 人，评议员若干人，由全体大会选举。第六条，本党党员每月应缴纳党费 2 钱"，不过却没有吸纳到广泛人员参与，可以说社会民主党是一个以少数干部为中心而组成的政党，基层组织是根本没有的。② 该党的宣言书全文如下：

应该怎样打破贫富之间的悬隔，这实在是 20 世纪中的大问题。在 18 世纪末，以法国为中心而传播于欧美各国的自由民权思想，虽然说在实现政治上的平等主义方面，具有很大的势力；可是由于近来物质的进步极为显著，过去那种贵族与平民的阶级制度，已被富者与贫者这种更可怕而且更可畏的阶级制度所替代了。而且，经济上的平等是根本，而政治上的平等仅仅是末节而已。所以即使是实行了立宪政治，将政权作公平的分配，可并没有除去在经济上的不平等，则多数人民的不幸，依然存在。这是我党为什么要在解决政治问题的时候，而倾全力于经济问题的原因。

---

① 早稻田大学社会科学研究所：『安部磯雄の研究』，早稻田大学出版部 1990 年，63 页。原文见《将来的大政党》，《六合杂志》第 245 号，1901 年 5 月 15 日。
② [日] 片山潜：《日本的工人运动》，王雨译，生活·读书·新知三联书店 1964 年版，第 302 页。

现在，如果就我国政治界的情形而论，政治机构完全操纵在富豪的手中。贵族院不用说是代表少数贵族富豪的；就是众议院，如果就其内容加以分析，也无非是完全代表地主、资本家的。因此，将今日之国会而称之为富豪的议会，亦决非诬言。可是，为什么占人民中大多数的，在田野中执锄锹来耕种的农民，以及在工厂中流尽汗血的工人，他们却没有参政的权利呢？为什么他们不能选出自己的代表送到国会中去呢？这果然是由于他们的无知无识吗？还是由于比起富豪来，他们的道德要低劣吗？不，不，决不是这样的。他们因为没有资产，所以不能得到他们所应得的权利，也不能接受教育。给他们以生计上的余裕，使他们得到受教育的机会，这些事情难道就不是富者所应干的事吗？为他们伸张政治上的权利，这难道不是政党所应为的事吗？

可是，今天所谓政党，完全是为富豪所驱使的东西，而决不是能代表多数人民意志的。现在，占人民大多数的工人和农民虽然是无学无识，几乎是不值富者的一顾。但是，由于他们是财富的实际生产者，所以在将来的社会组织中，其地位的重要性自不待言。而如何使他们取得其应得的地位这件事，也就是增进社会全体利益之道。我党就是根据这一点，担负着大多数人民休戚与共的任务而产生的。但是，我们也不是仅仅以庇护贫穷的人而与富豪为敌的窄量者；我们的志向，虽在于谋我国的富强，但也不是像牺牲外国的利益那样的唯我主义者。如果要直截了当地说，那么我们的抱负是：鉴于世界的大势，洞察经济的趋势，而欲根据纯粹的社会主义和民主主义，以谋打破贫富间的悬隔，促使和平主义在世界范围内取得胜利。因此，我们提出下列各项的理想，并且准备以此为目的，而不断地前进……但是我们也知道在今日是难以实行的；所以我们又另行制定了纲领，以便能根据纲领而从事实际的运动。

我党就像这样的，以社会主义为经，而以民主主义为纬，其旗帜是极其鲜明的。不过，在社会上可能还有对这两大主义抱有误解的人。他们之中，有些人以为社会民主党这个名称，有些过激。然则我党又为什么要撰用这个党名，并且将这些纲领公诸于世呢？对于这一点，我们不能不加以说明。现在的社会组织是以什么作为根据的呢？不用说是个人竞争主义。这样，势必会使财权都集中在少数人手中，而大多数的人民却不能不处于奴隶般的地位。在过去，因为工人们都能用简单的工具来从事生产，所以他们可以不需要资本家的力量，而完全自营独立的生活。可是现在，由于机器的发明日益精巧，而这些机器又是非投资几百到几万就不容易赚得的。在这种情况下，工人们陆续地放弃了其家庭的工业，而从事于工厂工业，对于机械正好像鱼之于水。因此，劳动这东西也变成了和商品一样，根据供求的规律而决定其价格。一旦工厂停闭，需要之途断绝时，则数万壮丁皆不能不束手而陷于饥饿之苦境。这种情况，岂不是由于现社会组织的不完备而引起的吗？

自由竞争这个名字虽然很美，可是在我们所生活的社会之中，却有许多事情是完全不容许竞争的。现在有所谓独占事业，人只要一旦占有这种独占事业之后，那么无论何人也不能和他竞争。大都市里的大地主，就是其最适当的例子。大地主虽然并没有为这些土地费过举手之劳，可是因为人口的增加、都市的膨胀，他的财产可能随之而增加几倍甚至几十倍。都市里的土地，往往每一坪就值几十圆到几千圆之多，这完全是由于此项土地具有独占的性质，不容许竞争而发生的结果。此外像铁路、电气和煤气等公用事业，也都具有独占的性质。政府之所以不容许在铁路事业上有竞争，以及在一个城市之中，很少见有两个电业公司或煤气公司，其理由就在这里。因此，具有独占性质的企业而容许私有，即特别庇护少数人的行动，其不公平自不待言。只要社会有进步和发达，地价就应该随之而昂贵，这是经济学上的原理,是任何人都不能抗拒的。可是现在不将其利益归之社会全体,而把它给与少数地主,这是多么不公平的事啊!这也是我党之所以要提倡将土地以及铁路、电气、煤气等一切具有独占性质的企业完全收归公有的理由。

不过,经济上的难关,也并不是只将这些独占企业收归公有就能解决的。因为到最近,就是普通的生产事业也显现出了独占的性质,这可以从托拉斯等垄断组织的广泛流行上见到。这说明,在生产事业上也已经有了无法进行竞争的表示。也可以说,在经济界,已经见到有将竞争主义改变为共同主义的征兆。对于这种情况,我们不能认为它已经达到顶点。生产者的联合,虽然是件极可高兴的事,可是由于他们彼此之间,已不再有竞争者的存在,所以他们能任意提高其物品的价格,来独占其利益。这样,就不能不俱消费者完全成了他们的牺牲品。不信,我们可以看一下美国美孚煤油公司的例子,就可以知道一斑了。这个煤油公司,因为在美国是一手控制煤油销售的,他们没有应付竞争者的忧惧,所以只要在不和电气、煤气相冲突的范围之内,他们就可以任意提高煤油的价格。他们在前年,以一亿一千万美元的资本而获得了八千万美元的利润。因此,该公司的股票市价,在今天已经达到其额面价格五倍以上,这也决不是什么值得奇怪的事了。此外,像最近成为人们话题的美国钢铁公司也是如此,该公司的资本是十亿美元,可以称之为世界上最大的公司组织。这种生产事业在将来的经济界能发生一些怎样的影响,是极显而易见的。例如资本家和工人之间的区别会日益明显,利润和政权的分配也会更不公平,这些情形都是明若观火的。劳动者不借助于土地和资本,就不能产生财富。而地主和资本家却占有了生产资料的两大要素,工人们非把他们劳动所得到的生产物大部分交纳给地主和资本家,就不容许他们使用这生产资料。由此看来,多数人民陷于贫困的境遇中,又何足怪。我党不仅主张像土地、铁路那样的东西实现公有，即一切生产上必要的资本，即如工厂以及间接为生产上所需的，即如一切交通工具都应该收归公有，其理由就在于此。我们相信，土地、资本和劳动三者如能合作，则是所以增进绝大多数人民幸福的原因。社会主义决非完全不承认资本和土地的，只是企图从根本上废除地主和资本家这种制度而已。资本和土地如能公有，使工人能自由地使用的话，就能除去像某些资本家、地主那样专门从工人们劳动所得的果实中吸取养料的寄生虫。

更进一步地说，社会主义的目的是在于公平分配。因为在生产组织不完全的现实社会中，财富的不公平分配是一件当然的事。所以我们之所以要先行改变现在的生产组织，其目的就在于要实现公平分配。我们只要观察一下现在社会中的各种情况，就可以知道每个人所得到的报酬，并不一定是根据其勤惰、贤愚而定的。因而就产生了一种人生的祸福完全由命运决定，正像买彩票那样的观念。认为人生在世，或为富家子弟，或为贫家子弟，无非是为命运所定。幸而生长于富家，则能得到衣食住方面的充分供应；长大之后，又能受到足够的教育；到他们立身于这戏剧性的社会中时，则不但可以得到祖遗财产的帮助，而且其地位和信用也能给以不少便利。然而贫家的子弟则正相反，衣食住的不足自不必说；在教育方面，就是连普通教育也无法满足；等到他们涉足竞争的社会时，因为他们既无资产，又无地位，更无信用，所以非赤手空拳地替自己开拓一条生路不可。人假使从相同的出发点去作竞争，这才是真正的竞争。可是现在一生下来，其出发点就不同。假使要让这样出发点不同的人从事于竞争，那么不用说，谁都会认为是残酷的。可是，现在社会中所谓自由竞争，却无一不是这样的竞争。资本家和地主们有独占事业作其金城铁壁，而工人们却赤手空拳地和他们对抗，胜败之数当然是不问而知。而且，所谓地主、资本家也无非是乘社会的风云而侥幸得来的，对社会绝没有什么功绩可言，仅仅是继承祖遗资产之辈而已。这样的财富分配，岂能谓为公平。我党所揭示的主张中，其最重要的就是要公平地分配财富，以使侥幸取巧之徒能从社会中驱逐出去，而期望尽可能地使每一个人得到正当的分配。我们所主张减少或完全废除消费税，而代之以继承税，所得税以及其他的直接税，则都是用来达到实现公平分配财富的手段。

要之，社会主义的理想是：使每一个人都得到职业的保证，根据公平的财富分配法而得到充分的衣食住的供应，对于老衰病弱，则予以亲切的照顾。也就是说，实行社会主义的社会，即一个大的保险团体。每一个人民要为其儿孙，或为其自己日后的病伤老衰而有储蓄的企图时，只要各尽自己的力量来完成本身的工作，那么社会就应该保证他的幸福生活。有人或误解，以为社会主义是要将整个社会上的财产，完全加以没收以后，再依照总人口数加以平均分配。这种误会可以说是连一顾的价值都没有的。如果将一个国家的全部财产而平均分配于全体人口的话，那么一个人的所得将少到可惊的程度，谁能以这少额的财产来过能使自己满足的生活呢？社会主义决没有想把一国的土地和资本都加以分配，而只主张把生产资料的土地和资本收归公有，把由此而产生的财富作公平的分配而已。结果一人所得究竟能有多少，虽然难作精确的估计，但是在现今社会之中，因有自由竞争而使生产日益减少，由此看来，实行社会主义的时候，其生产数量一定会大为增加，这是无可置疑的。

如果能照这样，将作为生存的根本条件的衣食住即财富加以公平而且充分的分配，那么每一个人所受到的幸福就会比较公平，那是不难做到的。我们首先应使每一个人都能得到平等受教育的权利。假使要提到我们的理想，那么义务教育的年限，至少应到二十周岁为止，应该完全以公费来使学龄儿童和青年学习。不过，因为我们这种理想，在现行的社会制度之下，毕竟是难于实行的。所以我党主张将义务教育的年限规定为高等小学毕业为止，在期限内应采取免费及由公费来发给教科书的制度。教育是人生活动的根源，只要是人民，无论是谁都有受教育权利，那么用社会的公费来从事国民教育，当然是件义不容辞的工作。我们之所以主张使人们像这样地在生活和教育上得到平等，是由于深信贫富悬隔的起因，多存在于这两点上的缘故。

人在这个社会里生活，原来就没有贵贱、贫富差别存在的道理，何况使用贵族和平民这种称号呢？贫富的悬隔是从现在的经济制度所自然发生的，因此还有几分可以忍受。可是像贵族制度那样的东西，则完全是人为的，是从妄自尊大、轻蔑他人的虚荣心出发的。因此，我党相信，必须根据民主主义的精神，大大地排斥这种贵族主义。所以阶级制度的彻底废除固然是不用说的事，而首先着手的是决然废除贵族院，也可以说是自然的顺序。

其次，民主主义是极力反对军国主义的。现在世界上各强国都忙于扩展军备，对于事情的是非曲直，也仅仅用武力来加以决定。因此在国际之间，已没有什么道义的制裁，差不多就成了白昼公然打劫的样子。由此可以知道，军国主义不仅仅是人类同胞主义的敌人，而且也是民主主义发展途上的最大妨碍者。扩张军备在表面上虽借口防御外来的侵略，可实际上的目的则完全不是这样。各强国增加军备的目的或是想要强迫弱国开放市场，以扩展其生产品的销路；或是用来对付国内民主主义的发达。所以说，军备是用来保护资本家阶级的东西，而对平民来说，则负担了难以忍受的租税。世界上各强国，因为要扩展军备而发行的公债达二百七十亿美元之多。单为了支付这些公债的利息，就需要有三百万以上的工人经常地劳动才行。此外，还不能不送入几十万壮丁，经常去服兵役而度其不事生产的生活。像德国那样穷兵黩武的国家，因其壮丁大多数都被征去当兵，所以在田野中从事耕耘的，不是半百的老人就是妇女。这是何等悲惨的事！战事本来是一种野蛮的遗风，很明显地是和文明主义相反的。假使因扩张军备而一旦和外国发生冲突的话，其后果实在是很可怕的。即使我们幸而得到胜利，那么也必陷于军人恃功而专横，到最后则必然会实行独裁的政治。这一点，从古今历史上看是很明显的。如果不幸而成为战败国，那么其惨状就不用再说了。"兵凶战危"，古人已这样说过。特别是在像今天这样世界各国之间的利害关系十分密切的时候，一旦剑戟相交，弹丸横飞，则其为害之大，岂可胜计。因此，我党主张减缩军备，以期能逐渐达到完全废除军备的地步。

人们或许认为社会民主党的主张既然这样激烈，是不是会采取危险的手段呢？我们的主张虽然颇为激烈，可是所采用的手段却始终是和平的……那种挥白刃、投炸弹的事，只有虚无党或无政府党才干。我们社会民主党是完全反对使用武力的，所以决不会去仿效虚无党或无政府党的傻干。向来，在进行大革命的时候，虽然不乏有借助武力的，可是这也是时势之所使然，而决不是我们所应仿效的。我党的抱负是极远大的，而想从根深蒂固的社会根源来加以改造，就不能不决然排斥那种浮浪暴客所采取的暴乱手段。我们有比刀剑更锐利的笔和舌，有比军队制度更有力的立宪政体，假使能够利用这些手段而实现我们理想的话，则又何必要假助于利用白刃与炸弹来达到目的那样的傻事呢？我们之所以要在这里从事政党的组织，就是想要利用这种文明的手段——政治机构来达到我们的目的。

议会，是我们将来活跃的舞台。将来有一天，在国会中我党的议员能占多数的时候，就是实行我们理想的时机到来的时候。现在的议会，就像我们已经说过的，完全是地主、资本家的机构。他们滥用议会以作为自己谋利的手段，而多数人民却不能在这议会中拥有他们自己的代表，以致不能不空手拱让，听由富者为所欲为。这难道是立宪政治的目的所在吗？然则要怎样才能将权力分配给多数的人民呢？这只有一种方法，就是改正选举法，实行普通选举法。选举权一旦归诸多数人民的手中，就会使他们很快通过走向幸福前途的第一道难关。如果还能同时并用公平选举法，使少数的意见也能得到代表的话，那么社会民主党的人数虽然不多，但也能选派代表到国会中去。因此，我党要大声疾呼地主张改正选举法，以作为达到我们目的的初步手段。

然则，将选举权交给没有受过教育的人民是不是具有多少危险的事呢？当然，在他们还没有习惯于自治制的时候，不能说不会有滥用选举权之事的。特别像今天那样贫穷的人完全被富者所压制的情形下，他们必然会跟随资本家的意向而投票的。所以在研究给与他们选举权的同时，还应当给他们适当的教育和训练。这在今天来说，确是急务。我们除了要求政府对于占有人口大部分的工人和佃农，加以必要的保护以外，还希望能制订使他们得以自由团结的法律。团结是工人们的生命，也是他们唯一的武器。他们不仅可以借此而培养自治的精神，而且还能由此受到多少的教育和训练。然而资本家往往厌恶工人们的团结，甚至有不少资本家解雇那些参加集团的工人。像关西的纺织业资本家那样，他们自己组织了巩固的团体，可是却极力反对工人们的团结。只要工人们一触犯其规章，则不仅立刻会遭到被解雇的处分，而且还将无法在已经参加这个纺织业团体的工厂中找到职业。这种行为完全是要将工人置于无智无学的境地，以供资本家当作牛马一样来驱使而已。我们为了人道，也为了经济的发展，对于这种行为不能不毅然决然加以排斥。要之，我们希望订立工会法，在不妨碍治安的情形下，应容许工人们自由团结，使他们能讲求自助、自卫的方法。

我们的主张既如上述，由此可知我党实在是一个应时势的需要，以这样的抱负而产生的。可以认为，社会主义是反对个人的竞争主义、唯我的军队主义的，民主主义可以与人为的贵族主义相对照。总括地说，社会民主党的目的是在于打破贵贱贫富的悬隔，增进全体人民的福祉。这不也是世界大势的所趋，人类最终目的的所在吗？①

社会民主党提出了通过"和平"手段实现"打破贫富悬殊"、"政治平等"的目标，②并将主张"依靠社会主义和民主主义，打破贫富差距，实现全世界和平主义"的宣言书刊登在《劳动世界》临时发刊的第79号，并同时印刷5000册③。宣言书中称如何打破贫富悬殊为20世纪的首要问题，日本社会已由贵族与平民的阶级制度，演变为富者与贫民的阶级制度。经济不平等比政治不平等更为严峻，经济平等为本而政治平等为末，所以应首先致力于改变经济方面的不公平，解决劳动者的实际问题。宣言书指出，贵族院、众议院代表着少数贵族富豪、地主和资本家的利益，相对于"富者政党"，劳动者因没有资产而无法获得相应权利。

社会民主党正是为劳动者伸张权利而成立，主张从根本上变革生产体制，消除垄断现象和所谓的自由竞争，将生产上必要的资本以及间接为生产所需的资本全部收归公有，实现土地、资本和劳动三者的结合。公平分配并不是指"将整个社会上的财产完全加以没收，再依照总人口数加以平均分配"，而是"把生产资料的土地和资本收归公有，把由此产生的财富作公平的分配"。④该党声明，它不只是维护穷人的利益，但也不敌视富人，而是希望为整个国家的繁荣工作。⑤它基于人道主义立场，宣称虽然是代表

---

① [日]片山潜：《日本的工人运动》，王雨译，生活·读书·新知三联书店1964年版，第294—301页。原文见《社会民主党宣言书》，《劳动世界》第79号，1901年5月20日。
② 古田光ほか編：『近代日本社会思想史』，有斐閣1968年，225頁。
③ 早稲田大学社会科学研究所：『安部磯雄の研究』，早稲田大学出版部1990年，25頁。原文见《社会民主党宣言书》，《劳动世界》第79号，1901年5月20日。
④ [日]片山潜：《日本的工人运动》，王雨译，生活·读书·新知三联书店1964年版，第299页。
⑤ [美]陶慕廉：《战前日本的社会民主运动》，忱晨译，中国友谊出版公司1987年版，第26页。

劳动者利益的政党，但并不是狭义上的与贫民为友、与富者为敌，而是有志于谋求日本的富强，在国际上也绝对不做损他国利己国的事情。① 该党力图通过实现社会的根本变革，改变作为财富生产者的劳动者在社会组织中所扮演的角色，实现理想中的社会主义社会。

在社会民主党成员看来，社会主义为世界发展的最终趋势。他们对社会主义实现手段的认识一直停留在通过政治方式的和平手段，即非暴力主义的议会主义。例如宣言书中提及，"虽然我们的说法颇为急进，但却始终采取和平的手段"，并称"如何将政权分配给多数的人民？作为其中的方法之一，便是改革选举法并断然实行普通选举法。选举权一旦回到多数人民的手中，他们便通过了实现自身福利的第一难关。如果在此基础上采用公平选举法，便打开了相关渠道……所以作为我党实现目的的最初手段，首先便要提倡选举法的改正"。② 他们反对通过武力的社会革命，主张在宪法范围内进行活动，并以获得普通选举权为首要任务，所以采取"合法主义"的社会主义立场，投身于普通选举法和公平选举法的促进方面。他们把争取普选和议会斗争即立宪斗争列为党纲，这是拉萨尔主义的影响的表现。③ 此外，他们还倾向于发挥法律的作用，例如致力于废除禁止劳动者自由团结相关的法律，以及促进工会法的制定和实施等方面。这种"合法主义"斗争方式，一直持续到日俄战争后的社会主义阵营。

该党的名称与德国社会主义工人党改称社会民主党有很大关系，而且社会民主党的纲领也是模仿德国1891年10月爱尔福特大会所通过的纲领写成的，德国社会民主党纲领由"最大限度纲领"和"最小限度纲领"构

---

① 张忠任：《马克思主义经济思想史（日本卷）》，中国出版集团2006年版，第15页。
② 辻野功：「明治社会主義運動に関する一考察——直接行動論の台頭を中心にして」，『同志社法学』1963年9月，118—120页。
③ 李威周：《日共创始人——片山潜》，商务印书馆1980年版，第23页。

成，日本的社会民主党纲领则由"理想纲领"和"行动纲领"组成。① 此外，安部矶雄在起草宣言书时，还在很大程度上受到美国经济学创始人之一伊利所著的《社会主义与社会改良主义》、英国的《社会民主主义同盟纲领》和美国的《社会劳动党纲领》等文献影响，是在其影响下基于日本现状而完成的。② 其中的 8 条理想纲领和 28 条运动纲领明确了该党的实施手段和重点目标。就其内容来说，理想纲领更接近急进民主主义，运动纲领则试图对现存的天皇制专制主义实施改良，带有明显的理想主义和民主主义倾向。③ 社会民主党的纲领④如下：

理想纲领

第一条　无视人种差别及政治上的异同，主张人类同胞主义。

第二条　为了世界和平应首先彻底废除军备。

第三条　废除阶级制度。

第四条　作为必要生产资料的土地及资本应全部实施公有。

第五条　铁道、船舶、运河、桥梁等交通手段全部实行公有。

第六条　公平分配财富。

第七条　人民平等地获取政权。

第八条　为使人民获得平等教育，国家应负担全部教育费用。

运动纲领

第一条　实施全国铁道公有。

---

① 张忠任：《马克思主义经济思想史（日本卷）》，中国出版集团 2006 年版，第 15 页。

② 早稻田大学社会科学研究所：『安部磯雄の研究』，早稻田大学出版部 1990 年，28—29 頁。

③ 古田光ほか編：『近代日本社会思想史』，有斐閣 1968 年，225 頁。原文见岸本英太郎編『明治社会運動思想』，青木文庫 1955 年，155 頁。

④ 朝日新聞社編：『史料明治百年』，朝日新聞社 1966 年，441 頁。

第二条　实施市街铁道、电气、瓦斯等一切垄断性质行业的市有。

第三条　禁止中央政府、各府县、各市町村所有公有地的转让。

第四条　采取城市土地全部归其城市所有的方针，如果不能尽早实施，应制定法律禁止土地兼并。

第五条　国家收购专卖权，即给予发明者适当的报酬，人民可以低价使用其发明物。

第六条　制定收取房租不能超过房屋价格所占比重的限制。

第七条　政府事业全部由政府承担，禁止授予个人或私有企业。

第八条　废除全部酒税、酱油税、砂糖税等消费税，实施继承税、所得税等其他直接税。

第九条　义务教育年限到高等小学结束为止，废除每月支付的学费等酬金，公费提供教科书。

第十条　设置劳动局，调查与劳动相关的一切事宜。

第十一条　禁止学龄儿童从事劳动。

第十二条　禁止迫使妇女从事有损道德健康的行业。

第十三条　废除少年及妇女的夜班工作。

第十四条　废除周日劳动，每日的劳动时间限制在八小时以内。

第十五条　制定雇主责任法，在劳动者受到工伤情况下，雇主应支付一定补贴。

第十六条　制定工会法，承认劳动者的自由团结权并给予适当保护。

第十七条　制定佃户保护法。

第十八条　保险行业皆为政府事业。

第十九条　审理费用全部由政府负担。

第二十条　实施普通选举法。

第二十一条　采用公平选举法即比例代表制。

第二十二条　实施直接选举和无记名选举。

第二十三条　实施相关重大问题由一般人民直接投票的方法。

第二十四条　全面废除死刑。

第二十五条　废除贵族院。

第二十六条　缩小军备。

第二十七条　废除《治安警察法》。

第二十八条　废除《新闻条例》。

社会民主党的理想纲领所要实现的人类同胞主义、和平主义、平等主义和博爱主义，表现出浓厚的基督教社会主义色彩。① 然而相对于这些理想，现实的行动纲领却需要在资本主义的框架内来实现，这就出现了理想和行动的背离，这种背离也是当时第二国际下各党的共同特征。② 社会民主党的纲领确实是一个温和的纲领，它的大多数直接目标带有民主的性质，而不是社会主义的性质。③ 比如废除贵族院、实现普通选举、废除《治安警察法》等内容，直接地触及当局政府利益和绝对主义权威。社会民主党力图通过民主主义实现社会主义，从这点来说，社会民主党的奋斗目标任重而道远。

社会民主党的斗争矛头直指私有制，反对不公平的竞争主义，试图维护弱势群体利益，解决劳动问题，打破贫富悬殊，实现在生产体制、政治活动、社会组织中的平等。然而，该党所主张的理想和运动纲领诸如废除军备、废除阶级制度、实现生产资料公有、公平分配财富等内容，均与明

---

① 张忠任：《马克思主义经济思想史（日本卷）》，中国出版集团2006年版，第15页。

② 同上。

③ [美] 陶慕廉：《战前日本的社会民主运动》，赵晨译，中国友谊出版公司1987年版，第26页。原文见田中惣五郎《日本社会运动史文件集》第1卷，东西出版社1947年版，第328—340页。

治政府的政策举措格格不入、与国家的发展方向背道而驰。以消除军备的理想为例,19世纪末20世纪初世界主要资本主义国家相继进入垄断资本主义阶段,无不在资本输出和殖民地掠夺等方面加大竞争力度,如在1897年11月德国侵占中国胶州湾后,英、法、俄、日也不甘示弱,争相扩张势力范围。当时的日本在争先恐后地致力于加强军备,例如国家预算的约40%直接用于军费,从中国得到的3.45亿日元的赔款中,除了2000万日元作为皇室财产外,70%的赔款用作战争的善后费和扩充军备的费用等。① 所以说,这些主张在当时的情况下是很难实现的。

关于社会民主党的指导精神,可以说,以安部矶雄为代表的美国基督教社会主义,以片山潜为代表的美国工会主义社会主义,以幸德秋水为代表的同时兼备法国自由思想、俄国民粹思想和日本自由民权思想的混合思想,同时构成了社会民主党的思想根基。② 这再次证明了社会民主党所主张的社会主义是非科学的,这也是由当时的历史条件等诸多因素所限。在当时的情况下,新形成的社会主义者们也只是依靠个人理解和仅有的社会主义知识,开展着对社会主义道路的探索。在他们所提倡的理想和运动纲领中,有一些在数十年后得以实现,如废除贵族院等,但是部分内容如实现生产资料公有、公平分配财富等则是在百年后的日本也未能实现。

虽然社会民主党的纲领是相当抽象的,社会改良主义的色彩很浓厚,但是当时的官僚政府不问其内容如何,只要他们认为有危险并感到恐惧,就得加以制止。③ 所以,尽管社会民主党所采取的斗争方式是通过议会主义的合法手段,却依然改变不了被迫解散的命运。当时的内务大臣末松谦澄曾召开会议,商讨社会民主党的相关对策,表示"近年来,社会主义在德

---

① 张陟遥:《播火者的使命》,社会科学文献出版社2013年版,第12页。
② 伊藤勋:『明治政党発展史論』,成文堂1990年,335页。
③ [日] 服部之总主编:《日本工人运动史话》,长风译,工人出版社1958年版,第9页。

国十分盛行，德国皇帝对其极力排斥。我认为我国也应该采取相同的方针。总之，在日本宣传社会主义还时机尚早"。① 很快，5月18日刚刚提出成立申请的"以实行社会主义为目的"②的社会民主党，20日便因《治安警察法》的第8条第2项而遭到禁止。社会民主党的废止使得当时的劳动运动全面停顿，社会主义者的活动也只能停留在有限的思想宣传层面。随后，明治政府发布禁止命令，用妨碍社会治安的罪名命其解散并对刊登宣言书的《劳动世界》、《万朝报》等施以罚金，对印刷数千份的宣言书也予以全部没收。③ 据悉，明治政府最厌恶的内容是纲领中的与军备、贵族院、普选相关的内容，当时的政府不仅害怕社会主义理想，而且害怕民治、民享的民主主义。④ 不过，即便是社会民主党被允许成立，其发展前景也令人堪忧，因为它并没有获得广泛的实践基础。可以说日本最初的社会主义政党，并没有以工人阶级运动为基础，工人阶级还没有成熟，这种情况是由从欧美先进资本主义国家所输入思想运动的性质造成的。⑤

1901年6月3日，社会民主党试图以社会平民党之名重新成立。它在党则中略去敏感话题，如贵族院、军备和选举权等内容，并宣称以解决经济问题为中心。虽然它并没有直接反对天皇统治⑥，但却依旧被当日禁止。尽管如此，正如木下尚江所言，社会民主党的禁止并没有起到真正地"思想禁止"⑦作用，之后的社会主义阵营迎来新的活动载体。虽然社会民主

---

① 早稻田大学社会科学研究所:『安部磯雄の研究』，早稲田大学出版部1990年，27頁。

② 岡林伸夫:「<論説>ある明治社会主義者の肖像——山根吾一覚書」，『同志社法学』1995年9月，230頁。原文见劳动运动史料委员会编《日本劳动运动史料》第2卷，劳动运动史料刊行委员会1963年版，第351頁。

③ 絲屋寿雄:『日本社会主義運動思想史』，法政大学出版局1979年，84—85頁。

④ [日]服部之总主编:《日本工人运动史话》，长风译，工人出版社1958年版，第9—10页。

⑤ [日]远山茂树:《日本近现代史》，邹有恒译，商务印书馆1992年版，第155页。

⑥ 李威周:《日共创始人——片山潜》，商务印书馆1980年版，第24页。

⑦ 労働運動史研究会编:『週刊平民新聞』，明治文献资料刊行会1962年，219頁。

党具有很大程度上的思想局限性，比如"没有正确认识到无产阶级和人民的作用，没有认清无产阶级国有和资产阶级国有，以及公有和国营的区别，自身还包含着资产阶级自由主义运动内容"① 等，但却不能否认它在日本社会主义思想史上的划时代意义。它要求维护劳动人民的利益，符合群众的愿望，并在纲领中也提及反对帝国主义战争等内容。② 自此，日本的知识分子开始尝试把社会主义运动从理论研究的阶段，推向"多数人民"的有组织的政治运动。③ 作为日本历史上第一个社会主义政党，它的出现，使得日本社会主义者的存在、社会主义运动的开始被大众社会所认识。④

三 社会主义研究会及协会

在社会民主党被禁止后，社会主义阵营的活动方针从政治活动转变为学习宣传。这个重任自然而然地交由社会主义研究会承担。正如石川旭山曾提起过的"1898 年 10 月，以基督教徒为中心成立了社会主义研究会。他们虽然是以基督教研究为目的赴欧美留学，但在观察现实社会的存在状态时，并不仅是钻研于神学，而是带着基督教精神去追求对物质世界的适应。此时，社会主义的福音已经传到日本，他们身在欧美便已投入身心对其研究。诸如村井知至、安部矶雄，他们在回日本时便已经是热心的社会主义者"那样⑤，社会主义研究会是以基督教社会主义者为中心成立的。其成员包括村井知至、片山潜、幸德秋水、河上清、安部矶雄、佐治实然、

---

① 小川信一ほか：『日本資本主義発達史講座第 2 部』，岩波書店 1933 年，71 頁。
② 李威周：《日共创始人——片山潜》，商务印书馆 1980 年版，第 23 页。
③ 张忠任：《马克思主义经济思想史（日本卷）》，中国出版集团 2006 年版，第 15 页。
④ 橋川文三編：『近代日本思想史の基礎知識』，有斐閣 1975 年，134 頁。
⑤ 同上书，126 頁。原文见石川旭山《日本社会主义史》1907 年版。

金子喜一、杉村楚人冠、岸本能武太等人，由1897年4月所成立的社会问题研究会中具有相似倾向的人员组成①，目的在于探讨"社会主义原理是否适用于日本"②。该会的首任会长与干事分别由村井知至和丰崎善之助担任，研究对象也从社会问题凝缩为社会主义。③ 社会主义研究会的总则④如下：

第一条　名称
本会称为社会主义研究会。

第二条　目的
本会以研究社会主义原理能否应用于日本为目的。

第三条　职员
本会设置一名会长总管会务，设置一名干事处理事务，任期各为一年。

第四条　会员
不管是否赞同社会主义，只要认同本会目的者，均可成为会员。

第五条　例会
本会每月召开一次例会，对会员各自的研究内容进行讲说或讨论。偶尔可聘请著名人士开展与社会主义相关的演讲。

第六条　公共会议
本会时而召开公共会议，面向一般公众进行演说。

第七条　会费
会员每月缴纳20钱作为会费。

---

① 橋川文三編：『近代日本政治思想史』，有斐閣1974年，335頁。
② 絲屋寿雄：『日本社会主義運動思想史』，法政大学出版局1979年，65頁。
③ 橋川文三編：『近代日本政治思想史』，有斐閣1974年，335頁。
④ 堺利彦ほか：『日本社会主義運動史』，改造社1928年，72—73頁。

第八条　会场

本会将东京芝区三田四国町唯一会馆作为会场。

值得指出的是，该组织虽然是关于社会主义的研究团体，但却并不全是社会主义者的团体，而是认同该会目的者的团体。因成员中较多一位论派协会会员的缘故，《六合杂志》在一定时期内发挥了研究会会报的作用。① 研究会每月定期对圣西门、傅立叶、路易·布朗、蒲鲁东、拉萨尔、马克思等人进行研究。② 以其中的拉萨尔为例，片山潜在国外期间曾说过，"我目前认为拉萨尔的运动方法是最恰当的，以后我回日本去，要用这种方法进行运动"，并在《自传》中提及，他成为社会主义者就是从读了《拉萨尔传》开始的。③ 而且在随后的社会主义研究会上，片山潜还提出过关于介绍拉萨尔的报告。④ 可以说，他们此时的活动，还更多地是处于学习阶段。在1902年5月开展纪念社会民主党的周年活动后，安部矶雄等人将研究会的"探讨社会主义原理是否适用于日本"的目的修改为"探讨社会主义原理以将其应用于日本"。⑤ 虽然提出了这样的目的，但是在1902—1903年前后，社会主义思想在有限的、标新立异的知识分子中间甚至成为一种风尚的同时，社会主义者却和他们宣称为其利益而奋斗的真正工人阶级失去了联系。⑥ 这不能不说是其自身存在着的极大缺陷。纵观其发展过程，社

---

① 岡林伸夫：「<論説>ある明治社会主義者の肖像——山根吾一覚書」，『同志社法学』1995年9月，230頁。原文见劳动运动史料委员会编《日本劳动运动史料》第2卷，劳动运动史料刊行委员会1963年版，第329—341页。
② 橋川文三编：『近代日本思想史の基礎知識』，有斐閣1975年，126頁。
③ 李威周：《日共创始人——片山潜》，商务印书馆1980年版，第15页。
④ 同上书，第21页。
⑤ 早稲田大学社会科学研究所：『安部磯雄の研究』，早稲田大学出版部1990年，65—66頁。
⑥ [美]陶慕廉：《战前日本的社会民主运动》，赵晨译，中国友谊出版公司1987年版，第27页。

会主义研究会可以概括划分为四个时期。

(一) 1898 年 10 月—1900 年 1 月期间的社会主义研究会

社会主义研究会吸收了原社会问题研究会中具有相似思想倾向或对社会主义较为关注的成员，如佐治实然等人。它声称不管是否是社会主义者，只要认同社会主义研究会的目的便可入会。这也决定了社会主义研究会并不是一个思想高度一致的团体。社会主义研究会名为"研究"，其实它还处于对社会主义的学习"入门"阶段。当时日本国内的社会主义者寥寥无几，只有较早完成向社会主义者转化的安部矶雄和村井知至等人。即便是拥有仅存的为数不多的社会主义者，也并没有拥有真正的具备科学社会主义思想的马克思主义者。在当时的情况下，日本国内的社会主义者由于各种条件的限制，并没有能力去对各种派别的社会主义进行科学分辨。而且，当时能够接触到的社会主义内容极其贫乏，没有充足的学习材料提供成长空间。

作为日本第一个以社会主义字眼命名的团体，社会主义研究会每月在一位论派协会的唯一会馆召开研究会，进行社会主义讲演或是各国社会主义内容的学习介绍。社会主义研究会以基督教杂志《六合杂志》为言论中心，并在上面及时刊登相关例会活动情况。1898 年 10 月第 1 次会议中有 9 人参加，全部为基督徒。同年 11 月第 2 次例会中有 12 人参加，11 人为基督徒。无论是活动地点，还是杂志刊物，或是参会人员，从中都可以发现基督徒所担负的重要角色。在第 9 次例会上，安部矶雄发表《社会主义研究的方法》称，社会主义研究应该按照"从土地问题、交通问题、保险事业等垄断事业的公有化过程，到产业组织的生产过程，再到财富的分配过程"这样的顺序来研究。① 这与其说是一个关于社会主义研究顺序的提议，倒不如说是一个他眼中的构建理想社会的顺序。然而，该研究会对社会主

---

① 太田雅夫編：『明治社会主義資料叢書 1』，新泉社 1974 年，203—204 頁。原文见《六合杂志》第 227 号，1899 年 11 月 15 日。

义的研究活动却未能顺利开展。当时社会主义研究会的成员人数在 20 名左右，其中相当一部分成员对社会主义的认识还处于普及阶段。作为一个并不是专门由社会主义者组成的思想团体，社会主义研究会在开展数次学习或讲演后，便有不少成员表示出倦怠情绪①，社会主义研究会的发展面临瓶颈。

（二）1900 年 1 月—1901 年 3 月期间②的社会主义协会

随着社会主义研究会逐步将"研究"态度调整为"实践"态度，该会逐渐从对社会主义的研究团体变化成社会主义者的团体。③ 此时，社会主义研究会所做的改变是变更名称，以及清除内部的非社会主义成员。1900 年 1 月，社会主义研究会改称社会主义协会，并将内部成员限定为社会主义者，由安部矶雄担任会长、河上清担任干事。新加入的成员包括木下尚江和西川光次郎等人，会员 30 余名，本部设置在片山潜开创的金斯利馆，《劳动世界》为协会的机关杂志。④ 相较于社会主义研究会，此时的社会主义协会才可以称得上是真正意义上的社会主义组织。社会主义协会之所以做这些改变，不仅是因为意识到内部思想不统一会给研究会的发展带来约束，也是因为希望通过变"研究会"为"协会"的做法，吸纳更多人员参与，可以更多地投身实践活动。

社会主义研究会改称为社会主义协会后，其活动方针也从社会主义的学习探求阶段转化为实际活动阶段，并确定了"参加普通选举运动"⑤ 的方向。值得一提的是，村井知至等一位论派大多参与前期的研究活动，却很少参加后期的实践活动，社会主义协会的中心逐渐由一位论派的学者转

---

① 太田雅夫编：『明治社会主義資料叢書 1』，新泉社 1974 年，17 頁。
② 从 1900 年 1 月的第 11 次例会至 1901 年 3 月的第 17 次例会。
③ 橋川文三编：『近代日本政治思想史』，有斐閣 1974 年，335 頁。
④ 岡林伸夫：「<論説>ある明治社会主義者の肖像——山根吾一覚書」，『同志社法学』1995 年 9 月，230 頁。
⑤ 橋川文三编：『近代日本思想史の基礎知識』，有斐閣 1975 年，126 頁。

变为劳动运动的实践者以及新闻工作者等。① 对此，石川旭山曾记载称，"社会民主党禁止后，我等继续开展曾一度中断的社会主义研究会，作为学术团体致力于社会主义的传播。此时，随着政府当局的日趋严格，社会主义研究会的多位发起人逐渐离开，该会的形式及性质也大为改变。其中心成员已经不是最早一位论派协会的学者，而是变成了劳动运动者和新闻杂志记者"②。相对于社会主义研究会定期在室内召开例会，社会主义协会则是经常针对广大民众开展社会主义街头宣传，这也使得其成为当时社会主义思想普及的重要阵营。该协会也积极参与到诸如开展促进工厂法斗争以及社会主义启蒙讲演会等活动中，还曾派遣村井知至赴巴黎参加第二国际的第五次代表大会。③ 然而，社会主义协会刚开始开展活动不久，便遇到《治安警察法》的颁布，因对集会的解散权等相关规定内容，社会主义协会的活动再度遭遇困境。

（三）1901年3月—1903年11月期间的社会主义协会

在社会民主党被禁止的情况下，社会主义协会不得不重新活动，承担起当时社会主义阵营的重任。除了茶话会和各地游说等活动外，社会主义协会还通过开展社会主义演说等活动来扩大影响力。1901年3月，社会主义协会于东京神田青年会馆开展社会主义学术大演说会，并成功聚集上千人参加，堪称日本史上最初的社会主义演说会。④ 此时的社会主义协会还在进行内部改革，如通过降低会费⑤等方式来吸引更多成员加入以扩大协会规

---

① 橋川文三編：『近代日本思想史の基礎知識』，有斐閣1975年，127頁。
② 定平元四良：「明治社会主義者の基督教批判」，『社会学部記念論文集』1964年11月，189頁。原文见石川旭山編『日本社会主義史』，青木書店1955年，36頁。
③ 张陟遥：《播火者的使命》，社会科学文献出版社2013年版，第25页。
④ 太田雅夫編：『明治社会主義資料叢書3』，新泉社1974年，3頁。
⑤ 1901年7月的入会会费由20钱降低到10钱。见太田雅夫編『明治社会主義資料叢書1』，新泉社1974年，427頁。

模。通过若干改革措施的实施，协会规模逐渐由东京扩大到全国，并在青森等地设立支部，会员人数由 30 余名发展到 100 多人。

随着《劳动世界》成为协会的中心杂志，片山潜开始成为社会主义协会的实际领导者。值得一提的是，社会主义研究会成立之初曾提出以"研究社会主义是否适用于日本"为目的，在 1902 年 7 月的例会上社会主义协会得出"社会主义原理适用于日本"的结论。此后，协会更是加强对社会主义的研究和传播，期冀通过和平手段来解决实际问题并试图在现实生活中推动社会主义的实现。1903 年 4 月 5—6 日，日本首次社会主义者大会于大阪举行，社会主义协会派片山潜为代表参加。大会达成相关共识并通过了三项决议，即希冀通过社会主义改善人类社会、致力于在日本实行社会主义、追求国际社会主义者的团结一致①，此时日本的社会主义活动已经逐渐规模化。

（四）1903 年 11 月—1904 年 11 月期间的社会主义协会

随着平民社的成立，社会主义协会迎来最后一个发展阶段。此时社会主义协会的中心工作之一便是反战，安部矶雄等人纷纷站在基督教社会主义的立场上反对战争。他们在《六合杂志》等刊物上撰文抵制战争，与幸德秋水的非战论形成呼应。此时的社会主义协会坚持着演说会等活动形式，例如隔月召开茶话会和大演说会、每月召开面向妇女听众的讲演会和数次小演说会等。在社会主义协会后期的干事改选中，干事职位改由西川光次郎担任，社会主义协会事务所也转移至西川家。随着 1903 年 12 月底西川光次郎加入平民社，社会主义协会事务所在 1904 年 1 月时移至平民社内，这也体现着基督教社会主义力量的逐渐弱化和以幸德秋水等人为首的平民社社会主义力量的逐渐强化。同时，协会的入会资格由"赞同社会主义"

---

① 片山潜生誕百年記念会編：『片山潜著作集第二卷』，河出書房新社 1960 年，153 頁。

更改为"信奉社会主义"①,加强了对入会资格的要求。1904 年 11 月 16 日,社会主义协会因屡次召开社会主义演说,依据《治安警察法》第 8 条第 2 项被认定为妨碍社会秩序而不得不面临解散的境地。总的来说,正如"社会主义协会以社会主义思想的研究普及为中心,并没有脱离启蒙活动的领域"②所提及的那样,社会主义协会的活动还停留在启蒙阶段,也并未在实践中取得较大成功,但却在社会主义的宣传普及方面起着不可忽视的作用,并培育出幸德秋水和片山潜等即将在日本社会主义史上承担重任的社会主义者。

四 初期的社会主义论调

自 1901 年起,由各个路径转化而来的社会主义者陆续形成,聚集在以基督教社会主义者为领导的社会主义阵营,直至 1903 年前后由幸德秋水、片山潜等人取代安部矶雄和村井知至等人,成为社会主义队伍里新的领导者。在此期间,社会主义阵营在不断完善,幸德秋水等人也在持续开展着社会主义思想活动,不断加速着自身成长。

(一) 幸德秋水的革命论

在幸德秋水看来,革命是进步的起点,革命的方式分为两种,即和平的革命和暴力的革命,革命的目的在于以新制度代替旧制度。他在《革命之问题》中说,"闻革命之语者,勿误解为是不敬也,勿误解为是谋叛也,勿误解为弑逆也,是固共和政治之起点也,是人类进步之急切关头也,是世界之公理也。故革命者,非苦罗母耶尔之专有,非华盛顿之专有,非罗

---

① 早稻田大学社会科学研究所:『安部磯雄の研究』,早稻田大学出版部 1990 年,74 頁。
② 太田雅夫编:『明治社会主義資料叢書 1』,新泉社 1974 年,435 頁。

壮斯比尔之专有，非铁火与鲜血之专有，四民平等者，社会一大革命也。王政复古，设立代议政体者，政治一大革命也。十八世纪科学殖产器械之发明，殖产一大革命也。革命有二，一为和平之革命，一为猛烈之革命。平和者，奏效缓。猛烈者，奏效速。人有言曰，革命者，一种之颠覆也。其公目的皆抱持新异主义，组织新异制度，以布于一时。而其手段则不同，有用暴力，流铁血，风驰电掣，以除腐布新者。有尺进寸取，维持现在之制度，以渐图发达隆盛之结果者。由前之说，是谓猛烈手段，由后之说，是谓平和手段。谈革命者，于是两种手段，孰去孰取乎，此诚第一重大之问题也……由斯以谈，革命之公目的，在组织新制度，以更代旧制度，夫人而知之矣。我国今日之情状，非濒一大革命之机乎……革命者，进步之产婆也，进步于革命，有相倚相待之势。革命之所在，即进步之所生"①。

关于如何开展革命事业，幸德秋水说，"请言政治之现象，今之登政治之舞台，为众所注目者，非内阁乎，众议院乎，贵族院乎，各政党乎。吾人试起而观彼等之施治，其腐败不已达于极点乎。彼等直奉私利私福于藩阀耳，彼等直奴仆于藩阀耳。彼等所组织之制度，问有自由之制度乎，无有也。问有代议舆论之制度乎，无有也。寡人专制，文明民族所深恶而痛绝者也。我国政治之现象，非陷此惨境乎，不取新主义以代之，欲求进步，胡可得也。吾得为我国民告曰，政治上之革命，为我国民第一事业"②。他认为政治腐败已经到达极点，国民生活在没有自由的专制制度中，必须要打破并取代，这是进行革命的第一步。值得一提的是，这种首先从政治入手，将政治革命视为第一事业的态度，与其后来重经济轻政治的观点形成了鲜明对比。

开展革命事业的第二步是殖产经济，幸德秋水称，"请言殖产经济之现

---

① ［日］幸德秋水：《广长舌》，中国国民丛书社译，商务印书馆1903年版，第6—8页。

② 同上书，第7页。

象，今日者，欧洲殖产革命之余波，滔滔侵入我国，生产之费，非不廉也，生产之额，非不加也。然其功效惟显于一部，社会全体不能遍沾余泽，以致贫富者益益悬隔，恐慌者益益繁赜，分配者益益不正，故我国商业之现象，宛如一大赌场，实业者渐无容身之地。我国民欲求殖产经济之进步，其在组织殖产新主义，以布福利于社会全体乎。吾得次为我国民告曰，殖产经济上之革命，为我国民第二事业"①。他指出，在现实生活中，经济发展的功效和福利并不能被全体国民享有，继而出现贫富分化、分配不均，甚至像是"赌场经济"的现象，这是开展殖产经济革命的原因所在。

幸德秋水指出，继政治革命、经济革命后，社会风俗教育是开展革命的第三项内容。他说，"请言社会风俗及教育之现象，自伊藤博文定为阶级之制度，于是四民平等主义，全然破坏。贵族者徒手游食，暖饱逸居，如养豕羊，无所用之，用是社会风俗，日即颓废。教育家以虚伪形式之忠君爱国四字，为教育之主眼，阻碍国民理想之发达。吾人试趋而觇我国民之思想界，其能翘然高尚纯洁，不堕于固陋顽冥者，有几人乎。其退步殆与数百年前之思想，相去不能以寸也。吾得更为我国民告曰，社会风俗及教育上之革命，为我国民第三事业"②。在他看来，阶级制度使得贵族阶层游手好闲，教育制度也是更加侧重忠君爱国而不是关注国民理想，社会风气退化，亟须开展革命加以改变。

（二）幸德秋水的社会主义论

幸德秋水首先提出了"废除金钱论"。在他看来，金钱本应该只是一种度量衡，发挥交换媒介和价格标准的作用，即"吾以为金钱者，特交换之媒介，价格之标准，其功用不过如度量衡，如铁道切符，如医师方笺，为

---

① ［日］幸德秋水：《广长舌》，中国国民丛书社译，商务印书馆1903年版，第7页。
② 同上书，第7—8页。

世界人类借以运输交通之一公物耳"①。他列举了金钱的影响及种种危害，称"试观今日社会之人类，何人能于金钱而外，信正义，信真理乎。何人于金钱而外，别有势力，有名誉，有权利，有义务乎。故于今日社会上有无限之势力者，金钱也，有无限之耗弊者，亦金钱也"，"世界人类之心光眼光，全注射之，或以谲智取，或以强力夺，或以劫杀得，或以性命视。人心因而腐败，风俗因而颓坏，自由因而破裂，平等因而搅乱，甚则社会因而沦亡，种种耗弊，不胜言举"，"今日之金钱，其对于社会上有无限之势力者，以人人视为生产资本，得以支用自由也，职是之故，而人类对于金钱之欲望愈深挚，其攫取之手段，亦愈猛烈"。②

因此，幸德秋水在《社会主义之理想》中设想了废除金钱的场景，并提出消除金钱无限势力的方法恰恰在于，使得生产资本变为社会公有，通过变革经济制度走向社会主义。他称，"吾乃提倡废止金钱之论……吾人试设想金钱苟一朝废止，其无限之势力，全然绝灭，无所谓自私自利、无所谓贿赂买节、无所谓剥削钻营、无所谓盗贼罪过"，"要而言之，吾人欲绝灭金钱无限之势力，以救社会之堕落。其第一要著，在视生产资本为社会之公物，且改革今日之经济制度，是固主张社会主义者，不二之理想也。吾敢持语天下之欲明人心维持世道者，毋庸生枝叶之论，但先力行社会主义之理想，此固诸君欲达种种目的之捷径也。呜呼，十九世纪者，自由主义时代也。二十世纪者，社会主义时代也。吾闻阅一世纪，则世界上必产出一种新主义、新运动，金钱废止，其殆二十世纪新主义新运动之一分乎"③，直言社会主义时代的到来，并将社会主义视为解决诸多问题的捷径。

---

① ［日］幸德秋水：《广长舌》，中国国民丛书社译，商务印书馆1903年版，第13页。
② 同上书，第12—13页。
③ 同上书，第12—14页。

在幸德秋水看来，社会主义的首要任务是解决生存问题，而影响此问题解决的原因在于个人主义和自由竞争。这正如他所说，"吾谓今日社会之第一急切主义者，胃腑之问题也。不先解决此问题，则一切教育、宗教、政治之问题，均不能得其主眼。孔子曰，民富然后教之，此之谓也"，问题的根源在于，"然则诸君试解释我国民胃腑之问题，其不正不义，且不完全，至于此极者，原因果何在哉。吾请断之曰，是个人主义之余弊也，是自由竞争之遗毒也"，而个人主义和自由竞争具有种种危害，"弊一，贫富日益悬隔，生产滥糜。弊二，运输交通，皆以竞争特占事业为目的，遂若并吞全社会之权利，归之一人。弊三，生产或过余或不足，需用供给，屡失平衡。弊四，物价之低昂不定，工业每生恐慌，甚则缺乏饥饿，恶德踵至。弊五，如此一切弊害，谓非经济界陷于无政府之故乎"，这些危害可以通过方法挽救，即"故弊害之生于竞争者，可以调和救之。毒害之产于差别者，可以平等药之。个人主义之搅乱，可以社会主义矫之"。①

幸德秋水认为社会问题的根源在于"资本家之私有"，所以才导致"资本家之横暴"以及"富之分配不均"。他提出将实现"资本公有"作为解决问题的方法，主张从经济层面入手，将资本归人民公有，在提高社会生产的同时，实施平均分配。这是在谋取多数人民的福利，也是在争取社会文明的进步。他在《岁末之苦痛》中称：

> 虽然今日之社会，亦尝叹其生产之事业，放任其自由竞争也。欧美之志士仁人，夙痛论之，吾人亦持此旨以布告之。人人于是稍知有产业之权利，无不思夺资本家之私有，以归多数人民之公有，分配之，均平之。彼等之资本家，亦不得徒手游食，而社会全般之生产额，益益增加多数。人类由是庶免岁末之苦痛。然彼等终得脱此岁末之苦痛

---

① ［日］幸德秋水：《广长舌》，中国国民丛书社译，商务印书馆 1903 年版，第 16—19 页。

者,则仅资本公有之一事,此所谓社会主义的制度是也。

　　此社会主义之伦理之细目,吾人亦不暇深论之矣。至于实行之手段方法,吾人亦不暇详说之矣。要之为多数人民之福利,为社会文明之进步无疑也。呜呼,岁末之苦痛,在于富之分配不均。富之分配之不均,在于资本家之横暴。资本家之横暴,在许其资本家之私有。吾思我志士义人,曾以多数团结之势力,政治的权利,夺自封建之诸侯,夺自萨长藩阀之政府,而何于经济家权利,不能夺自资本家之手乎。当时之尊王讨幕党也,当时之自由改进党也,何不一进而为人民的社会乎。①

值得一提的是幸德秋水对同盟罢工的态度。他称同盟罢工为不祥之事,劳动者的劳动所得与其需求之间的差距是引发同盟罢工的原因,实属不得已而为之。对此,他曾在《暗杀论》一文中提及,"同盟罢工者,不祥之事也。吾人所翘首以盼,引领以祝者,固希望彼劳动者勿作此不祥之事也。虽然,吾常见彼劳动者,穷窘呻吟,铤而走险,以图一逞。时或伸此不祥之手段,以作不祥之暴动,而脱卸其穷窘呻吟之苦况者矣。如今日之经济组织,劳动者之工价,准据其需用供给以为差,是直驱劳动者群相率而入于饥饿困毙之域也。既群而驱之入于饥饿困毙之途,而犹冀其敛缩其不祥之手段,勿作不祥之暴动。是伯夷叔齐之人物,将车载斗量,遍布于浑圆球上而后可也,有是理乎。故今日劳动者之同盟罢工,实处于不可得已之势也。同盟罢工,既处于不可得已之势,而吾人顾以此种罪过,坐之于劳动者,目之为凶汉,斥之为暴动。彼等亦非惟不任咎,且嗤吾人为昏瞆,詈吾人为冥顽矣,然则吾人虽烂其舌,秃其笔,以辩之解之,固不能奏尺

---

　　① [日]幸德秋水:《广长舌》,中国国民丛书社译,商务印书馆1903年版,第94页。

寸功果也"①。

他还在《社会主义之适用》一文中,反驳了关于"社会主义者以同盟罢工为目的者也"的说法,称"至谓社会主义为同盟罢工,则尤属牵强附会。吾谓为是论者,其对于资本家之残忍刻薄者,实有崇拜之思想,奴隶之性质,故不惜余力,以排击社会主义,而以粗暴过激诋之。虽然,若以是排击社会主义,则维新以前,提倡勤王论者,悉乱民乎,夫固不禁一哂也"。②此时的他极力解释社会主义与同盟罢工的关系,而几年后,他却在整个社会主义阵营大力提倡劳动者的总同盟罢工,不禁让人慨叹其思想的变化。

幸德秋水的前后思想变化,不仅包括他对作为斗争手段的同盟罢工的态度,还有他对无政府主义的态度。他在《无政府之制造》中表达了对无政府主义的看法,直接为其打上了"激烈"、"暴恶"的标签。他指出,"吾今且不必论无政府主义之是非与利害也,但不解彼等何以忽主张此激烈主义,伸纵此暴恶手段"③。他认为无政府产生的原因在于对国家及社会的绝望,称"曾亦思彼等何以联络此广大之团体,鼓吹此涨溢之风潮,发放此不祥之手段,而不悟迷信,逞其热狂,以期满足其功名心乎。是必有一大有力之动机,驱之推之,而后然也。有力之动机者何,则彼等对于今日之国家社会,绝望焉是也","杂论庞言,各从其类,相率抱持其方针,以希望达其目的,而救治社会一切弊病,此固社会多数人民之同情也。彼无政府党,其初意亦如是也。继见国家社会之堕落,生活之困难,日迫一日,遂不惜放弃其曩昔种种之希望,而出此激烈主义,伸此暴恶手段,以图一

---

① [日]幸德秋水:《广长舌》,中国国民丛书社译,商务印书馆1903年版,第34—35页。
② 同上书,第23—24页。
③ 同上书,第40页。

逞，以求遂其功名之心。无政府党制造之原质，大率如是也"①，其本意在于对社会问题的救治，然而社会的堕落现状使得其逐渐转向激烈的手段。

在幸德秋水看来，导致无政府主义滋生、传播的因素在于社会组织本身。他指出，"无政府党之风潮，愈传愈广，愈播愈高者，非无政府党之自传之自播之。世界国家社会之组织，有以助其传，助其播也"，"然则我国今日社会之组织，谓之为制造无政府党极敏便之机器可也，谓之为培植无政府党极美佳之肥料可也。既以极敏便之机器制造之，可以极美佳之肥料培植之，则无政府党之长养滋生，蔓延广被，将冠甲于全球矣。至彼时而始觉其害毒，而欲倚一篇之治安警察法，以钳制之，禁阻之，吾未见其可也"。② 他认为，病态的社会是滋生无政府主义的温床，它在一定程度上决定了无政府主义的蔓延和传播，而想要遏制这些思想，仅仅通过出台镇压法律等"治标不治本"的政府行为是不可能实现的。

（三）幸德秋水的帝国主义论

幸德秋水曾对帝国主义进行描述称，"不幸而非如吾所言，则帝国主义之所以勃兴流行者，非科学的智识，实迷信也；非文明的道义，实狂热也；非自由，正义，博爱，平等，实压制，邪曲，顽陋，争斗也"③。他用"迷信"、"狂热"、"压制"、"邪曲"、"顽陋"、"争斗"等词语来形容帝国主义的存在。

对于当时所鼓吹的"爱国心"，幸德秋水认为其与恻隐、慈善之心相去甚远，是对"自国"与"自身"的狭隘之爱，所注重的只不过是"名誉"

---

① ［日］幸德秋水：《广长舌》，中国国民丛书社译，商务印书馆1903年版，第40—42页。
② 同上书，第42—44页。
③ ［日］幸德秋水述：《帝国主义》，赵必振译，上海梁溪图书馆1925年版，第2页。

与"利益"。他曾说过,"所谓爱国心者,醇乎与恻隐之心,慈善之心相背也。彼之所爱者,自家之国土限之也,自家之国人限之也;爱他国不若爱其自国,爱他人不若爱其自身也。爱浮华之名誉也,爱垄断之利益也,其果公乎?其果私乎"①,直接指出了所谓"爱国心"的虚伪性。他认为所谓的"爱国心"与"爱故乡之心"有相似之处,皆为"虚夸"、"虚荣"之事。他说:

> 爱国心者,又与爱故乡之心相似也。爱故乡之心虽可贵,然其原因,实有卑不足道者:垂髫之时,骑竹马,舞泥龙,果解故乡某山某水之可爱乎?继而远适异国,只影无俦,于是怀土望乡之念渐次而生,则以外感之刺激之也……故彼等之爱故乡,实由其嫌恶他乡而起;其对故乡非真有同情之恻隐与慈善,不过因对他乡有憎恶也,故惟失意逆境之人,此情最甚;彼等之憎恶他乡愈甚,故其爱恋故乡之念亦独切。虽然,爱恋故乡之念,亦不独失意逆境人也;得意顺境之人亦有之。然细察其所以然,得意人之思慕故乡,其心事更卑不足道。彼等不过欲炫其得意之事于其乡党之父老故旧耳,其对乡里果有同情之恻隐与慈爱乎?不过为其一身之私意而已!虚荣也,虚夸也,竞争心也,是私意之所专注也。古人之言曰:"富贵不归故乡,如衣锦夜行"是语也,揭其秘密之隐衷,破其污秽之鄙念,已烛照而洞然矣……吾请质言之:爱国心之广告者,唯一身之利益也,虚夸也,虚荣也,若是而已矣。②

对于军国主义,幸德秋水指出其原因在于"好战的爱国心"、"虚荣

---

① [日] 幸德秋水述:《帝国主义》,赵必振译,上海梁溪图书馆1925年版,第5页。
② 同上书,第5—6页。

心"、"狂热心"。他称,"夫探究扩张军备之因由,果何在也?无非一种之狂热心,一种之虚夸心,一种好战的爱国心而已矣","彼等非果为强国之相战,以征兵之教练,以养成其尊敬心之功果也……不过彼等虚荣之心,好战之心,野兽的天性,依军人的教练而后煽扬愈炽也"。① 在他看来,所谓的爱国心是以讨伐外国人为荣的好战之心,这种爱国心只会增加对敌人的憎恶,而不是对同胞的热爱。② 他认为"军国"意味着腐败和道义的沦落,军备扩张会引发诸多恶劣影响,比如产生无数游民、浪费大量生产力、扰乱风俗、使得国民受害、破坏科学、文艺、宗教、道德等等。他称,"吾故谓军国政治之行一日,即国民之道义之多一日腐败也;暴力之行一日,即理论灭绝一日之意味也","夸扬军备之习不休,崇拜征兵之制不止,惟见兵营中产出无数之游民耳!惟见消糜无数之生产力耳!惟见蹉跎有为之青年耳!惟见兵营所在之地方增多无数之坏乱风俗耳!惟见行军沿道之良民,无故而受彼等之践踏耳,惟见为军备与征兵而使国民无一斛麦无一寸金耳!而况科学文艺与高远之宗教道德与理想,非惟不能助之,非尽破坏之而不止也"。③ 正如幸德秋水所指出的"彼等之言曰:今之军备者,即所以确保其平和也……其确保平和者,仅一转步实为扰乱平和耳"④ 那样,他认为所谓"确保和平"的军备,反而是在扮演着"扰乱和平"的角色。

幸德秋水将战争描述为"目的卑污"、"手段陋劣"、"狡猾"、"欺诈"、"阴谋"、"诡计"等,称战争之间的较量实为"猾智"之间的较量,首先是"如何而陷挤敌人",而后才是"武器之技巧"、"战争之技术",社会并

---

① [日]幸德秋水述:《帝国主义》,赵必振译,上海梁溪图书馆1925年版,第31—38页。
② 定平元四良:「山路愛山研究1」,『関西学院大学社会学部紀要』1976年12月,41頁。
③ [日]幸德秋水述:《帝国主义》,赵必振译,上海梁溪图书馆1925年版,第52—56页。
④ 同上书,第57—58页。

不需要战争。他说：

> 至于战争……其目的之卑污，手段之陋劣，所必至者也……若夫战争之技俩，唯狡狯耳，唯谲诈耳。
>
> 然则战争者，惟较猾智之术耳。其发达者，猾智之发达也。不见未开化之蛮人乎，其自以为巧计也，大抵出敌之不意，或伏兵，或夜袭，或绝其粮道，或设为陷阱。而其猾智之不及者，其身亡，其财掠，其地夺。优者适者，以长于狡狯谲诈而独存，于是乎用其寻常之智术者，非更无数之教习调练而不可；而是等之教习调练，因习之而愈精，而武器之技巧，亦相竞而愈进，是古来战争之技术，其发达进步大体之顺序也。
>
> 战争所发达之第一步，唯其如何而陷挤敌人，其目的无论若何之卑污，其方法无论若何之陋劣，非所问也……战争所证者，隐谋也，诡计也，女性的行动也，狐狸的智术也，非公明正大之争也。社会者，决不以战争为必要；欲求人类之道义，非急脱出女性的狐狸的不可。今日之世界各国民，为此卑污罪恶之行，陷无数之年少投之于兵营之地狱中，以养成野兽之性而已矣？①

在幸德秋水看来，所谓的"爱国心"与领土扩张政策的大肆宣扬等，加剧了帝国主义在当时的泛滥。他称，"夫建设大帝国者，惟主人与住民开拓草莱荒芜之山野而移植之，是固可嘉也。然而……今日浑圆之球上，何处而有无主无人之地乎？遍世界之内，既无无主人与住民者，彼等果能不用暴力，不为战争，不行谲诈，而能占取尺寸之地乎……究何异于窃取强

---

① ［日］幸德秋水述：《帝国主义》，赵必振译，上海梁溪图书馆1925年版，第53—55页。

盗之所为耶"①，在"无无主无人之地"的现实情况中，作为帝国主义行为的扩张"领属版图"必将会付诸战争，这无异于强盗的所作所为，是"少数人功名野心之膨胀"，是"欲望"、"灾害"、"投机"，是"富其国而贫其人民"、"强其国而弱其人民"、"光辉其国威而衰败堕落其人民"，完全违背社会文明的目的和经营国家的道路。② 所以，"帝国主义者，其国大，其人小，国民既小矣，而国家岂能独大乎？如其大也，不过一时之泡沫耳，空中之楼阁耳，沙上之爪印耳！罡风忽起，雾散云消，是古来历史之所独照也"③，这条路是行不通的，历史本就如此。

对于理想中的国家，幸德秋水强调"道德程度之高"、"理想之高尚"、"衣食生产之饶"，称"夫国民之尊荣幸福，决不在领土之伟大，而在道德程度之高；决不在武力之强盛，而在理想之高尚；决不在军舰兵士之多，而在衣食生产之饶"，"国家之繁荣，决不因窃取强盗而得之也；国民之伟大，决不因掠夺侵略而得之也；文明之进步，决不在一帝王之专制也；社会之福利，决不在一国旗之统一也。惟在平和，惟在自由，惟在博爱，惟在平等"。④ 国家发展的目的，在于社会的进步和全体人类的福利，在于实现自由、正义、博爱、平等的社会。⑤ 因此，幸德秋水提出了实施方法，即"变少数之国家为多数之国家，变海陆军人之国家为农工商人之国家，变贵族专制之社会为平民自治之社会，变资本家横暴之社会为劳动者共有之社会，而后以正义博爱之心而压其偏僻之爱国心也，以科学的社会主义而亡其野蛮的军国主义也，以布拉沙呼德之世界主义而扫荡刈除掠夺的帝国主

---

① ［日］幸德秋水述：《帝国主义》，赵必振译，上海梁溪图书馆1925年版，第59—60页。
② 同上书，第82页。
③ 同上书，第83—84页。
④ 同上书，第61—83页。
⑤ 定平元四良：「山路愛山研究1」，『関西学院大学社会学部紀要』1976年12月，40—41頁。

义也；是救之之必要也"①，即通过社会主义的实现来消灭帝国主义。

◇◇第二节 20世纪初社会主义思想的发展

20世纪初，由于政党组织被解散和工会运动被限制等因素的制约，社会主义阵营的重心一度转为对社会主义的学习研究，这正好给幸德秋水和片山潜等人提供了思想成长空间。也正因为如此才诞生了幸德秋水与片山潜的两部巨著，被称为明治时期社会主义思想的代表作，甚至被认为其对资本理论的研究几乎要达到接近科学社会主义的程度。② 可以说20世纪初是明治时期社会主义思想发展的高峰期，此时的幸德秋水与片山潜逐渐接替基督教社会主义的安部矶雄与村井知至等人，发展成为明治时期社会主义的思想指导者。

就幸德秋水与片山潜两人的思想差异来说，幸德秋水是伴随着对自由主义和个人主义的否定走向社会主义的，而片山潜则是在否定自由主义的同时对个人主义持肯定态度；在劳动观方面，幸德秋水认为其是苦役，将理想社会的肩负者寄托于志士仁人，而片山潜则认为劳动是神圣的，重视其技术以及在劳动过程中实现个人的自由独立；片山潜抗拒明治国家的集权体制，主张分权，期待在理想社会中实现地方自治体及其联合的新秩序，同样关注地方自治体的幸德秋水更倾向于农村，而片山潜则是在都市中寻求自治的据点等。③ 此时，两人的代表作都从进化论的角度来说明历史的发展，不过片山潜提倡通过同盟大罢工实现社会主义革命，而幸德秋水则主

---

① ［日］幸德秋水述：《帝国主义》，赵必振译，上海梁溪图书馆1925年版，第87页。
② 古田光ほか編：『近代日本社会思想史』，有斐閣1968年，225頁。
③ 橋川文三編：『近代日本政治思想史』，有斐閣1974年，391—392頁。

张通过志士仁人的活动来实现社会主义。①

一 幸德秋水与《社会主义神髓》

幸德秋水于1903年7月出版《社会主义神髓》一书。他在开篇便提出这样的问题,"现代的文明一方面闪耀着灿烂的华美和光辉,另一方面又隐藏着黑暗的贫困和罪恶……到底谁能够解答这个谜语呢"②。对此,他在第二章"贫困的原因"中回答称,"此无他,只是因为资财的分配不公平"③。这里所说的"资财"是指生产资料和作为生产产品的社会财富,这牵扯到资本主义所有制和分配制的范畴。原本是劳动者血汗结晶的社会财富却并不属于他们所有,其原因就在于他们没有生产资料的拥有权,只能依靠出卖廉价劳动力来换得生产资料的使用权以维持生存。而地主和资本家则依靠"侥幸、狡猾、贪婪"④垄断生产资料,不断实现资本的周转增值,这正是社会的病源所在。因此,解决社会问题的办法只能是,"'把一切生产资料从地主、资本家手中剥夺过来,移交给社会人民公有',换言之,即消灭地主、资本家这个不劳而获的阶级,这就是'近代社会主义'又称'科学的社会主义'的根本精神"⑤。然而,需要指出的是,此时的幸德秋水并不能称得上是"科学的社会主义者",虽然他已经认识到资本主义产业体制的本质缺陷等问题,但他却并没有完全掌握科学社会主义的真正内涵,在对社会主义社会的实现手段和体现形式等的认识方面,都存在着一定弱点。

---

① 张忠任:《马克思主义经济思想史(日本卷)》,中国出版集团2006年版,第20页。
② [日]幸德秋水:《社会主义神髓》,马采译,商务印书馆2009年版,第6—7页。
③ 同上书,第8页。
④ 同上书,第10页。
⑤ 同上书,第11页。

在幸德秋水看来，产业革命引发社会化大生产，带来生产的扩大和资本的集中，并且"一方面造成市场的冲突，另一方面造成阶级的冲突"①。这不仅表现为经济无政府状态和大量产业预备军的产生，更表现为劳动者与资本家矛盾的加剧。资本家拥有生产资料并占有他人劳动成果，劳动者却只拥有自身劳动力，资本主义特有的发展模式无疑会深化两者的不可调和，滋生不公平的自由竞争。而自由竞争正是诸如贫富悬殊等众多社会问题产生的原因。幸德秋水说，"欧美之贫富愈发悬殊，财富与资本愈发堆积于少数一部分人之手，多数人民之购买力达到了衰微之极的地步，此种现象实乃现时之自由竞争制度之结果，是为彼等资本家、工业家垄断其对资本法外之暴利所致"②。他认为自由竞争为社会带来极大危害并产生系列问题，称"自由竞争制度使经济界陷于无统一、无政府状态"、"由竞争而生之弊害，不可不依调和而救之；由差别而生之毒害，不可不依平等而拯之；个人主义搅乱之世界，不可不依社会主义而矫之"③，"不能不根本改造现时之自由竞争制度，确立社会主义制度"④。他还认识到了剩余价值现象，称"资本家所以能够增加资本，只有从劳动者身上掠夺剩余价值，在自己手里积累起来"⑤。对剩余价值的掠夺是资本家获利的法宝，而剩余价值的积累会形成生产过剩与劳动者购买能力低下的鲜明冲突。以上内容中所涉及的生产资料由少数人占有、产业预备军的出现、剩余价值的掠夺、购买力的不足等因素则会引发经济危机。⑥ 当国内市场不能提供更多需求时，资本家便会转向海外市场的开拓，这种矛盾在资本主义社会内部是无法避免的。

---

① ［日］幸德秋水：《社会主义神髓》，马采译，商务印书馆2009年版，第18页。
② 张陟遥：《播火者的使命》，社会科学文献出版社2013年版，第75页。原文见［日］幸德秋水述《帝国主义》，赵必振译，上海梁溪图书馆1925年版，第75页。
③ 同上书，第178页。
④ 同上书，第72页。
⑤ ［日］幸德秋水：《社会主义神髓》，马采译，商务印书馆2009年版，第19页。
⑥ 张忠任：《马克思主义经济思想史（日本卷）》，中国出版集团2006年版，第32页。

于是，幸德秋水畅想了理想的社会主义社会。他认为社会主义应包括四个原则，即"物质生产资料即土地和资本归公有、生产的公营、实行收入的社会分配、社会收入的大部分归个人私有"①。相对于社会民主党时期的幸德秋水，此时的他能够较为深入地认识国有的含义，比如中央政府所有的国有和社会公用之间的差别等。他说，"现在所谓国有，往往意味着中央政府所有，还不是完全归社会公用……社会主义的主张决不要求中央集权，而是按照机关和事业的性质，或归国有，或归省县镇村所有……关键在于把生产资料从个人所有转移到为公共利益服务"。② 他所主张的社会主义强调的是为公共利益服务。在他看来，生产事业的私人经营会致使生产资料公有化的进程前功尽弃，因此，应通过社会公选的代表对生产事业实施公共管理，促使社会全体人员共同参与劳动，并使得生产事业的收入由社会全体人员共同分配。

针对原则中的第四条"社会收入的大部分归个人私有"，不得不谈及分配制和所有制两方面的内容。关于社会主义的收入分配，幸德秋水主张"分配的价格平等"和"按需要分配"，他称，"近代的社会主义者，大都主张每人的分配额不在质量上而在价格上求得平等……如果强求分配的平等，反而会严重违反公平原则。不言而喻，分配的数量和质量是不应该完全相等的……我们应该把按需分配作为最高理想……绝不能按照他们的才能贡献的高低，而应该按照他们的需要，这难道不是人类道德当然的要求吗……至于要求分配的价格平等与按需要分配这两种说法，结果是相同的。因为这种分配决不意味着分配的物品完全相同，而是每人可以在其价格范围内自由地取得满足自己需要和嗜好的物品"。③ 他还称，"社会分配，不

---

① ［日］幸德秋水：《社会主义神髓》，马采译，商务印书馆2009年版，第23—29页。
② 同上书，第24页。
③ 同上书，第27—29页。

但直接生产者有份，而且老幼及其他丧失劳动能力的人也有份"①。

在所有制方面。马克思将"私有制"与"个人所有制"严格区别开来，"私有制是指生产资料和生产品的私人占有制，个人所有制是指个人以自己的劳动获得的产品、即消费品的个人所有制。应该消灭的是私有制，而不是个人所有制"②。幸德秋水认为，社会主义并不主张废除财产的私有。这种私有指的是消费财产的私有，而不是生产资料的私有。社会主义的分配应是"除了把收入的一部分充作生产资料的保养、扩充、改进以及后备之用外，其余部分（即社会收入的大部分）应该全部分配给社会全体人员供其消费"③，而且，"我们只说把社会收入的'大部分'归私有，而不是说把它的全部归私有……有很多东西并不一定需要把它私有……将来经济组织加以统一，社会道德更加提高以后……作为公有物的各种收入财产，也会比今天大大地增多"④。

此外，幸德秋水也对社会主义的主张进行解释。他认为社会主义的另一面是民主主义，社会主义与民主主义分别是在经济上和政治上对平等的追求。⑤ 社会主义并不反对竞争，竞争是社会进化发展的巨大促进动力。但真正的竞争应是以平等为出发点的竞争，社会主义要实现的正是高尚正义的竞争。社会主义并不会妨碍个人自由，因为衣食自由等经济自由是一切自由得以实现的根本，而社会主义恰恰可以保证衣食自由的实现。只有在保证衣食、消除贫困的社会主义社会里，才能真正实现社会问题的解决。关于社会主义的实现，他用社会进化论的观点来看待社会发展，认为社会状态和生物组织同样在不停地进化。⑥ 资本主义必然会被社会主义所取代，

---

① ［日］幸德秋水：《社会主义神髓》，马采译，商务印书馆2009年版，第27页。
② 孙凯飞：《什么是社会主义》，黑龙江人民出版社1985年版，第83页。
③ ［日］幸德秋水：《社会主义神髓》，马采译，商务印书馆2009年版，第27页。
④ 同上书，第30页。
⑤ 同上书，第49页。
⑥ 同上书，第41页。

只有通过社会主义革命才能实现理想中的社会形态。他所说的大革命并不是真正意义上的革命,而是通过获得平等参政权的"合法主义"路线,这也是当时社会主义思想阵营的总体特征。

幸德秋水的一些观点,例如"生产交换方式的改变影响着社会组织和历史发展的改变"①、"世界的历史不外乎是生产方式的历史,社会的发展和革命不外乎是生产方式的变革"② 等无疑是具有进步性的。他对空想社会主义和科学社会主义进行区别,基于唯物史观的基础去分析社会,指出社会生产与资本家所有之间的矛盾,证明了资本主义社会不会永远存在。③ 不过,他的"革命在天而非人为、只能诱导不能创造"④ 等观点,在强调革命发生的客观必然性的同时,却忽视了在革命中人的决定性作用。⑤ 此外,他对马克思主义的理解还包含着种种错误和驳杂的东西,《社会主义神髓》卷头所列参考文献,把马克思、恩格斯和克卡朴、伊利、摩利斯等人的著作并列,尤其如第四章"社会主义的主张"中把和马克思主义理论相背驰的美国社会学者伊利的学说,全面拿来作为根据,是极其错误的。⑥

幸德秋水在思考社会主义的实施措施时具有很大的理想化特征,例如他构想了一个理想国和大家庭,称"在社会主义制度下,有衣食,有休息,有娱乐,然后再按照每人之爱好和条件,每天运用其强健的身心为社会劳动三四小时以至四五小时"⑦。然而,他在构筑这个理想世界的同时,并没有正确理解一切社会的历史都是阶级斗争的历史、生产力和生产关系的矛

---

① [日] 幸德秋水:《社会主义神髓》,马采译,商务印书馆2009年版,第13页。
② 同上书,第15页。
③ 桥川文三编:『近代日本思想史の基礎知識』,有斐閣1975年、135页。
④ [日] 幸德秋水:《社会主义神髓》,马采译,商务印书馆2009年版,第4—5页。
⑤ 张陟遥:《播火者的使命》,社会科学文献出版社2013年版,第102页。
⑥ 朱谦之:《日本哲学史》,人民出版社2002年版,第293页。
⑦ [日] 幸德秋水:《社会主义神髓》,马采译,商务印书馆2009年版,第37页。

盾是社会发展的基本动力等内容,① 而是趋向于坚持"社会主义自然成长论"的观点②。他说：

> 夫文明之邦，在立宪之治下，社会之舆论一归于我，政治之机关亦归我手中。纵兵马之力将如之何！警察之权将如之何！而富豪之阶级亦竟无如之何哉！社会主义的大革命，正正堂堂，和平地、有秩序地葬去资本制度，得宣告马克思所谓"新时代的诞生"，犹如水到渠成也。③

在这样的观点影响下，幸德秋水并未对劳动阶级的革命主体作用进行评价，仅停留在通过普通选举运动和平地实现议会革命层面，这也是明治时期的社会主义者们所共通的缺陷。④ 虽然他已经认识到资本主义社会里资产阶级和工人阶级的对立，以及生产社会化与资本家所有制之间的尖锐矛盾⑤，但是他却并没有认识到正确的实现途径和方式，缺乏阶级分析的方法。⑥ 他并没有考虑到资产阶级不会让出政权，也根本没有考虑到无产阶级专政，其结果自然是迟早会在现实面前失望起来，而这时他又没有能够走上革命的马克思主义的道路，于是他最后转向于无政府主义，这决不是偶然的。⑦ 可以说，《社会主义神髓》中所表述的思想，真正的中心是资产阶

---

① 渡部義通ほか編：『日本社会主義文献解説』，大月書店 1958 年，46 頁。
② 张陟遥：《播火者的使命》，社会科学文献出版社 2013 年版，第 54 页。原文见平野义太郎《题解》第五章，载《幸德秋水选集》第二卷解说。
③ 朱谦之：《日本哲学史》，人民出版社 2002 年版，第 297 页。原文见《日本哲学思想全书》第三册第 336 页。
④ 橋川文三編：『近代日本思想史の基礎知識』，有斐閣 1975 年，135 頁。
⑤ 张陟遥：《播火者的使命》，社会科学文献出版社 2013 年版，第 64 页。
⑥ 同上书，第 106 页。
⑦ 朱谦之：《日本哲学史》，人民出版社 2002 年版，第 297 页。

级所谓的真理、正义、人道,并不是革命的马克思主义。①

二 片山潜与《我的社会主义》

片山潜于 1884 年至 1896 年生活在美国,1892 年在衣阿华大学取得文学学士学位,1893 年取得文学硕士学位,此后继续在安多佛神学院和耶鲁大学学习,并于 1895 年在耶鲁大学取得神学学位。② 期间在 1887 年 1 月,片山潜曾进入霍普金斯学院,并随后进入玛丽维尔大学。片山潜在玛丽维尔大学期间,阅读了伊利博士从基督徒的立场论及社会主义的一些社会科学方面的论文,对此,他后来在《自传》中称"我对社会问题抱有兴趣,好像是从入读玛丽维尔大学前后开始的"③,以及"我是从 1889 年开始对社会问题持有兴趣,因阅读了理查德·伊利博士从基督教立场论述社会问题的相关内容"④。而后他入读最早设置社会学课程的神学院安多佛神学院时,也是因为"听闻塔卡教授在安多佛神学院讲授社会学课程"的缘故。⑤

在国外期间,片山潜曾对多个都市的社会事业等情况进行考察,这些经历加深着他对社会问题的思考。他曾在二度赴美期间,通过岩崎清七所筹集的资金,在德克萨斯购买一万英亩的土地作为开展活动的场所,并与冈崎常夫共同经营。⑥ 他日后所开创的金斯利馆,更是其重视社会福利事业的体现。1896 年 1 月归国后,原本使用片山管太郎名字的他正式申报启用

---

① 朱谦之:《日本哲学史》,人民出版社 2002 年版,第 298 页。
② 张忠任:《马克思主义经济思想史(日本卷)》,中国出版集团 2006 年版,第 22 页。
③ 李威周:《日共创始人——片山潜》,商务印书馆 1980 年版,第 12—13 页。
④ 片山潜生誕百年記念会編:『片山潜著作集第二巻』,河出書房新社 1960 年,383 頁。
⑤ 同上书,384 頁。
⑥ 同上书,392 頁。

片山潜这个名字，并在返回东京后发表《英国今日之社会》、《美国社会学的进步》和《铁道新论》等文，提出实现铁路国有的主张。① 此时的他依然保持着对社会学和社会问题的强烈关注，他在《英国今日之社会》中指出，"我在美国留学十余年，最后的四五年间集中力量研究社会学，跟从塔卡教授和哈里斯博士学习，并出于兴趣亲自考察社会问题"②。例如他曾以实地研究社会问题为名去往英国，研究英国的工会运动等。③ 英国之行，片山潜收获不小，他后来在《自传》中说，"最重要的是得出了这样的结论：一个国家的山河无论多么美好，在资本主义社会里都是被资本家占有着，社会便不可能不黑暗，因此，全世界的无产者必须团结起来，打倒资本主义"。④

1899年至1900年前后是片山潜的思想转换期，此时的他逐渐放弃劳资协调论的工会主义，成长为一名社会主义者。在当时的他看来，社会主义简单来说就是社会活动的主义，是废除社会竞争制度并在共同力量下重建社会的主义，对社会主义的定义中最得要领的是伊利的话，即"第一是生产资料的公有。现在有不少国家对于铁路、邮政、大森林等类都已采取了国有制，社会主义所主张的公有也不过还要扩大共有的范围而已；具体地说，除了手工业所用的器具和板车那样的东西之外，其余一切都应归公有。第二是生产的管理人。应该是由大家所选举的人民代表，即使生产的资料全部属于公有，而其管理依然交与私人之手的话，那么其生产还是不能适应需求，不能达到社会主义目的的。第三是收入的分配。在所有的收入之中，应该先除去生产工具的保养、修缮等费用，其次再发给各人生活上所必需的费用，最后才依照劳动的比例而分配。第四是私有财产。社会主义并不反对私有财产，相反对于个人发展上所必需的私有财产还是加以保护

---

① 李威周：《日共创始人——片山潜》，商务印书馆1980年版，第18页。
② 片山潜生誕百年記念会編：『片山潜著作集第二巻』，河出書房新社1960年，384頁。
③ 朱谦之：《日本哲学史》，人民出版社2002年版，第279页。
④ 李威周：《日共创始人——片山潜》，商务印书馆1980年版，第16页。

的；只是禁止用于生产，这样到最后就会达到不可能拥有私人财产的地步"。① 从中可以发现，片山潜同幸德秋水一样，在当时都受到各种社会主义思想的影响。

片山潜于 1903 年完成的《我的社会主义》，被称为对资本主义社会的"控诉状"。他在该书中特别指出，如今的社会是腐败的、金钱万能的、资本家专横的社会。他称"资本家与劳动者的利益是相反的，社会主义是劳动阶级的福音"②，将社会主义视为解决问题的方法。他对社会主义的主张大致可以概括为三个方面，即对资本主义社会的认识，包括资本主义社会的成立、发展和崩溃等内容；对社会主义社会的认识，包括社会主义社会在各领域的优势等内容；对实现社会主义社会的认识，包括从资本主义社会向社会主义社会的转化手段等内容。

在对资本主义社会的认识方面，片山潜首先对资本主义的核心词汇，即什么是财富、财产和资本等进行解释。他认为财富是指耗费劳动的物品、财产是指对物品的所有权、资本是指能够再生其他财富的财富。他说，"财产是政权分配的基础，一切法律都是财产所有者制定的，无产者最终成为无势力者"。③ 资本来源于过去的劳动，资本家之间的竞争和劳动者的穷困是造成经济危机的主要原因。④ 机械工业社会开启自由竞争时代，产生劳动者与资本家间的分化，而劳动者与生产资料的脱离，导致其不得不依附于资本家以维持生存。"劳动者作为财富的生产者，却在社会中既没有地位，又没有资本"⑤，这样的社会无疑是牺牲劳动者、成就大资本家。不仅如

---

① ［日］片山潜：《日本的工人运动》，王雨译，生活·读书·新知三联书店 1964 年版，第 197—198 页。
② 岸本英太郎编：『片山潜·田添鉄二集』，青木文库 1955 年，21 页。
③ 同上书，27 页。
④ 张忠任：《马克思主义经济思想史（日本卷）》，中国出版集团 2006 年版，第 31—32 页。
⑤ 岸本英太郎编：『片山潜·田添鉄二集』，青木文库 1955 年，33 页。

此，劳动者之间也不得不面临生存、教育、就业等方面的激烈竞争。各种竞争不断加剧，直至托拉斯等形式的出现，才是大资本家们最期冀的社会。关于资本家垄断造成的托拉斯，片山潜反而认为这个巨大的垄断体对于社会主义会是有利的条件，只有将其置于社会主义之下并成为公有，才能组织出公平的产业制度。① 他说，"我相信，掌控托拉斯的前途及命运的，不是资本家，而是社会党，不是少数人，而是多数人民"②。

正如片山潜所说的"资本家阶级滥用行政机构和立法机构来维持资本主义制度，并以法律为盾牌镇压劳动阶级"③ 那样，这些情况无疑会加剧劳动者对资本家的反抗。伴随着劳资斗争的逐渐激化以及资本主义制度内部矛盾的不断滋生，社会主义社会的优越性便凸显出来。片山潜指出，"如同封建时代的产业制度被自由制度所消灭、奴隶劳动被自由劳动所打破那样，资本主义产业不得不让位给社会主义产业。如同封建制度被资本主义制度所打破那样，社会主义制度是要打破资本主义制度并取而代之的。这是社会进步的顺序，是经济社会发展的大势所趋，是不可以用人力逆转的，历史已经对资本主义宣判了死刑"④。他认为资本主义社会虽然相比封建社会具有一定的进步性，但其本质特征决定着它的发展归宿，资本主义必然会被社会主义所代替，资本主义社会的各种弊端如无规律、无政府的产业状态等都可以在社会主义社会得以解决。他说：

> 我们要把现在的资本家埋葬了，不是为着他们过去的罪恶，也不是出于憎恨他们的狭隘的感情，而是因为他们自身已经是全无生气的行尸走肉了……他们是理应被人类埋没的了。

---

① 飯田鼎：「明治の社会主義3」，『三田学会雑誌』1974年3月，48頁。原文见「日本に於ける労働」，『社会』第1巻，104頁。
② 同上。
③ 橋川文三編：『近代日本思想史の基礎知識』，有斐閣1975年，136頁。
④ 岸本英太郎編：『片山潜・田添鉄二集』，青木文庫1955年，58頁。

当我们看到资本主义制度的进化时，得出的结论是这一进化的结局就是社会主义的实现……我们的论点是，作为社会进化的顺序，资本主义制度的极端就会向社会主义前进。

我仍将发现社会主义产业之优越，而且是比资本主义产业优于封建主义产业还要优越得多的优越。无论将出现有怎样的反动，有怎样的冲突，经济上的优越性必将获得最后的胜利，这是我们深信不疑的。[1]

在对社会主义社会的认识方面，片山潜认为社会主义是资本主义制度的产物，是由经济层面的必要所产生的。[2] 他指出社会主义的根本目的在于，经济组织的变更和公平分配的实现。在他所主张的社会主义社会里，不仅是社会生产所使用的土地和资本等生产资料归全体劳动者所有，其实施主体也为全体劳动者。社会主义否定自由竞争制度，因为"自由竞争是动物主义，既没有义理也没有人情，其目的就是趁着他人间隙而获得利益，实为战争主义"[3]，"自由竞争虽然能够增加总额财富，但多数国家却苦于贫困，而且也不免日益激烈的贫富悬殊等问题的出现"[4]。他主张推行社会经济高于个人经济的社会共有产业，将资本家的产业变为社会的产业，将资本家的垄断利益转化为社会公众利益。[5] 因为社会主义产业与资本主义产业最大的不同便是，其目的不是为了私人利益而是为了共同的社会利益。社会主义产业的特色在于合理范围内的生产和消费的平衡，不会发生因自由竞争所引发的经济恐慌，不会出现因机械化程度提高而大量解雇劳动者的情况。社会主义的理想在于废除资本主义制度，通过对生产体制的改造

---

[1] 张陟遥：《播火者的使命》，社会科学文献出版社2013年版，第157页。
[2] 岸本英太郎编：『片山潜・田添鉄二集』，青木文库1955年，68頁。
[3] 同上书，38頁。
[4] 同上书，85頁。
[5] 同上书，70頁。

来实现"劳动可以换来公平、有序的分配"的社会。社会主义社会的分配形式是，"多劳者拥有多分配的权利，公众的共同劳动成果由公众共同分配，分配不是以利益为目的，而是以消费为目的"①。

在对实现社会主义社会的认识方面，倾向于政治运动的片山潜曾说过，"社会主义必将通过政治运动，即通过社会主义政党获得最后的胜利，这是世界各国社会主义者所共同预料的事情，而他们正朝这个方向努力奋斗着"②。他曾特别支持社会民主党的结成，认为当时社会中的诸多政党都是资本家的政党，成立代表劳动者及多数人民利益的政党去争取自身权利，打破以资本家利益为中心的社会是非常必要的。片山潜的思想优点在于，相对于幸德秋水一味地强调"志士仁人"③，他能够把握劳动者的重要使命，认为社会革命必须依靠劳动者的"同盟罢工（特别是政事层面）"④。他认为社会革命的焦点在于获取社会支配权，在于争夺政权，社会革命所获得的政权应属于劳动者。他指出，"社会革命是资本家及为资本家帮闲者流与劳动者间的权利斗争，即在于资本家与劳动者对社会支配权的争夺"⑤，"社会革命的焦点是劳动者欲夺取政权、而资本家拒之。以社会主义为信条、为生命的劳动者若获得政权，将国家的政事机构握在手中，则天下大事可谓已经解决。社会政权争夺的结果是，资本主义制度归于消灭、劳动者取得胜利并顺利实施社会主义"⑥。他说：

---

① 岸本英太郎编：『片山潜・田添鉄二集』，青木文库1955年，292页。
② 同上书，78页。
③ 幸德秋水曾在《社会主义神髓》一书的结论部分中，发出"世界上热爱人类和平、尊重人类幸福、渴望人类进步的志士仁人，起来！"的号召（《社会主义神髓》第47页）。
④ 橋川文三编：『近代日本思想史の基礎知識』，有斐閣1975年，136页。
⑤ 朱谦之：《日本哲学史》，人民出版社2002年版，第280页。原文见《片山潜・田添鉄二集》第119页。
⑥ 岸本英太郎编：『片山潜・田添鉄二集』，青木文库1955年，119页。

资本家要做垂死的挣扎,这也是不可避免的事情,资本家把握着所有权力机关,包括政府和军队,用以维持自身利益。但是,劳动者不应该甘于被他们压迫。全人类都应当奋起消灭资本家。这个将要到来的冲突——资本家与劳动者的大冲突,即富豪同富豪所豢养的奴才们同人类中占大多数的劳动者之间的冲突——即所谓社会大革命。资本家至此要做垂死的挣扎,也将会发作到极点。

我们断言社会革命的焦点就在于劳动者将要从资本家手中夺取政权,只要把政治机关拿到手,当然就可以说,天下大事定局了。①

这种主张通过劳动者的斗争来夺取政权的观点,体现了他对国家的阶级性质和权力分配等问题的理解。虽然他并没有足够详细地论述夺取政权的具体路径,但是从他能够充分认识到劳动者掌握政权的重要性来说,已经较为接近马克思主义的无产阶级专政观点。这个观点比当时日本的其他社会主义者都具有先进性,可惜的是,到了明治后期他的这一思想曾一度退化。此外,片山潜还通过论述无产阶级的历史使命,主张对于非劳动结果的"资本"实行无偿没收的正当性。② 他对社会革命的到来持乐观态度,他说:

今天,随着产业的发达,资本家的势力将会更加强大。他们将用过去的力量和现在所有的力量来抗拒社会发展的势力,与进步的势力发生冲突,从而不得不相信社会必将发生革命。③

吾人论点,以为社会进化的次序,资本制度进化之极为社会主义……必然见社会革命之来临。

---

① 张陟遥:《播火者的使命》,社会科学文献出版社2013年版,第152页。
② 朱谦之:《日本哲学史》,人民出版社2002年版,第279页。
③ 李威周:《日共创始人——片山潜》,商务印书馆1980年版,第26页。

> 社会进化即一方劳动者的胜利，意味着资本制度的灭亡……对于社会进化的趋势，资本家努力以过去的势力及当时的金力相反抗……社会进步的结果，社会主义由于占社会大多数劳动者的信奉，及社会进化的大势不免与资本家冲突，其冲突终于达到革命的气运。①

不过，他的思想存在着一定的局限性，比如将资本主义之前的社会统称为"祖父祖母的社会"②，混同生产资料和资本的内涵③，区分不清价值与价格、劳动力的价值与工资、剩余价值与利息等政治经济学的科学概念等④。他对国家权力的批判仅限于抽象层面的资产阶级分析，并没有对当时具体情况下的天皇制国家权力等进行深入挖掘。⑤ 他还很重视法律的作用，他曾说过，"然则对于这种经济社会的进步，应该采取怎样的方针才好呢？我的意思是把它诉诸政治，把工人问题诉诸政治……无论是工作时间的规定也好，工厂的安全设备也好，甚至于工资的标准等等都可以根据法律来决定"⑥。以他为首的《劳动世界》也曾发文称，"如今的法律都是劳动者的敌人，是在保护富者的私利……应尽早投入到修改现行法律的运动中去。不过，因为劳动者要实现修改法律目的的话必须首先获得选举权，所以修改法律的运动应先从普通选举运动开始"。⑦ 他甚至认为只要掌握政权，通过在法律层面对劳动者实施保护就能解决劳动问题。可以说，此时的片山

---

① 朱谦之：《日本哲学史》，人民出版社 2002 年版，第 280 页。原文见《片山潜·田添铁二集》第 117—118 页。
② 橋川文三編：『近代日本思想史の基礎知識』，有斐閣 1975 年，136 頁。
③ 渡部義通ほか編：『日本社会主義文献解説』，大月書店 1958 年，47 頁。
④ 张陟遥：《播火者的使命》，社会科学文献出版社 2013 年版，第 158 页。
⑤ 橋川文三編：『近代日本思想史の基礎知識』，有斐閣 1975 年，136 頁。
⑥ ［日］片山潜：《日本的工人运动》，王雨译，生活·读书·新知三联书店 1964 年版，第 151 页。
⑦ 労働運動史研究会編：『労働世界』，明治文献資料刊行会 1963 年，629—630 頁。

潜尚划不清科学社会主义与非科学社会主义的界限，而且他还对拉萨尔主义格外欣赏并曾自称为东方的拉萨尔。① 从中可以发现他思想中的非科学性。

总的来说，幸德秋水和片山潜都致力于阐述资本主义的对立物为社会主义，主张社会主义革命的必然性，然而正如幸德秋水宣称社会主义一方面是民主主义、同时另一方面又意味着伟大的世界和平主义，片山潜宣称社会主义理想是人类的理想、曾经是19世纪理想的自由民权也确实是社会主义理想之一那样，具有批判官僚专制主义和批判军国主义的思想特点，这种主张和宗教家、资产阶级自由主义者有共鸣之处。②

◇本章小结

本章旨在明确以基督教社会主义为主要指导力量时期的社会主义思想状况。基督徒们在学习作为西方学问的基督教的过程中，有较早接触社会主义等西方思想的优势。也正是因为如此，才使得安部矶雄和村井知至等人成为明治时期社会主义阵营的第一批主要力量。虽然安部矶雄等人接受了社会主义思想，并将斗争矛头指向资本主义制度，但对于他们来说，社会主义只是实现基督教理想世界的工具，是为了弥补基督教理论在解决物质问题方面的不足。

首先，社会民主党的成立是由三种路径而来的社会主义者们形成统一力量的标志，它象征着社会主义者们纷纷完成思想转化以及试图共同施展社会主义运动的开始。社会民主党将打破贫富悬殊视为首要问题，其指导

---

① 张忠任：《马克思主义经济思想史（日本卷）》，中国出版集团2006年版，第23页。
② ［日］远山茂树：《日本近现代史》，邹有恒译，商务印书馆1992年版，第156页。原文见《我的社会主义》（《片山潜·田添铁二集》第126页），《社会主义神髓》（《幸德秋水全集》第4卷第509页）。

精神堪称一种混合思想，涵括着基督教社会主义色彩、资产阶级民主主义色彩等多种元素。社会主义协会按照其发展过程可以划分为四个阶段，它的成立在无形中扩大着当时的社会主义队伍。社会民主党和社会主义协会经历着同样的发展历程，从学习社会主义到结成统一战线，从开始付诸政治实践到活动失败，再到转向社会主义的教育宣传并促使社会主义理论著作的诞生。它们的功绩之一便是培养出新的社会主义指导力量，使得基督教社会主义在逐渐衰落时能够拥有新的接班人。

其次，20世纪初诞生了幸德秋水与片山潜的两部著作，代表着当时社会主义思想的理论水平。幸德秋水称生产资料所有权的丧失导致了社会贫困的发生，生产社会化和资财私有化的矛盾是资本主义社会弊病的根源。他认为社会主义包括"物质生产资料即土地和资本归公有、生产的公营、实行收入的社会分配、社会收入的大部分归个人私有"[①] 四个原则。片山潜的社会主义主张大致可以分为三个方面，即对资本主义社会的认识、对社会主义社会的认识和对实现社会主义社会的认识。对于资本主义社会，他认为资本主义制度的内部矛盾是不可调和的，其必然会被具有优越性的社会主义所代替。对于社会主义社会，他认为社会主义的根本目的在于经济组织的变更和公平分配的实现。对于社会主义的实现方式，他曾敏锐地提及"中心问题在于从资本家手中夺取权力"，不过，在实际运动中却未能实现。

通过本章的分析，可以对明治时期社会主义队伍在初步形成统一阵营时的存在状态有所认知。经历社会主义的思想传入期和社会主义者形成期后，此时迎来了社会主义思想的成长阶段。在安部矶雄等基督教社会主义者的早期领导下，社会民主党和社会主义协会担当起发扬社会主义思想的角色，并培育出幸德秋水等成长迅速的社会主义者，在下一个发展阶段发挥领导作用。

---

① ［日］幸德秋水：《社会主义神髓》，马采译，商务印书馆2009年版，第23—29页。

第 四 章

平民社社会主义时期的思想

1902年1月,日本与英国结成同盟,以对抗俄国的扩张。此后,日本国内的诸多团体,如对俄同志会等都在支持日本开战,而且后来几乎所有的新闻媒体都在宣扬主战论。尽管如此,在围绕是否付诸武力并发动战争的问题上,幸德秋水等人以《万朝报》为阵地坚持致力于非战论的宣传。但随着日本国内主战舆论的日趋高涨及各方压迫,1903年5月17日,《万朝报》公开发表《日本的东洋政策》,表示出支持日俄战争的态度。1903年10月8日,《万朝报》刊登论说《战争是不可避免的吗》,得出"在战争不可回避的情况下,只有抛开一切顾虑,直面困难"的结论。① 最后一个坚持反战论调的《万朝报》,也开始转为主战论的立场。

于是,1903年10月,幸德秋水、堺利彦等人毅然退出万朝报社。10月12日,幸德秋水和堺利彦在《万朝报》上刊登《退社之辞》,称"我等二人不幸地在对俄问题上的意见与《万朝报》产生不同,平时都是从社会主义的角度看待国际纷争,国民也有许多为此牺牲,诸位可以从《万朝报》上体会到。然而,允许我这样思想存在的《万朝报》今日也因时局所迫,不得不思考战争的不可避免性。我等对此只能沉默对待,但是又不能一直沉默下去,因此只能在万般无奈下选择退社,黑岩社长虽然极力规劝,但

---

① 古田光ほか編:『近代日本社会思想史』,有斐閣1968年,273頁。

是……我等与他多年的友谊也自此隔断"。① 而后,在加藤时次郎和小岛龙太郎的资金支持下,幸德秋水与堺利彦等人于同年11月15日创立平民社,专心于非战论活动,并发行堪称日本史上首个社会主义杂志周刊的《平民新闻》②。他们在宣言中称:

> 自由、平等、博爱是人生在世所由的三大要义。
>
> 吾人为完成人类的自由,奉持平民主义,故欲打破门阀之高下、财产之多寡、男女之差别所丛生的阶级,除去一切压制束缚。
>
> 吾人为使人类享平等的福利,主张社会主义,故要使社会共有生产、分配、交通的机关,其所经营一切为社会全体。
>
> 吾人为使人类尽博爱之道,倡导和平主义,故不问人类之区别,政体之异同,务期举世撤去军备,禁绝战争。
>
> 吾人既以多数人类之完全自由平等博爱为理想,故欲实现之手段,亦非在国法所许的范围内唤起多数人类的舆论,得多数人类之一致协同不可。若夫诉于暴力,取快一时,吾人绝对否认之。③

从中可以发现,他们以经由民权左派形成的社会主义者为主导,延续着社会民主党时期的若干理想,标榜着和平、非暴力等字眼。在当时日本国内所有刊物态度一边倒的情况下,幸德秋水和堺利彦创办平民社并毅然与全国范围内的主战论展开对立,其魄力和勇气为其积累了一定的领导人气。社会主义协会的西川光次郎等人纷纷加入平民社编辑局,安部矶雄和

---

① 张陟遥:《播火者的使命》,社会科学文献出版社2013年版,第81—82页。原文见[日]幸德秋水《退社之辞》,《万朝报》1903年10月22日。

② 1903年11月15日—1905年1月29日,每周日出版,共64期,宣称以社会主义、平民主义、和平主义为纲领。

③ 朱谦之:《日本哲学史》,人民出版社2002年版,第288页。原文见《明治社会运动思想》第225页。

木下尚江等人也经常出现在平民社活动中。1904年1月，社会主义协会的本部移至平民社，象征着平民社成为当时社会主义活动的中心。由于片山潜于1903年12月赴美并长期不在国内，于是幸德秋水等人便成为社会主义运动的实际指导者。

在平民社从1903年11月成立到1905年10月解散的两年时间内，以平民社为主体的社会主义可以简称为平民社社会主义。平民社的活动保持着一定规模，根据1904年12月《平民新闻》第59号刊载记录，《平民新闻》平均每周印刷4500份，其中约有3000份售予卖店，约有1300份为直接购买。① 然而，平民社的发展过程却并不顺利，1904年3月发生第一次笔祸事件。《平民新闻》第20号刊登《呜呼增税》一文反对战时的增税政策，在控诉战争给国民增添负担的同时，也对政府的举措提出质疑。文中称：

> 呜呼，"为了战争"一词真是有力的麻醉剂……议会政党被"为了战争"一词所麻醉，完全抛弃了常识、理性，成为了一个主张增税的机器。政府巧妙地利用这一机器，将苛税置于我们头上……国民为什么要承受这些苛税的痛苦呢？
>
> 名义上为一个国家、政府，却不能为我们带来任何和平、幸福、进步，只是给我们带来压制、束缚、掠夺，我们为什么要承认其存在的必要呢？沉重的租税，不能为我们带来和平、进步与幸福，却只是带来杀戮、贫困、腐败，我们为什么要承认其支出的必要呢？
>
> 如今的国际战争，只是有利于少数阶级，对于国民来说却只是意味着扰乱和平、搅伤幸福、阻碍进步，这是极其悲惨的事实。
>
> 要想使得国民永远摆脱这些痛苦和不幸，便应该去除现在国家的不良制度和组织……换言之，就是变革如今的"军国"制度、"资本"

---

① 町田勝：「日本社会主義運動史——百年の歩みに学ぶ」，『海つばめ』735号（1999.7.25）—783号（2000.7.23），第3回連載。原文见《平民新闻》第59号。

制度、"阶级"制度，实现社会主义制度……深感我们社会主义者所肩负责任的重大①。

因这些文章内容，《平民新闻》被指违反《新闻条例》第33条扰乱社会秩序等规定内容，不得不面临禁止发售的处罚，身为编辑的堺利彦也被监禁两个月。这只是日本社会主义者入狱的开始。1904年5月以后，明治政府开始加大打击力度。其非难主要集中在两点，第一，反战的言论是抹杀爱国心的；第二，社会主义的宣传是企图破坏阶级制度的，并且常能导致对皇室的批评的，因此从此以后警察对所有社会主义者的集会都加以解散。② 虽然如此，《平民新闻》却依然不改论调，并在1904年6月第30号头条新闻中向政府公开抗议。从1904年7月第35号《平民新闻》开始，每期首页的大标题旁边都会特别注明"社会主义主张实现土地、资本等一切生产资料的公有"的字样，无疑是对政府压制的公开示威。

1904年11月，发生了第二次笔祸事件。第52号《平民新闻》刊登了《致小学教师》和《教育者对战争的态度》，两篇文章分别呼吁天下的小学教师们都加入社会主义运动的队伍、号召教育者们认清战争的危害并团结起来投身到反战活动中去等。第53号刊登幸德秋水和堺利彦翻译的部分《共产党宣言》内容。《平民新闻》被命令禁止发售，当月准备开展的周年纪念游园会也被禁止。与此同时，平民社的财政情况也出现问题。平民社在前期就曾出现过经营困难并试图进行自身改革，而后在罚金不断和印刷机等设备屡次被没收的情况下，平民社的财政一时难以为继。而且《平民新闻》的销量也不如从前。例如在1903年发行第1号《平民新闻》时，印

---

① 藤原正人编：『幸德秋水全集第五卷』，诚进社1982年，99—104页。
② ［日］片山潜：《日本的工人运动》，王雨译，生活·读书·新知三联书店1964年版，第267页。

第四章　平民社社会主义时期的思想

刷 5000 份后迅速销售一空，不得不又增印 3000 份。① 然而自 1904 年 2 月开战以来，销路开始呈现阻滞，职员都为无偿劳动。② 从 1904 年 7 月第 37 号开始，几乎每期《平民新闻》都会刊登相关会计报告，公开募集资金以便维持正常周转和解决债务问题。

1905 年 1 月，发行到第 64 号的《平民新闻》被停刊。最后一期的《平民新闻》模仿《新莱茵报》用红色油墨印刷，并刊登德国革命诗人斐迪南·弗莱里格拉特的告别诗，"告别！却不是永久的告别。他们不能控制我们的精神"，以此表达坚持到底的决心。③ 随后，平民社的主创人员于 2 月份转移到周刊《直言》④ 作为活动阵地，并将其作为"日本社会主义的中央组织"⑤。然而，同年 9 月份它便被命令停刊。⑥ 因为明治政府认为其言行会影响国民并且扰乱朝纲，称"社会主义倡导非战论，会损坏国民的爱国心。社会主义者主张破坏阶级制度，其言论会危及皇室。社会主义者中有受过刑法制裁的人员"⑦ 等。而在幸德秋水等人看来，这只不过是明治政府对平民社实施压制的借口。1905 年 10 月 9 日，由于政府压制、财政困难等因素，一直在困境中坚持的平民社不得不面临停止活动的境地。

---

① 橋川文三編：『近代日本思想史の基礎知識』，有斐閣 1975 年，149 頁。原文见堺利彦《日本社会主义运动史话》。

② 同上书，150 頁。

③ 町田勝：「日本社会主義運動史——百年の歩みに学ぶ」，『海つばめ』735 号（1999. 7. 25）—783 号（2000. 7. 23），第 3 回連載。

④ 1905 年 2 月 5 日—1905 年 9 月 10 日，共 32 期。1903 年 10 月，加藤时次郎和白柳秀湖等人以社会改良为目的创立直行团，代表刊物为《直言》，原以月刊形式存在，1904 年 1 月 5 日—1905 年 1 月 5 日。

⑤ 橋川文三編：『近代日本思想史の基礎知識』，有斐閣 1975 年，150 頁。

⑥ 因第 32 号刊登日比谷暴动事件的《促使政府深刻反省》被停刊。

⑦ 労働運動史研究会編：『週刊平民新聞』，明治文献資料刊行会 1962 年，243 頁。

◇◇ 第一节　平民社的主要思想活动

平民社的成立，使得以幸德秋水等人为首的平民社社会主义开始取代基督教社会主义，成为当时社会主义运动的主力军。可以说平民社的诞生在日本社会主义思想史上起到了转折作用。以平民社的出现为契机，一直以来以安部矶雄等人为中心的初期社会主义，转换为以幸德秋水、堺利彦为中心的新阶段。① 当时《平民新闻》的订购者人数约有 1337 人，阅读者人数约是其两倍，读者人数与警视厅调查统计的当时全国约有 3000 名社会主义者的人数大致相当。② 从中可以看出平民社活动在当时社会主义者阵营中的影响力。平民社的主要思想活动可以划分为以下几个方面。

一　彻头彻尾的非战论

日本明治时期的社会主义运动带有强烈的反战色彩，在某种意义上也可以说，这时的社会主义运动是作为反战活动体现出来的。③ 在当时的社会主义阵营中，政治活动受到很大限制，对于社会主义者来说，非战论的阵地便几乎成为其唯一的活动场所。④ 可以说平民社继承了社会民主党的立场，混杂着法国自由民权思想、德国议会主义的社会民主思想、基督教人

---

① 早稲田大学社会科学研究所：『安部磯雄の研究』，早稲田大学出版部 1990 年，29—30 頁。
② 絲屋寿雄：『日本社会主義運動思想史』，法政大学出版局 1979 年，125 頁。
③ 古田光ほか編：『近代日本社会思想史』，有斐閣 1968 年，275 頁。原文见大河内一男《黎明期的日本劳动运动》，岩波新书，1952 年。
④ 定平元四良：「明治社会主義者の基督教批判」，『社会学部記念論文集』1964 年 11 月，190 頁。

道主义等各种思想，但却以"高度的人道主义精神"得以统一，持续展开应对日俄战争的非战论。① 平民社作为当时非战活动的据点，发挥着聚集各地社会主义力量的作用。② 例如幸德秋水和堺利彦离开《万朝报》时发表的《退社之辞》在"日本的进步知识分子间引起大轰动"③，黑岩周六的秘书石川旭山称"对堺利彦、幸德秋水等人的行动表示羡慕"④ 并很快加入非战论行列，横须贺海军工厂职工荒田胜三表示"受到很大冲击"等，平民社的非战论队伍在不断扩大。⑤

（一）国际色彩

平民社的主要活动便是对非战论的主张，同之前以《万朝报》为据点的非战论相比，平民社的非战论活动具备国际"连带"色彩，例如极力号召同与第二国际密切相连的俄国社会民主党进行合作等，可以说这个时期的日本社会主义活动受到国际社会主义运动的强烈影响。⑥ 日本社会主义者们曾于1901年加入第二国际，积极与世界范围内的社会主义力量保持联系。在战争爆发后的3月13日，幸德秋水等人在《平民新闻》第18号发表《致俄国社会党书》一文，基于和平革命论的他坚持"爱国主义与军国主义是我们共同的敌人"，"诸位与我们是同志、兄弟、姐妹，没有战争的理由"等观点。⑦ 他认为两国虽然因为统治阶级的帝国欲望而处于战争状态，但两国的社会主义者们应该进行联盟团结，坚持世界同胞主义的立场，努力阻止国家相战和同胞相残，去面对世界社会主义者们的共同敌人。文

---

① 橋川文三編：『近代日本思想史の基礎知識』，有斐閣1975年，137頁。原文见石川旭山《自叙传》1956年版。
② 橋川文三編：『近代日本政治思想史』，有斐閣1974年，344頁。
③ 同上。原文见石川旭山《自叙传》上卷，理论社1956年版。
④ 同上。
⑤ 同上。原文见荒田寒村《一条路》，庆友社1954年版。
⑥ 古田光ほか編：『近代日本社会思想史』，有斐閣1968年，225頁。
⑦ 橋川文三編：『近代日本思想史の基礎知識』，有斐閣1975年，150頁。

中称：

> 如今的日俄两国政府因其帝国主义欲望而大开兵火，然而，在社会主义者的眼中并没有人种的差别、地域的差别、国籍的差别……诸位的敌人并非是日本人，而是所谓的爱国主义、军国主义。我们的敌人也并不是俄国人，同样是所谓的爱国主义、军国主义。所谓的爱国主义、军国主义是世界社会主义者共同的敌人。全世界社会主义者必须同此敌进行勇敢战斗，现在是最重要的时机，也是最好的时机……正是诸位与我们乃至全世界社会主义者共同奋起、同盟团结的时期。①

而俄国社会民主党也在《火星报》上回应称，为了消灭军国主义和发展世界社会主义力量，两国的社会主义者们应发扬联合精神，共同致力于社会主义理想。该文表达出对日本社会主义同志的称赞、对实现社会主义愿望的支持等。文中称：

> 于日、俄两国之好战叫声之间，闻彼等日本同志之声音，实有如闻来自彼之善美世界使者的妙音之感。而彼之善美世界，若说今日仅存于有阶级觉悟之下层国民之心，则明日必将实现之。彼等虽不知此明日何时会到来，然我等全世界之社会党皆在为使此明日早日来到而努力。我等正为此悲惨之"今日"，亦即为一时之社会组织掘墓，正为最终埋葬此一时之社会组织而组织力量。②

---

① 労働運動史研究会編：『週刊平民新聞』，明治文献资料刊行会 1962 年，147 頁。
② 张陟遥：《播火者的使命》，社会科学文献出版社 2013 年版，第 85 页。原文见[日] 幸德秋水《俄国社会党的回复》，《平民新闻》1904 年 7 月 24 日第 37 号。

第四章　平民社社会主义时期的思想

除了与俄国社会民主党的互动外，平民社也在不断通过自身努力，广泛争取其他欧美各国社会主义者的力量。例如1904年6月20日的第31号《平民新闻》刊登《致欧美同志》等文章、派遣片山潜参与第二国际第六次大会①并提交反战提案等活动。他们期望着能够通过自身行动去获得各国力量的协助，以尽快结束两国纷争。1904年9月18日的第46号《平民新闻》刊载了《日俄社会党的握手》一文，报道了在第二国际第六次大会上日本代表片山潜和俄国代表普列汉诺夫历史性的握手的情况，这标志着日本社会主义运动登上了国际舞台。②该文称，这是世界无产阶级团结一致，反对一切剥削阶级的缩影。③文章记载如下：

> 记着！读者诸君！此握手，实为世界之社会党发达史上永应大书特书的一重大事实。为什么？这不单是一个片山氏和一个普列汉诺夫氏的握手，实为日、俄两国社会党团体各通过其派遣的代表而公然的握手。不单是对于世界同志，实对于列国之君主、宰相、贵族、富豪及其他一切阶级极明白、极正直、极大胆地宣扬了社会党的正义，即四海同胞主义。社会党的眼中，无人种别，无国籍别，所有的只是一个人道而已。④

此时的片山潜身在美国，可这却依旧阻挡不了他对社会主义运动的投入。他宣称将"组织北美的日本人，形成东西呼应，共同开展运动"，积极组织在美日本人的社会主义团体"旧金山社会党"，并在奥克兰、洛杉矶等

---

① 1904年8月14—20日在荷兰的阿姆斯特丹举行。
② ［日］幸德秋水：《基督何许人也》，马采译，商务印书馆2010年版，第128页。
③ 李威周：《日共创始人——片山潜》，商务印书馆1980年版，第27页。
④ 朱谦之：《日本哲学史》，人民出版社2002年版，第291页。原文见《明治社会运动思想》第258—259页。

地召开社会主义演说会，持续开展反战和平运动。① 这些国际活动，与平民社社会主义者们在国内开展的反战活动形成很好的呼应。

（二）《平民新闻》阵地

1903 年 10 月，社会主义者们于神田青年馆开展非战演说会，宣称抵制各种形式的军备战争。平民社成立后，他们开始围绕着《平民新闻》为阵地开展反战斗争。可以说，《平民新闻》对于日本社会主义运动发展所起的作用，相当于亚当·斯密的《国富论》对日后经济学的发展所产生的影响。② 在 1903 年创刊之际，《平民新闻》称，"我们倡导和平主义。无论人种的区别或是政体的异同，我们期待着世界能够撤除军备、禁止战争"，将在"国法允许的范围内"集中于反战活动。③ 其创刊目的包含着"继续反战运动以及确保生活"等内容④。1904 年 1 月 17 日，《平民新闻》在第 10 号开设非战论特辑，并在论说《我们始终否认战争》中强调，"我们始终否认战争。从道德层面看是令人恐怖的罪恶，从政治层面看是令人恐怖的毒害，从经济层面看是令人恐怖的损失。社会正义因此被破坏，万民福利因此被侵害"⑤。该文称：

> 我们始终坚决反对战争……破坏社会正义，踩躏人民幸福，呜呼！全国已经为了战争而疯狂了，多数国民的眼睛被蒙蔽，国民的耳朵为之变聋了。虽然以我们的一己之力大声疾呼防止战争是很难的，但是我们必须为了真理正义而大声疾呼。呜呼！爱国的同胞们从狂热中醒

---

① 片山潜生誕百年記念会編：『片山潜著作集第二巻』，河出書房新社 1960 年，392 頁。
② 橋川文三編：『近代日本思想史の基礎知識』，有斐閣 1975 年，137 頁。
③ 古田光ほか編：『近代日本社会思想史』，有斐閣 1968 年，277 頁。
④ 橋川文三編：『近代日本思想史の基礎知識』，有斐閣 1975 年，137 頁。
⑤ 古田光ほか編：『近代日本社会思想史』，有斐閣 1968 年，277 頁。

来吧，不要陷入罪恶、毒害、损失的战争深渊了。天作孽犹可避，自作孽不可活。战争的结局不论胜败，最终带来的必然是无限的痛苦和无边的悔恨，大家为了真理，为了正义，为了天下苍生而扪心自问吧！①

对平民社的幸德秋水等人而言，其做法是无论战争的性质如何都反对一切战争，是彻彻底底的和平主义"非战论者"②。他们认为，不管战争胜利与否，都将会给国民带来各方面的损害。他们的非战论出发点经历了从"世界主义"到"阶级视点"的转变。③ 在第1号《平民新闻》所刊载的对1903年10月的非战论演说会的报道中，木下尚江曾说，"我们应该考虑的首要问题，不是日本国民，而是作为人类的一员"，这尚未显露出阶级斗争的视角，而主要是基于世界主义的立场。④ 随着日俄战争的迫近，以1904年1月17日刊发第10号《平民新闻》并全面展开非战论活动为契机，非战论的出发点逐渐发生质的变化，例如该刊称"日本逐渐处于资本家、银行家等少数阶层的支配下"，日俄战争实为资本家阶层掌握主导权的战争，此时的非战论从基于"全人类"的名义转化为基于"平民（劳动者、农民）"的名义。⑤ 此后，他们更多地是基于平民立场发表反战观点，称现代的战争是资本家一手发动的，然而在战争结果中受到惨重损害的却是平民。⑥

继2月10日两国宣战后，《平民新闻》在当月14日的第14号刊登社论《战争来》，将扰乱和平的责任归结于两国政府，称"只要我们有口，

---

① 张陟遥：《播火者的使命》，社会科学文献出版社2013年版，第82—83页。原文见［日］幸德秋水《我们始终否认战争》，《平民新闻》1904年1月17日第10号。
② 张陟遥：《播火者的使命》，社会科学文献出版社2013年版，第134页。
③ 橋川文三編：『近代日本政治思想史』，有斐閣1974年，345頁。
④ 同上。原文见安部矶雄《非战论演说会纪要》，《平民新闻》第1号。
⑤ 同上书，345—346页。
⑥ ［日］服部之总主编：《日本工人运动史话》，长风译，工人出版社1958年版，第12页。

只要我们有笔有纸,就坚决反对战争"。① 该文在日俄战争无法避免之际依然坚持抨击战争的罪恶,表达出对国民的担忧和对战争发动者的指责。随后《平民新闻》还陆续刊载《送士兵》、《农民的转业》、《战争产生的贫民》、《九十九里的贫民》等文,真实地再现战争带来的悲惨现实。② 平民社的人们希望通过刊登各种文章的方式,来公开表达否认暴力并对一切战争持反对态度的观点。例如《送士兵》一文指出,"诸位士兵,只不过是一个机器","诸君之行并不是诸君之罪,原因在于使得诸位士兵成为机器的社会制度",在向征战士兵表示深深同情的同时也对社会制度本身进行控诉。③

平民社从经济视角来揭露战争的本质,通过阐明战争与资本家的关系来攻击其罪恶行径。他们认为国际关系早已演变为以经济利害关系为基础,战争其实是由交战国双方的部分资本家发动的,为的是通过国际领土和市场的争夺来追求发展,进而达到扩大资本利益的目的。《平民新闻》所刊登的《战争与和平的决定者》称,"根据日本的宪法规定,战争还是和平的大权应该掌握在天皇的手中,然而天皇作出决定之前好像结果已经出来了。这是谁作的决定呢?是国民的舆论、立宪的议员还是国务大臣?都不是,是放债者、银行家。桂首相连夜召集银行家、资本家不就是为了募集军款吗"④,指出战争实际上是由资本家所操控的。该文更是称,"并不仅是日本如此,如今的世界政治都是由资本家所操控的","无论是和平或战争、同盟或分裂、小国论或大国主义、自由贸易或保护贸易,都是以经济市场

---

① 古田光ほか編:『近代日本社会思想史』,有斐閣1968年,278頁。原文见藤原正人編『幸徳秋水全集第五巻』,誠進社1982年,83頁。
② 古田光ほか編:『近代日本社会思想史』,有斐閣1968年,278頁。
③ 町田勝:「日本社会主義運動史——百年の歩みに学ぶ」,『海つばめ』735号(1999.7.25)—783号(2000.7.23),第2回連載。
④ 张陟遥:《播火者的使命》,社会科学文献出版社2013年版,第83页。原文见[日]幸德秋水《战争与和平的决定者》,《平民新闻》1904年2月7日第13号。

的'利害'作为标准的。然而，这些经济市场的'利害'却并不是由多数平民的'利害'决定的，而是在于少数富豪的'利害'"，将矛头直接指向帝国主义的本质。①

对于部分主战论者将"扩大市场"等观点视为支持战争的原因的做法，平民社的人们认为从外部扩大市场，不如从内部扩大市场。与其去扩张领土、经营殖民地，倒不如去经营国内、提高社会财富。一味追求外部市场并不能解决所谓的因人口过剩导致的贫困问题，人口的增加与贫困之间并无直接关系，他们拥有生产衣食的智慧、技能和本领，人口的增多反而会带来生产力的扩大和生活的富裕。② 发动战争无济于事，只有通过改变自由竞争制度、变更经济组织本身，来实现劳动者贫困状况的消除、促使社会利益的公平分配才是正确之路。而且，巨大的战争费用不应该用于满足资本家的野心私利，而应用来发展民生。所谓的战争理由，如威胁日本利益、冲突不可避免等都是荒谬的。无视真理的战争是在物质和精神层面对国民实施的双重打击，即便是取得胜利，其结果也只会是国民负担的加重，如增税、物价上涨、军国主义跋扈和风俗堕落等。③ 而这恰是当时的现状，以增税一事为例，1891 年的人均税额为 2 日元 26 钱 1 厘，1905 年为 6 日元 92 钱 7 厘，1906 年为 7 日元 76 钱，1907 年为 6 日元 75 钱 1 厘，1908 年为 9 日元 5 钱 2 厘；以户为单位，1891 年为 12 日元 11 钱 2 厘，1908 年为 50 日元 57 钱 4 厘，战争的胜利使得广大国民面临更为沉重的生活负担。④

以幸德秋水为例，他早在撰写《帝国主义》时便指出，列强帝国主义

---

① 町田勝：「日本社会主義運動史——百年の歩みに学ぶ」，『海つばめ』735 号（1999. 7. 25）—783 号（2000. 7. 23），第 2 回連載。原文见藤原正人編『幸徳秋水全集第五巻』，誠進社 1982 年，81 頁。

② 藤原正人編：『幸徳秋水全集第五巻』，誠進社 1982 年，243 頁。

③ 渡部義通ほか編：『日本社会主義文献解説』，大月書店 1958 年，52 頁。原文见藤原正人編『幸徳秋水全集』，誠進社 1982 年，85 頁。

④ 橋川文三編：『近代日本政治思想史』，有斐閣 1974 年，350 頁。原文见《明治大正財政詳覧》，东洋经济新报社 1926 年。

政策的原因在于资本主义特有的过剩生产，从而造成了市场争夺、军备扩张、帝国主义战争的结果。① 他对藩阀政府的军备主义外交政策进行批判，称其实为"军人的、自吹自擂的、'手捏糖人'般的帝国主义"。② 他指出战争的原因在于所谓的"爱国心"，"名为爱国心，实则纯为军国主义者"③。"爱国心"是统治阶级所利用来达到他们野心的一种手段和掩饰。④ 他认为战争其实是用"爱国心"来掩饰对敌国的财产掠夺和武力征服，应以正义博爱之心克服偏颇的"爱国心"，以"科学的"社会主义消灭野蛮的军国主义，以亲如兄弟的世界主义消灭掠夺性的帝国主义。⑤ 在他看来，"兵，杀人之器也，消糜天下之富之具也，竭尽生产力之具也，增长军人虚夸之基也，诱起武断政治之因也，人心腐败风俗颓废之源也……战争之祸大矣哉，满足一人之虚荣，即盈溢一人之野心，牺牲几万之生灵，消耗几亿之财帑，即战而胜，犹不免酿他日之腐败"⑥，兵器和战争是祸害的根源。

不过，幸德秋水所主张反战论的思想局限在于，他看到了资产阶级为了剥削和掠夺的利益、用来制造各国劳动人民互相敌视乃至互相攻杀的所谓"爱国心"的迫害，但他不懂得这种"爱国心"的资产阶级性质，而把它看作"利己主义的发现"，看作"动物的天性"、"虚荣"、"虚夸"心理的产物。⑦ 他承认"生产的过剩"和开拓新市场是帝国主义战争的一个原

---

① 古田光ほか編：『近代日本社会思想史』，有斐閣 1968 年，279 页。
② 橋川文三編：『近代日本思想史の基礎知識』，有斐閣 1975 年，135 页。
③ [日] 幸德秋水述：《帝国主义》，赵必振译，上海梁溪图书馆 1925 年版，第 4 页。
④ [日] 幸德秋水：《基督何许人也》，马采译，商务印书馆 2010 年版，第 128 页。
⑤ 张忠任：《马克思主义经济思想史（日本卷）》，中国出版集团 2006 年版，第 19 页。
⑥ [日] 幸德秋水：《广长舌》，中国国民丛书社译，商务印书馆 1903 年版，第 58—60 页。
⑦ 朱谦之：《日本哲学史》，人民出版社 2002 年版，第 292 页。

因，但是他却把经济的原因与心理的原因视为并列，不能从资本主义经济发展的缜密分析来说明帝国主义的基础。①

(三) 基督教社会主义者们

此时的反战运动中也有基督教社会主义者们的力量。他们站在人道主义和博爱精神层面关心出战士兵和国民生活，带着正义和慈善的眼光反对战争。例如石川旭山曾指出，国际战争是由各国的利益相争所引发的冲突，只会在思想层面上扩张利己之心和暴力崇拜倾向，完全不是正义、人道之战。也正是因为这些特质，此时的日本和平运动，呈现出社会主义与人道主义的混杂性色彩。②

以安部矶雄为例，他认为日俄战争在本质上是竞相争夺殖民地的帝国主义战争。③他曾在非战演说会中呼吁全世界废除军备，称没有军备也能生存。他甚至表示，如果日本人不战斗的理由是他们主张不抵抗主义，那么他可以忍受眼看自己的祖国受到外国军队的蹂躏。④ 1903 年 9 月，安部矶雄在其担任主笔的一位论派协会机关杂志《六合杂志》上发表《我们应该同俄国开战吗》一文，称"多数国民必然是主张非战论的。因为战争获得利益的只会是少数人，多数人肯定会招致更大的损失"。⑤ 据安部矶雄在早稻田大学授课时的某位学生回忆，1903 年底时日俄战争已经风声紧迫，学校里的一位名为肯达尔的美国人会话老师称，"为什么日本不开战呢？时机

---

① 朱谦之：《日本哲学史》，人民出版社 2002 年版，第 292 页。原文见《日本社会主义文献解说》第 81 页，以及《近代日本之形成》第 188 页。
② 早稻田大学社会科学研究所：『安部磯雄の研究』，早稻田大学出版部 1990 年，31 頁。原文见秋田雨雀《雨雀自传》，新评论社 1953 年，第 18—19 页。
③ 同上书，70 頁。
④ [美] 陶慕廉：《战前日本的社会民主运动》，赵晨译，中国友谊出版公司 1987 年版，第 126 页。原文见荒畑胜三《左翼的面孔：传记文集》，早川书屋 1951 年，第 16 页。
⑤ 橋川文三編：『近代日本思想史の基礎知識』，有斐閣 1975 年，153 頁。

就是现在,如果此时不开战的话日本就亡国了",而听闻此言的安部矶雄则在讲授《幸福论》时,几乎是激动地拍着桌子回应说"为了人道,日本一国的兴亡算不了什么。"① 从中可以窥见他对非战论的坚持程度。他主张日本应该走"东洋瑞士"的发展道路。他在1904年5月发表的《地上理想国之瑞士》中指出,对外坚持中立主义与和平主义、对内贯彻民主主义的瑞士堪称"人间理想国度",日本也应该如此发展,摒弃战争。② 1904年8月,安部矶雄在《六合杂志》上发表文章《社会主义者为何是非战论者》,称"社会主义者否认战争,正如同世人视偷盗之罪为恶……我认为没有侠义的盗贼,也没有正义的战争",③ 对一切战争形态进行否认。

以木下尚江为例,他称"提倡战争便是反对基督教,我对这点是丝毫不怀疑的"④。他的战争观、和平观与否定天皇制的理论紧密相连,他曾说过,"在'忠君爱国'面前,有的只是胆怯的日本国民","在日本历史上没有人民掌权的先例,有的只是'神权君主独裁'和'贵族专制政治'","我并不是听凭国家组织和王侯意志的人","应解放皇族,给予他们平民的自由"。⑤ 早在1902年10月,当第三期海军扩张计划案得以通过之时,木下尚江便称,"日本国民被'军备扩张'的'泥靴'所蹂躏。如果我在他们面前论述军备扩张的'恶道',他们一定会冷笑着说'你根本就不清楚世界局势,也没有认识到亚洲危机,所以才会说这样可怜的痴语'。这种愚妄的观点成为社会的'流行病',我感到非常愤慨。难道不应该坚持非军

---

① 早稲田大学社会科学研究所:『安部磯雄の研究』,早稲田大学出版部1990年,30頁。原文见中村星湖《食客时代》,《文章世界》第4卷第13号,第94—95页。
② 橋川文三編:『近代日本思想史の基礎知識』,有斐閣1975年,154頁。原文见《六合杂志》第284号,1904年8月15日。
③ 早稲田大学社会科学研究所:『安部磯雄の研究』,早稲田大学出版部1990年,70頁。
④ 古田光ほか編:『近代日本社会思想史』,有斐閣1968年,268頁。
⑤ 同上书,268—269頁。原文见《每日新闻》1900年5月22日、1900年2月12日、1900年9月30日、1903年9月4日。

备论与和平主义，打破所谓的爱国主义这一新封建主义吗？将我国国民从'军备宗教'的迷信中拯救出来的新宗教运动才是燃眉之急"，基于和平主义的立场对"军备扩张"进行攻击。①

就其他基督徒来说，内村鉴三积极参与到反战论中，他认为发动战争无异于完全丧失道德的强盗行为，需要付出数倍的代价才能偿还其中的罪恶；战争只会阻碍国运的进步，他甚至声称同意日俄开战便意味着日本的灭亡。②他还说，"我不仅反对日俄开战，而且主张绝对禁止战争。战争就是杀人，而杀人是最大的罪恶。犯了这个大罪恶，不论是个人或国家，都是永远都不能获得利益的"③。然而，在当时的情况下，除了基督教社会主义者和内村鉴三等少数人士持非战论态度外，许多基督徒们都在宣称日俄战争为圣战，协助政府去鼓吹战争。基督教界的主流通过对日俄战争的态度来证实自身并不是反国家、反社会，于是他们向天皇制妥协，积极地将战争进行合理化，配合明治政府的膨胀主义政策。④例如，本多庸一曾成立基督教同志会，以慰问前线士兵、开展演说、鼓舞国民精神等。⑤海老名弹正也在《圣书的战争主义》中指出，无论是从旧约全书来看，还是从新约全书来看，基督教都不是否认战争的，文章大意如下⑥：

> 在举国一致热衷于战争之际，主张非战论是非常奇怪的现象。然而，在这些非战论者中却有很多基督徒。因此，便十分有必要探究基

---

① 古田光ほか編：『近代日本社会思想史』，有斐閣 1968 年，269—270 頁。原文见《每日新闻》1902 年 12 月 15 日。
② 高坂正顕編：『明治文化史思想言論篇』，洋洋社 1955 年，342 頁。
③ ［日］服部之总主编：《日本工人运动史话》，长风译，工人出版社 1958 年版，第 11 页。
④ 古田光ほか編：『近代日本社会思想史』，有斐閣 1968 年，259 頁。
⑤ 同上书，263 頁。
⑥ 定平元四良：「明治社会主義者の基督教批判」，『社会学部記念論文集』1964 年 11 月，191—192 頁。

督教是否真的主张非战主义这一问题。首先，翻阅旧约全书的话，可以明显地发现它是认可战争的。从摩西五经开始，旧约全书的大部分历史是战争史，预言书也并没有否认战争，反而是奖励义战，诗篇中也有军歌……"试问不动干戈、不付诸战争能够建成一国吗，仅提倡仁义道德能够铸造建国大业吗，不，这是不可能的事情"①……古往今来，国家没有战争便不会有兴盛，没有战争便不会有生存的国民。对于民族来说，战争是兴国的必要条件……即"旧约全书不仅认可自卫战争，也进一步认可侵略战争。实际上旧约全书是在奖励、劝告，这是历史的明示，谁能否定此事实呢"②……我们作为神国的国民与国家的国民间是没有任何矛盾的，轻视国家存在的人只能说是不了解神国的真意。为了维持神圣的国家、民族和家庭，干戈是一日不可或缺的。

接下来看新约全书，从中并没有发现有明确地否认战争的地方，从精神上来看是非战的。但是，基督教并不是禁止一切战争的。其例子之一便是，许多士兵来到约翰身边，也有一些倾慕耶稣的军人。从使徒行传来看，也有许多军人信徒。从这点来说，新约全书并不是持百分之百的非战论观点……只能说厌恶战争的人，尚没有充分理解基督教的精神……"基督教绝对不是否认战争"③。

对此，石川旭山在《日本的基督教》一文中称，"日本的基督教也在日俄战争后成为全面的帝国主义赞美者、战争讴歌者和移民政策主唱者。国家宗教的烙印在其之上充分显现，这对于基督教来说，应该是值得庆祝

---

① 定平元四良：「明治社会主义者の基督教批判」，『社会学部記念論文集』1964年11月，191—192頁。原文见渡瀬常吉《海老名弹正先生》，第277页。
② 同上。
③ 同上。原文见渡瀬常吉《海老名弹正先生》，第282页。

的吗？日本的基督教今后不会遇到国家迫害，会在国家庇护下一路畅行吧。但是，一个宗教在国家的庇护下变得强盛之时，也正是其腐败征兆显露之时。基督教现在既然已经与国家握手合作，成为国家的奴隶工具，也必然成为国家权力阶级的宗教。所以我可以毫不犹豫地断言，日本的基督教，至少其大部分或者主要部分，不是世界的宗教，而是成为了国家的奴隶工具，不是平民的宗教，而是成为了资本家阶级的玩弄和装饰……这样看来，对于基督教自身来说，或许是值得庆祝的，但对于人类社会来说，这果真是值得庆祝的吗"①。在他看来，基督教界对主战论的支持与提倡，与国家握手言和并试图获得其庇护，开始成为国家统治的工具等，这正预示着基督教界的腐败。

1904年5月，小崎弘道在日本宗教家协会上称，"此次战争，既不是人种战争，也不是宗教战争……而是16世纪文明与20世纪文明的战争"，竭力将日俄战争正当化。② 在这种情况下，1904年9月，安部矶雄和村井知至等人退出基督教界的一位论派协会，直至1910年才重新加入。大杉荣、山口孤剑等人也逐渐远离基督教并加入到社会主义活动中。值得一提的是，基督教界在日俄战争期间所表现出的对战争的肯定、与政府的合作等态度，也成为日后社会主义阵营中唯物论派开展反对基督教派的原因之一。③

（四）战争的根本原因

在基于非战论立场控诉战争的危害与罪恶之时，社会主义者们指出战

---

① 定平元四良：「明治社会主义者の基督教批判」，『社会学部记念论文集』1964年11月，194页。原文见石川旭山「日本のキリスト教」，日刊『平民新闻』1907年3月21日第55号。
② 古田光ほか编：『近代日本社会思想史』，有斐阁1968年，271页。原文见比屋根安定《日本近世基督教人物史》1956年。
③ 定平元四良：「明治社会主义者の基督教批判」，『社会学部记念论文集』1964年11月，190页。

争的根本原因在于当时的社会制度。1904年8月14日，幸德秋水在《平民新闻》第40号刊登的《评托尔斯泰的非战论》一文中称，"以我之见，如今的国际战争……事实上原因在于列国的经济竞争激烈化，以及现在的社会组织、资本制度及其基础……我们社会主义者认为战争的起因在于经济竞争，因此要防止战争就必须废除经济竞争"。① 他把战争的原因归结于社会组织本身。

当时社会主义者们所主张非战论的出发点，既有认为战争是道德罪恶的绝对和平论，也有认为其是源自阶级私利的阶级观等。例如，堺利彦曾站在道德层面对战争进行批判，称"个人间的道德与国际间的道德是一样的，杀人是罪恶，侵略他国也是罪恶"②；后者则认为战争的原因首先在于财产的不平等，资本家为了保护自身财富而创造军队，以军队为主体的战争则是为了满足他们的私利。资本家选择发动的战争，国民却要背负着所谓爱国心和荣誉感的口号为其出征战场。对此，幸德秋水在《社会党的战争观》中指出，"战争的目的在于殖民地和新市场的扩张，殖民地和新市场扩张的目的究竟是什么？是为了消除大多数国民的贫困吗？不是，战争只是为了资本家而战，领土和市场只是为了资本家而开辟，而不是大多数国民、大多数劳动者、大多数贫民"，"如今贫困的痛苦、战争的悲惨，其罪恶的根源在于社会组织是以少数人的阶级利益为基础的"。③ 他认为，"观察将来之形势，无论藩阀或党阀，都将渐渐熔铸于财阀之中，最终将构成称为富豪阶级和资本家阶级的一大绅士阀"，诸如"藩阀"、"党阀"之类虽代表当时统治阶级的政治势力，但其真正的主人是"财阀"，政治势力早

---

① 张陟遥：《播火者的使命》，社会科学文献出版社2013年版，第87页。原文见〔日〕幸德秋水《论托尔斯泰的非战论》，《平民新闻》1904年8月14日第40号。

② 労働運動史研究会編：『社会主義』，明治文献資料刊行会1963年，766—767頁。

③ 古田光ほか編：『近代日本社会思想史』，有斐閣1968年，278—279頁。原文见幸德秋水《社会党的战争观》，《平民新闻》第41号，1904年8月21日。

已为大资产家所操纵。①

于是，幸德秋水指出，真正能够避免战争的方式是通过变更财富分配的方法，废除这种不公平的社会制度、实现以社会全体利益为基础的社会主义社会。只有这样才能从根本上避免由资本家的利益冲突所引发的战争。即"将政治家、投机者、军人、贵族的政治变为国民的政治，将'战争'的政治变为和平的政治，将压制、束缚、掠夺的政治变为和平、幸福、进步的政治，将政权分配给全体国民，禁止土地资本私有，将国家变成确保我们和平、幸福进步的工具"。② 战争和"人人互爱"是相矛盾的，它破坏了社会正义的原则。③ 如果实现主张和平主义的社会主义，是不会有战争侵略的。所以他坚持"如果将来想要消除战争的危害，只有颠覆如今的资本家制度，用社会主义制度加以取代"的观点，主张通过社会主义革命实现战争的消除。④ 这种从"战争反对论"发展到"资本主义制度的废除"，也成为平民社非战论的特征之一，而且他们所反对的并不仅是日本的资本家阶级，而是面对所有列强的资本家阶级，将矛头指向整个资本主义。⑤ 此外，他们还通过公开发表《所谓爱国者的狼狈》等文章批判日本忠君爱国的教育方针，⑥ 指责那些维护战争的所谓"爱国者"言论的荒谬。

在《平民新闻》废刊后，直至分裂出《光》和《新纪元》之前，《直言》一度承担了当时社会主义阵营的机关杂志的角色。虽然其并不像《平民新闻》那样高调，对政府政策的批判也持有非常谨慎的态度，但它确实

---

① 张陟遥：《播火者的使命》，社会科学文献出版社 2013 年版，第 69 页。原文见幸德秋水《日本绅士阀的解剖》，《直言》第 2 卷第 8 号，1905 年 3 月 26 日。
② 藤原正人编：『幸德秋水全集第五卷』，诚进社 1982 年，101—104 頁。
③ ［美］陶慕廉：《战前日本的社会民主运动》，赵晨译，中国友谊出版公司 1987 年版，第 27 页。
④ 古田光ほか編：『近代日本社会思想史』，有斐閣 1968 年，279 頁。原文见《评托尔斯泰的非战论》，《平民新闻》第 40 号，1904 年 8 月 14 日。
⑤ 橋川文三編：『近代日本政治思想史』，有斐閣 1974 年，346 頁。
⑥ 渡部義通ほか編：『日本社会主義文献解説』，大月書店 1958 年，52 頁。

是在一定程度上继承着《平民新闻》的活动。① 例如石川旭山曾在刊登于《直言》上的《社会主义者的爱国心》一文中说,"社会主义者不能爱'国家'吗,在此之前我想先说一下社会主义者不能爱'人'吗这件事情。若是爱'人'直接意味着爱'国'的话,社会主义者就必须要爱'国'。与之相反,若是爱'国'意味着伤害人的话,社会主义者将会放弃'国',转向'人'的立场。即始终要肩负人道的宣扬者、人道的保护者这样的角色",基于人道主义立场对国家权力发动的暴力的、非人道的行为进行否定。②

值得一提的是,平民社不仅在战争开始前主张非战论,在战争开始后仍然坚持开展非战论活动,并称这是永远不变的真理。例如幸德秋水在《不断非战论》中说,"不管遭受何种憎恶、何种嘲骂、何种攻击、何种迫害,绝不停止吾人的非战论"。③ 他们中的许多人遭到各种非议与不解,甚至被称为"卖国贼"等,却依然不改初心。在当时日本国内几乎全面倒向主战论的情况下,他们奋不顾身地宣传非战论,不得不说是独一无二的。正是通过平民社的非战论活动,社会主义才得以"从争论的时代转移到实践的时代"。④ 而非战论活动与国家权力展开的冲突,也使得"乌托邦"式的社会主义转换到"地上"。⑤ 不过,伴随着日俄战争前的非战论与主战论之争,当时的民主主义阵营发生分裂,社会主义者与自由主义者多年的合作关系被打破,可溯及自由民权运动系谱的、在大正民主运动中得以继承

---

① 飯田鼎:「明治社会主義史料にあらわれた外国社会主義運動——『直言』を通じてみた」,『三田学会雑誌』1961 年 6 月,45 頁。
② 同上书,44 頁。
③ 朱谦之:《日本哲学史》,人民出版社 2002 年版,第 291 页。原文见《明治社会运动思想》第 267 页。
④ 橋川文三編:『近代日本政治思想史』,有斐閣 1974 年,346—346 頁。原文见安部矶雄《决定社会主义命运的问题(一)》,周刊《平民新闻》第 1 号。
⑤ 同上书,347 頁。

的普通选举运动也一时中断。①

二 社会主义改造论

作为明治时期社会主义发展过程中存在时间相对较长的团体组织，平民社在开展非战论活动之余，也在致力于社会主义理想社会的实现。如何通过对社会的改造来实现社会主义始终是当时社会主义者们的目标与任务。他们认为，只有"完全废除资本家阶级"，才能摆脱拜金主义、垄断等社会问题逐步向社会主义靠近。②他们的社会主义改造论主要可以概括为以下几个方面。

（一）改造主张

1. 打破阶级差别，消除财产多寡、门第高低、男女不平等等现象

阶级差别的存在是造成各种社会问题的重要原因，资本家们垄断着经济利益和政治权力，所以要消灭该阶级，夺取其财富，平等分配给国民。同时也要消除门第差别等各种不合理的社会现象。

2. 实现生产资料的公有并交由全体社会共同经营

土地和资本是解决生存问题的首要条件，所以必须从源头入手实现生产资料的公有化。在实现生产资料公有化的过程中具有一定的优先顺序，即首先把垄断事业变为公有，其次再把普通事业变为公有。

3. 消除无政府、无秩序的经济组织所带来的自由竞争和弱肉强食

禁止自由竞争并不是禁止生存竞争，应遵从生物进化的原则对竞争环

---

① 古田光ほか編：『近代日本社会思想史』，有斐閣1968年，207頁。原文见松尾尊兊《大正民主研究》，青木书店1966年版，第73页。
② 町田勝：「日本社会主義運動史——百年の歩みに学ぶ」，『海つばめ』735号（1999.7.25）—783号（2000.7.23），第2回連載。

境进行重新建构。只有用生产资料公有制的社会组织代替私有的、自由竞争的社会组织，才能阻止金钱和权力的过度集中，消除无政府的生产秩序。

4. 变少数人的政治为全体国民的政治

通过普通选举运动实现在议会中占据多数席位，进而实施社会改造，以及向社会主义社会的迈进。打破现今由少数资本家掌握的政治局面，将其分给全体国民。

5. 不仅是对贫穷者的拯救，也是对富有者的拯救

在平民社成员看来，富有者为了维持自身财富需同各方利益周旋，小资本家还要担心被中等或是大资本家兼并。而且富有者身边多是阿谀奉承，真正的友爱缺失，他们容易讲究华衣美食的虚荣，甚至会陷入道德沦陷。因此，有必要对富有者也进行拯救。

（二）实现方式

关于社会主义的实现方式，正如平民社在宣言中所提到的"在国法允许的范围内，唤起多数人的舆论，获得多数人的合作，坚决反对暴力"[①]那样，"合法主义"路线和非暴力原则是平民社从事社会主义活动的基本方针。

首先体现在对救济措施等内容的否定方面。他们称现时的社会不是劳动者的社会，而是资本家的社会。劳动者需要的不是所谓的救济慈善，而是一个没有必要去实施救济慈善的社会。没有不公平分配造成的两极分化、人人拥有平等生活的权利、能够依据自身技能拥有相应职业、凭借个人劳动解决衣食问题等才是国家和社会应有的面貌。社会问题的中心在于资本家们拥有生产资料而劳动者却没有生产资料，试图调和两者的矛盾对立是行不通的。要实现真正自由、平等、幸福的社会，只能通过改变社会组织

---

① 労働運動史研究会編：『週刊平民新聞』，明治文献资料刊行会1962年，1页。

的方式，变革自由竞争的经济组织为共同生产的经济组织，将少数人的财富变为全体社会的财富，真正实现生产资料的共同拥有和社会财富的公平分配。基于这样的思考，他们对救济措施等手段的功效持否定态度。

其次，他们明确表明力图通过立法手段和议会方式实现社会主义的立场。即利用议会作为斗争场所，通过实现普通选举使得代表劳动阶级的社会主义者拥有参政权，然后通过选举进入议会，在掌握多数势力后逐渐实现社会主义目的。他们将夺取政权视为实行社会改造的前提，称实现社会主义的首要任务便是推动普通选举法的实施，主张通过唤起舆论、实施普通选举请愿运动、尽量争取议会内部同志的力量等方式来坚持议会主义道路。他们与社会主义协会等团体进行合作，例如1904年秋社会主义协会开展实施普通选举的署名请愿活动，与此相呼应，《平民新闻》于10月16日刊登社论《首先要取得政权》，称"实行社会主义的第一步，不是匕首，不是炸弹，不是叛乱，不是同盟罢工，而是让一般平民能够获得参与议员选举的权利"。① 这种斗争策略一直在持续，1905年11月西川光次郎等人创刊的《光》在发刊之际就曾发文《吾人的抱负》称，"普通选举是政界革新的唯一力量，是为实行社会主义而在实际立场中所使用的唯一阶梯"，就连对政党运动持怀疑态度的《新纪元》，也将"实施普通选举制度"列为"当前的两大紧急任务之一"，并称"我们的主张简单明了，原则上除了未成年人以外，不分男女性别。若有人质疑女子的选举权，那么我们就要反问，女子就不是国民了吗"，认为应将普通选举权的实施对象定义为除未成年人以外的全体国民。②

然而，现实的情况是，1905年5月木下尚江在参加众议员补选时，在

---

① 辻野功:「明治社会主義運動に関する一考察——直接行動論の台頭を中心にして」,『同志社法学』1963年9月，120頁。

② 同上。原文见《光》第1号，1905年11月20日，以及《新纪元》第1号，1905年11月10日。

政府的干预下连举办演说会、散发传单等行为都被禁止。在一次演说会都没有开展的情况下直接参加选举环节，不得不面临选举失败的结局。据悉木下尚江在大约 16000 张选票中，只得到 32 票（得票率约为 0.2%），可以说当时对选民必须拥有一定财产的限制规定等内容使得走议会主义道路的社会主义运动很难迅速发展。① 此外，当时的社会主义者们还认为实现劳动者的自由和团结是社会主义者的任务之一，因此格外关心《治安警察法》的废除和工厂法的制定等内容。

（三）社会主义畅想

《平民新闻》第 46 号和 47 号曾以《在社会主义之下》为题，刊登他们对社会主义社会进行畅想的文章。文章指出，"社会主义社会没有用于偷懒的时间，却有充足的休息娱乐时间。无论男女都须参与劳动分工，但不会有过度劳动和廉价劳动，也不会有主人和雇佣者之分。每个人都有个人发展机会，个人特长也能得到发挥和认可。无须为职业、财产和生计担忧，每个人都能获取与劳动相当的报酬。没有高利贷和诈骗者，没有债权者和债务者，每人都持有一定的生活必备物品。把军队训练作为生产财富，而不是作为杀人工具。训练海军成为运送人力和交换物品的组织。机械设备的发达可节省大部分的劳动，不会再有佣人等。没有犯罪，因为每个人都能各取所需。每户都会分发刊登有用信息的新闻报纸，没有广告，因为已经没有需要借助广告的事业，一份价格便宜且内容丰富的报纸已足以满足需要，没有必要以私利之心经营多家报纸。每户都安装电话，任何人都可以随时与远方友人通话。一年之中可以随意品尝来自世界各地的新鲜水果蔬菜。汽车汽船全部归人民所有，任何人都可以自由地进行水陆旅行。对有音乐才能的儿童实施特别教育，让全世界都充满美妙的音乐。人们可以

---

① ［美］陶慕廉：《战前日本的社会民主运动》，赵晨译，中国友谊出版公司 1987 年版，第 301 页。

依据个人爱好，自由选择海岸山间等住处。没有所谓的都市乡间，全世界的山川都是自然公园"①。在体会到由他们自身职业特点所决定的思维方式外，不难发现，他们对社会主义的畅想充满理想色彩。他们理想中的社会主义社会很难实现，因为这不仅是对社会制度本身的改造，也是对人类思想、人性的改造，势必会面临各种意想不到的阻碍。这个理想化的社会主义社会仅能停留于想象，即使是百年后的现在也没有一个国家能够实现。

（四）其他活动

平民社的活动还体现在妇女论的开展方面。当时的社会存在着对妇女的种种行为限制。1889 年颁布的《明治宪法》允许设立由符合一定条件的男子选举产生的国会，这在一定程度上是为了禁止妇女拥有任何政治权利。② 1900 年的《治安警察法》第 5 条明确规定，女子不得加入政治团体等组织，严格禁止妇女参加政治活动。③ 当时不用说是举办政治活动，甚至是去旁听一场政论演说都不被允许。女性的政治自由被禁止，甚至在财产权、继承权、监护权等方面也处于"无权利"的状态。④ 对于这些情况，平民社持同情态度，认为妇女应提高自身觉悟，应充分发挥自身价值作为一名独立的日本国民而存在。

平民社成员所提及的妇女论是同社会主义紧密联系在一起的。以堺利彦为例，他在 1900 年发行的《家庭的新风味》中批判家族制度，还于 1903 年发行《家庭杂志》并在随后指出，要想实现男女平等，不能仅限于

---

① 労働運動史研究会編：『週刊平民新聞』，明治文献資料刊行会 1962 年，375、379 頁。
② ［美］陶慕廉：《战前日本的社会民主运动》，赵晨译，中国友谊出版公司 1987 年版，第 378—379 页。原文见高群逸枝《日本妇女社会史》，新日本社 1943 年版，第 227 页。
③ 同上书，第 393 页。
④ 橋川文三編：『近代日本思想史の基礎知識』，有斐閣 1975 年，144 頁。

家族制度的改良,而应该解决"废除私有财产制度,实行土地、资本的共有"这一根本问题,否则是不可能的。① 平民社积极组织针对妇女的社会主义活动,以 1904 年为例,当年举行了 120 次社会主义者的集会,其中有 13 次是妇女社会主义者们的集会,当时踊跃参加社会主义运动的妇女同志为数极多。② 就具体的女性人物而言,平民社通过社会主义妇女讲演会等形式培育了一些女性活动家,如福田英子、堺为子、西川文子、今井歌子等人。其中一些妇女转而信仰社会主义并开始成为妇女运动中最积极的分子,她们为了废除对妇女参与政治的限制,首先呼吁社会平等。③ 例如堺为子、西川文子、今井歌子等人自 1905 年开始,持续开展以"男女基本平等"为口号的、致力于修改《治安警察法》的请愿运动等。④ 直到平民社解散后,她们的活动依然在继续。1907 年 2 月,福田英子、今井歌子、管野须贺子、西川文子、堺为子等人联合数百名妇女向众议院提交请愿书,要求修改"禁止女性参与政治结社及政谈集会"等内容,称"这无疑是把女性视为未成年人或是没有做事能力的人",呼吁平等参与政治生活的实现。⑤

以福田英子为例,出生于 1865 年的她被称为"东洋的圣女贞德",早年曾积极参与自由民权运动。她于 1883 年创立蒸红学堂、开设劳动妇女夜校,却于次年因《集会条例》被关闭,并随后因大阪事件被判入狱。⑥ 她后来投身于平民社社会主义运动,并致力于妇女解放论和人类平等论的宣传,对妇女自身面临的不平等现象等问题格外关注。1907 年,她创办日本

---

① 橋川文三編:『近代日本思想史の基礎知識』,有斐閣 1975 年,145 頁。
② [日]片山潜:《日本的工人运动》,王雨译,生活・读书・新知三联书店 1964 年版,第 268 页。
③ [美]陶慕廉:《战前日本的社会民主运动》,赵晨译,中国友谊出版公司 1987 年版,第 379 页。原文见井上清《日本妇女史》,三日书屋 1949 年版,第 285—298 页。
④ 橋川文三編:『近代日本思想史の基礎知識』,有斐閣 1975 年,144 頁。
⑤ 労働運動史研究会編:『日刊平民新聞』,明治文献资料刊行会 1961 年,110 頁。
⑥ 橋川文三編:『近代日本思想史の基礎知識』,有斐閣 1975 年,144 頁。

最早标榜社会主义的妇女杂志《世界妇女》①，宣称"一直以来的法律、习惯和道德，是对妇女的奴隶化"，而《世界妇女》的目的正是在于"排除一切束缚，实现妇女的绝对解放"。② 她认为，日本女性需要面临与资本主义制度和封建性的双重斗争，就具体课题而言，当前的紧急任务是开展在家族制度、男女差别等方面的改革运动。③ 在这些活动中，她表现出坚强的意志，即使是被判入狱也不改志向，直到大正时期还在持续开展妇女解放运动。

三 传道行商活动

除接替社会主义协会开展社会主义研究活动外，平民社还从事《平民新闻》、平民文库的编辑发行和各种讲演会、演说会的开展等。平民社成员不仅自身拥有作为社会主义者的思想觉悟，而且在实际活动中还广泛开展社会主义宣传。以1904年为例，他们这一年所分发的社会主义宣传用的小册子达39000册，平民文库出版了8种单行本，《平民新闻》在这一年中销出了200000份，社会主义者的组织分布在11个市和10个村镇中。④ 这种社会主义宣传是平民社成员所坚持的活动内容之一。

由于明治政府屡次对平民社采取施加罚金、禁止发售、没收设备等处罚措施，再加上当时的社会局势以及自身经营问题等诸多因素，平民社一直存在财政困难问题。于是，一方面是为进行社会主义宣传，一方面是为解决平民社的财政困难，平民社开始实施传道行商活动。具体而言，传道

---

① 与石川旭山合作创办，因政府压制和经营困难于1909年废刊。
② 橋川文三編：『近代日本思想史の基礎知識』，有斐閣1975年，145頁。
③ 同上。
④ ［日］片山潜：《日本的工人运动》，王雨译，生活·读书·新知三联书店1964年版，第268页。

行商的内容包括两部分，即"传道"和行商。"传道"即扩大平民社社会主义的影响力，主要指通过沿途售卖《平民新闻》和平民文库出版物、拜访各地平民社的读者、适时开展游说活动来争取更多的社会主义者、招募社会主义协会会员或平民社成员、扩大普选同盟者队伍、收集普选请愿书署名等。石川旭山等人甚至还提倡过应成立专门的社会主义"传道"队。他们试图通过刊物影响或是游说活动等来争取民众对社会主义的理解，以凝聚各地的社会主义力量。行商则主要指贩卖平民文库书籍等活动，其收入一半纳入平民社，另一半作为旅费归个人所有。他们的传道行商日记和相关记录会定期刊载在《平民新闻》中。据悉当时他们是将配送牛奶用的小型箱车涂红，装满《平民新闻》、平民文库出版物和传单等，竖起"社会主义传道行商"的旗帜，去往各地开展活动并沿途贩卖书籍。①

1904年3月，小田赖造作为传道行商的第一人开始踏上旅途，随后木下尚江和山口孤剑等人加入其中，在日本境内自东向西开展传道经商活动。荒田寒村也以18岁的年龄到东北地区进行传道行商。② 西川光次郎也曾从东京出发到伊豆半岛，再从热海到伊东到下田到沼津，沿途了解当地《平民新闻》的读者情况或是理想团成员情况。③ 他们通过沿途贩卖《社会主义入门》、《百年后的新社会》、《平民新闻》④ 等平民社出版物，实施"战争的原因及结果"、"土地国有论"、"关于社会主义"等各种演说⑤，以及举办各种茶话会的方式扩大社会主义者队伍。此外，也有从水户到横滨到长野到土浦、从岐阜到名古屋到浜松到静冈到小田原、从山形到鹤冈到仙

---

① 町田勝：「日本社会主義運動史——百年の歩みに学ぶ」，『海つばめ』735号（1999.7.25）—783号（2000.7.23），第3回連載。
② 同上。
③ 太田雅夫編：『明治社会主義資料叢書3』，新泉社1974年，88—106頁。
④ 同上书，88頁。原文见《平民新闻》第19号，1904年3月20日。
⑤ 同上书，108頁。原文见《平民新闻》第37号，1904年7月24日。

台到郡山到宇都宫等各种传道行商路线。① 这些传道行商活动经由小范围路线扩大到大范围路线，许多地方都留下了平民社人员的身影。由于在传道行商过程中会对《平民新闻》的读者情况等进行了解，所以该活动对掌握当时日本全国的社会主义者的存在状态等也发挥了一定作用。

据记载，在平民社的活动中，"最特别的就是所谓'传道行商'这种宣传组织方法。这在今天说来，就是一面当场出售小册子，一面进行宣传和组织工作。有一个名叫小田赖造的人和山口孤剑一起，从1904年起，推着一辆红色的车子，满载社会主义读物，一面卖书，一面讲演，从东海道一直走到下关。前后历时114天，行经300里，卖掉1097册书，吸收了65位社会主义同志。这种'传道'形式令人感到从事社会主义运动的人们似乎是抱着一种宗教开拓者的热情的"②。不过，不得不指出的是，平民社的传道行商活动存在着一定的弊端，如在传道行商过程中，他们多是以《平民新闻》的读者为活动对象，缺乏对劳动者阶层的广泛争取等。这也与《平民新闻》的自身特点有关，《平民新闻》并没有通俗到以广大劳动者为读者群，其读者多为新闻记者、知识分子和青年学生等。同《平民新闻》的遭遇一样，这些传道行商活动也不断受到压制。例如会被尾随跟踪、打断会场演讲、干涉刊物买卖等，他们在开展活动过程中也面临诸多困境。随着平民社的解散，传道行商活动也告一段落，不过它在扩大当时社会主义的知晓范围方面作出了不可磨灭的贡献。

四　平民社活动特征

从1903年11月15日平民社创立，到1905年10月9日平民社不得不

---

① 太田雅夫编：『明治社会主義資料叢書3』，新泉社1974年，107—182页。
② [日] 服部之总主编：《日本工人运动史话》，长风译，工人出版社1958年版，第15—16页。

停止活动，在将近两年的时间内，平民社在幸德秋水等人的领导下，呈现出一定的活动特征。

（一）自身特征

平民社活动的特征首先体现在混杂性方面。与基督教社会主义的美国色彩相比，平民社社会主义可以视为德国、美国与法国思想的混合物，混合着德国社会民主党的议会主义思想、基督教的人道主义思想和法国的自由民权思想。① 在纪念平民社一周年所发行的明信片中，平民社成员选取了马克思、恩格斯、拉萨尔、倍倍尔、托尔斯泰和克鲁泡特金六位人物。② 平民社事务所平日悬挂着马克思、恩格斯、倍倍尔、威廉·莫里斯、左拉、托尔斯泰的肖像。③ 其思想跨度从马克思主义到无政府主义等，差别极大。从中可以体会到平民社思想的混杂性与包容性。就其成员来说，平民社可以视为理想团的发展延长线，其成员囊括许多各行各业的人员。除了成员的多样性外，平民社内部也存在着与其他各派社会主义的合作，如基督教社会主义的安部矶雄等人都参与了平民社的活动。他们依托平民社这一共同阵地和非战论这一共同目标开展活动。诸多思想流派的同时存在也反映了当时社会主义阵营的状况，他们一直在探索究竟哪种社会主义能适用于日本，可是却未取得成功。

平民社活动的特征还体现在世界性方面。平民社社会主义在一定程度上可以理解为世界社会主义的缩影，世界范围内的很多社会主义流派都可以在平民社社会主义内部发现踪迹。以德国为例，《平民新闻》在创刊第1号中就对当时德国社会民主党的选举情况进行介绍，提及其从数十年前仅

---

① 大原慧：『幸德秋水思想と大逆事件』，青木書店1977年，112頁。
② 新保哲編：『日本の文化思想史』，北樹出版1994年，164頁。
③ 林尚男：『平民社の人びと』，朝日新聞社1990年，58頁。

两名议员发展到成为议会中第二多数党等事件①，这也在影响着日本社会主义阵营的路线方针。不仅如此，平民社会主义还注重与世界社会主义力量保持联系。例如平民社在1904年8月7日的《平民新闻》上刊登托尔斯泰的《日俄战争论》全文，赞扬其所坚持的博爱精神与和平主义立场。而且《平民新闻》几乎每期都设置有和世界社会主义进行沟通的英文栏②，以及介绍各国社会主义动态的世界新闻栏。1905年5月，平民社将"五一"劳动节引入日本并举行首次"五一"茶话会。他们所开展的这些国际性活动也与社会主义的自身特征有关，因为社会主义本来就是不分国界的。

就其弊端来说，在平民社社会主义活动中，平民社成员并没有充分把握社会主义为劳动阶级的历史运动这一观念，依然带有浓厚的基督教性质的人类同胞主义色彩。③ 它并没有真正理解运用马克思主义的精髓，这也是造成平民社解散所不可忽视的重要因素，其自身特质决定了其发展前景。可以说，除了政府压制和财政困难等外部因素外，平民社成员拥有多种思想倾向，他们并不是基于明确的政治纲领进行联合，而是基于对社会主义的抽象理想并将普通选举作为共通的实现方式，一旦日俄战争反战论这一立场被打破，他们便丧失了共同的阵地。④

（二）平民社与幸德秋水

平民社的思想活动主要是在幸德秋水等人领导下开展的。幸德秋水相继自1893年9月在《自由新闻》、1895年3月在《广岛新闻》、1895年5

---

① 劳働運動史研究会编：『週刊平民新聞』，明治文献资料刊行会1962年，2页。
② 《平民新闻》的英文栏由安部矶雄负责。
③ 町田胜：「日本社会主義運動史——百年の步みに学ぶ」，『海つばめ』735号（1999.7.25）—783号（2000.7.23），第2回连载。
④ 同上书，第3回连载。

月在《中央新闻》工作。1898年2月，因《中央新闻》被伊藤博文收买，幸德秋水转移到同乡黑岩周六所开办的《万朝报》工作。随后，幸德秋水和堺利彦等人创立平民社并以此为据点开展活动。面对日俄战争，幸德秋水自始至终都是无所畏惧的批判者与反对者。他认为帝国主义战争就是由少数资本家、政治家、军人及投机者为争夺利益而发动的，归根结底都是经济利益之争。他批判帝国主义的重点也涵括"理义与道德"①，称破坏社会正义的战争在道德上是罪恶的，在理义上是行不通的，应用"理义与道德"来彻底取代战争。开战前夕的1904年1月17日，他不顾政府压制在孤立无援、舆论一边倒的情况下于《平民新闻》第10号开设非战论特辑。虽然其极力主张的非战论并没有能够阻止战争的来临，但他依然坚称非战论为真理，坚信避免战争的真正途径是从根本上变革现行社会制度。

平民社之所以被认为是明治时期社会主义的集大成者，除了其彻底的反战态度外，与其坚决实施社会主义的决心是不无关系的。幸德秋水等人的斗争思路很明确，其矛头直接指向当时的社会组织本身。对于社会组织，幸德秋水认为社会的发展带来生产和生活的巨变，生产方式和交换方式即经济制度的变革则会进一步带来政治变革。因生产资料被资本家所掌握而滋生社会贫困等问题，不平等的分配制度更是加剧着各种社会问题的严重程度，所以实现土地和资本的公有化是社会主义者的中心任务。在他看来，社会生产应是为满足社会万民所需，而不是为了资本家的私利。社会发展的弊端不仅导致物质层面的问题，也造成金钱至上、人心腐败等道德风尚问题。这更是加大了实施社会主义的必要性。关于实现方式，幸德秋水认为，现行法律的制定者是在"金钱选举"中取胜的资本家，他们不可能以实现社会多数的利益为根本目的，这些只

---

① 林尚男：『平民社の人びと』，朝日新聞社1990年，48頁。

能通过选举出代表大多数国民利益的劳动者议员来实现。因此社会主义斗争的首要任务依然是实现普通选举，通过议会主义方式实现社会主义革命。不得不说，虽然平民社的活动在幸德秋水等人的领导下开展得稳步向前，不过，对于习惯将言论和文章作为斗争武器的幸德秋水来说，他更善于发现问题而不是解决问题，可以说并未认识到理想世界与现实生活的间隔，也并未意识到自身思想的局限性，这也是当时社会主义者们的共同弱点。

◇◇ 第二节　国家社会党与国家社会主义

一　山路爱山与国家社会党

山路爱山出生于幕府天文官职之家，因明治维新带来的阶层变动，山路家一度遭遇经济拮据，山路爱山甚至曾交不起学费。对于脱离衣食无忧队伍的山路爱山来说，"同情"、"改革"贯穿着他的思想生涯。正是基于同情意识和改革意识的思想落脚点，才让他拥有对共同生活体的理解和对社会改革等问题的关心。

山路爱山于1902年加入普通选举同盟会，积极参加与促进普通选举实施相关的各种活动，如参与普通选举演说会、撰写议会请愿书等。在当时的社会情况下，对实现普通选举的支持是社会主义各派及其周边思想流派合作的行动基础。但是山路爱山参与普通选举活动的思想出发点却并不是基于平等主义的立场，而是主张"阶级"普通选举的比例代表制。[①] 例如他曾提出按照阶级划分的普通选举制设想，即按照教育程度和纳税情况等

---

① 今中寛司：「山路愛山の国家社会主義史観」，『キリスト教社会問題研究』1968年3月，111頁。

将每个选区的选民分为五个等级,如大学教育程度以上者为一个等级、中学教育程度以上者为一个等级、交纳国税 5 日元以上者为一个等级、有纳税行为者为一个等级、成年男子为一个等级,然后从每个等级中选出相同数量的人来代表各个阶级利益。① 可以说,他虽拥有保护劳动者等意识,但却并不是像其他社会主义者一样完全站在劳动者的立场,将斗争矛头指向资本家,而是站在所谓的中等阶级立场。对此,堺利彦曾评价称,"爱山君是中等阶级主义。是小资本家党派。虽然常提国家或者皇室,但其实却是想通过中等阶级的小资本家来经营国家与社会"②。他所主张的只是对大资本家的约束,通过扩大选举范围来抑制富豪阶层的权利,挑战现存的寡头政治和藩阀垄断。

1905 年 8 月 25 日,山路爱山与同为普通选举同盟会成员的斯波贞吉、中村太八郎、山根吾一等人成立国家社会党,提出以国家为主体来实施共同生活,扩大国民参政权,追求文明进步等主张。他们所成立的国家社会党宣言和政纲如下:

> 国家社会党宣言
>
> 两千五百年间君臣之情,如同家人父子,期间未曾有一丝芥蒂,君主之心即为臣民之心。两者合二为一,难以割舍、密不可分,期待其传承千秋万载者,视其为日本国体的精华,并欲向世界进行宣扬。
>
> 我国家社会党应发挥此国体的长处,基于历史的指示实施共同生活,并将其视为治国精神,以推动时务的发展。
>
> 诸如贫富悬殊日益加剧使得阶级间争斗诞生、大富豪不断出现、

---

① 今中寛司:「山路愛山の国家社会主義史観」,『キリスト教社会問題研究』1968 年 3 月,111 頁。
② 木村時夫:「山路愛山の国家社会主義 1」,『早稲田人文自然科学研究』1968 年 3 月,124 頁。原文见「国家社会主義梗概を読む」,『堺利彦全集』第 3 卷,23 頁。

产业垄断弊端加深……应扩大人民参政权,即便是仅有一间草屋,也能在议会拥有代表者,如此这般才能纠正时代弊害。

以家人父子之情凝聚人心,在代表国家的议会力量协助下,通过国家权力安排生产机构,皇室威光将日益炽盛,人民幸福将日益倍增。

国家社会党政纲

吾等主张,日本国体应遵循家人父子之情的君民团结,以及依据国家权力共同生活的大义。

吾等主张,日本国民应全部享有选举权。

吾等主张,国家肩负着对全体国民实施教育的义务。

吾等主张,国家肩负着保护劳动者应享幸福的义务。

吾等主张,国家肩负着保护鳏寡孤独残疾者,以及丧失生活能力人民的义务。

吾等主张,国家肩负着鼓励学术的进步、技术的发明,促进文学的发展、美术的普及等义务。①

国家社会党与担当社会主义阵营主力的平民社关系密切。例如山路爱山是堺利彦的好友,他们于1897年相识。② 而后,山路爱山又于1902年前后结识幸德秋水。斯波贞吉与幸德秋水一样都加入过《万朝报》和理想团,也曾在堺利彦的介绍下加入社会主义协会。而中村太八郎曾创立普通选举同盟会、参与社会问题研究会和社会主义协会等。再以山根吾一为例,他于1890年赴美,回国后自1902年起参与相关活动,曾与片山潜等人保持密切联系,并陆续参与普通选举运动、《劳动世界》、铁工工会、金斯利馆、

---

① 木村時夫:「山路愛山の国家社会主義1」,『早稲田人文自然科学研究』1968年3月,109頁。

② 定平元四良:「山路愛山研究1」,『関西学院大学社会学部紀要』1976年12月,34頁。

社会主义协会、"赴美协会"等。① 他曾在片山潜赴美时担任《社会主义》总编辑并曾加入幸德秋水和堺利彦等人主导的《平民新闻》②,不过,日俄战争后他开始担任国家社会党的干事并走向国家社会主义③。

虽然两者关系密切,但态度却截然不同,最突出的表现便是因国家观带来的认知不同。以山路爱山为例,他认为皇室与国民的关系就如同在家庭中父母与孩子的关系一般,其"容器"便是国家。④ 君主是"主干",政府是"枝叶",国家是"全体"。⑤ 他认为国家是为保障人民权利、实现国民利益和民族价值而存在的,这样的存在是第一位的,就像是一个大家庭或大家族。而世界范围内充斥着人类、种族间激烈的生存竞争,强国所发动的无限领土扩张,以及为付诸战争的人口膨胀政策,不管喜欢或厌恶,这是任何人都不能逃避的世界大势。⑥ 在这样残酷的现实环境下,应"为了民族和国家而保护关税","为了民族和国家的独立而将增加人口视为国家的紧急任务"。⑦ 值得一提的是,他在宣称以皇室为中心的国家观的同时,也主张人民是维持"共同体"发展的动力,这点无疑是进步的,这也是他之前一直致力于推进实施普通选举的原因。⑧

---

① 出原政雄:「＜書評＞岡林伸夫著『ある明治社会主義者の肖像——山根吾一覚書』」,『志学館法学』2001 年 3 月,118 頁。

② 岡林伸夫:「＜論説＞ある明治社会主義者の肖像——山根吾一覚書」,『同志社法学』1995 年 9 月,196—234 頁。

③ 出原政雄:「＜書評＞岡林伸夫著『ある明治社会主義者の肖像——山根吾一覚書』」,『志学館法学』2001 年 3 月,120 頁。

④ 今中寛司:「山路愛山の国家社会主義史観」,『キリスト教社会問題研究』1968 年 3 月,110 頁。

⑤ 木村時夫:「山路愛山の国家社会主義 1」,『早稲田人文自然科学研究』1968 年 3 月,113 頁。原文见「堺枯川君に答ふ」,『独立評論』明治 39 年第 2 号。

⑥ 古田光ほか編:『近代日本社会思想史』,有斐閣 1968 年,270 頁。

⑦ 今中寛司:「山路愛山の国家社会主義史観」,『キリスト教社会問題研究』1968 年 3 月,111 頁。

⑧ 木村時夫:「山路愛山の国家社会主義 1」,『早稲田人文自然科学研究』1968 年 3 月,116 頁。

山路爱山认为国家具有两个机能，即对内发展任务和对外防卫任务，只有两者同时完成才能形成完整的国家。国家是保护个人自由的唯一机构，国民作为国家的一员，在国家面临存亡危机时，牺牲个人自由来确保国家存在的安全是理所当然的事情，正所谓"杀身成仁"。① 相对于国家对国民的"对内存在"所担负的发展重任，国家对国家的"对外存在"则担负着保卫国家利益和国民安全的重任，而实现国家的"对外存在"是实现发展重任的前提和基础。正因为如此，相对于平民社会主义对战争所持的非战态度，国家社会党则是持强硬态度，宣称战争是为了"生存"。例如山路爱山曾于 1903 年 1 月在《独立评论》上发表《我为什么是帝国主义的信奉者》，并随后在该杂志上撰写《我是所谓的帝国主义者》一文，表明基于帝国主义的思想立场。② 在他看来，"如今世界他国以其帝国威力压迫我国"，应"制定相应国际政策、对抗其扩张并充实军备"，采取"进攻态度"，鼓舞"国民的'霸心'"，因为"战争是一时的痛苦，国威的丧失才是长久的痛苦"。③

山路爱山等人批评平民社的社会主义者们一味地强调国内阶级的对立，而忽视世界范围内国家间的对立。他认为国家与国家之间、民族与民族之间的斗争，比起国内的阶级斗争更为激烈。④ 他公开反对马克思的阶级斗争观并认为其已经过时，称其是"已经发霉了的非常陈旧的学说"。⑤ 他否认

---

① 古田光ほか編:『近代日本社会思想史』，有斐閣 1968 年，270 頁。
② 古田光ほか編:『近代日本社会思想史』，有斐閣 1968 年，270 頁。原文见藤井松一《山路爱山的帝国主义观》，《立命馆大学人文科学研究所纪要》第 18 号，1968 年版。
③ 同上书，271 頁。原文见山路爱山《我是所谓的帝国主义》、《致七博士书》，《独立评论》1903 年 3 月，7 月。
④ 木村時夫:「山路爱山の国家社会主義 2」，『早稲田人文自然科学研究』1968 年 3 月，55 頁。原文见《国家社会主义梗概》，筑摩版 113 页。
⑤ 刘岳兵:《日本近现代思想史》，世界知识出版社 2010 年版，第 162 页。原文见《山路爱山集》明治文学全集 35，筑摩书房 1965 年版，第 128 页。

唯物史观的阶级斗争为革命方式①，对国家抱有充分的希望，认为国家会本能地保护弱者而不是少数强者，会发挥"良心"来保护拯救劳动阶级。例如，1906年3月，山路爱山等人领导的国家社会党曾联合社会党等团体，积极开展反对电车票价上涨运动，致力于为劳动者争取利益。然而，他却将保护工会这一劳动者组织的任务交给国家。可以说山路爱山在对国家概念的理解方面缺少阶级分析的观点。堺利彦就曾批判称，有时其口中所言国家意味着日本国民的总体，有时却意味着政府或天皇，这样的国家概念是不清晰的。② 这种忽视国家所代表的阶级利益的观点，既是山路爱山与堺利彦的论争焦点，也是国家社会党所主张的国家社会主义与平民社社会主义的分歧所在。

国家社会党与平民社的另一个不同点在于，相对于平民社社会主义者主张的"二元论"，山路爱山等人则采用"三元论"。山路爱山称，"如同弟子未必以固守师说为能事，信仰马克思的科学的研究法也未必就要固执于马克思倡导的二元论。这一点也正是国家社会主义者所窃以自信之处"③。即前者将阶级对立简单划分为资本家与劳动者或富人与贫民；后者则将大资本家与小资本家区分开来，将其划分为国家、大资本家、小资本家与劳动者或是国家、富豪、平民，在古代时则是国家、大诸侯、小诸侯与平民。在后者看来，日本历史不外乎是由三者根据国内外情况，或斗争、或调和，从而使共同生活的理想不断得以实现的一种动作的连续。④ 即三者在不同的历史情况下有不同的合作形式，国家和平民的联合、富豪与平民的联合、国家与富豪的联合都有可能发生，只有三者的互相调和才能保持

---

① 今中寛司：「山路愛山の国家社会主義史観」，『キリスト教社会問題研究』1968年3月，105页。
② 定平元四良：「山路愛山研究2」，『関西学院大学社会学部紀要』1977年1月，26页。原文见《光》1905年12月20日。
③ 刘岳兵：《日本近现代思想史》，世界知识出版社2010年版，第162—163页。
④ 同上书，第161页。

社会的稳定。例如，国家威力过甚而压制其他两者时，富豪与平民结合起来抵制国家的暴压，富豪专横虐待平民时，国家与平民相互呼应来压制富豪。① 但是，这三者间的斗争只是针对政权，而无关君主的地位。②

这种"三元论"也可以体现为"社会平衡论"。山路爱山称，"国家的背后必然是民众，众望会增加国家的威力，国家的威力会对国内最强有力阶级的专横进行遏制。通过这种行为可以维持社会平衡。如今，上层是政府，即国家机关，中间是富豪社会，下面则是劳动社会。政府应该与劳动社会相呼应，以对富豪社会的势力滥用进行矫正"③。他认为国家应联合劳动阶级来抵制富豪阶层的权利滥用，以维持社会的平衡，诸如对劳动者联合成立的工会实施保护等。而促进工会的诞生和发展，也正是国家的义务所在。④ 他的这种观点既可以应用于历史观和国家观，也可以应用于解决劳动问题等方面。因为在他看来，在任何时代，国家保护多数弱者群体不受少数强者压制都是常事。⑤ 古代国家应是保护被大诸侯压制的小诸侯和平民，在现代则是应保护被大资本家压制的小资本家和劳动者。总之，他的思想出发点归根结底还在于对国家观的认知方面，即观察社会问题的视角是站在国家立场上进行的。

虽然平民社社会主义者和国家社会主义者都对专横的大资本家和问题不断的社会制度展开攻击，也都主张土地、资本的共用和共同生活的实现等内容。但前者的出发点是，目前的国家不是劳动者的国家而是资本家的

---

① 刘岳兵：《日本近现代思想史》，世界知识出版社 2010 年版，第 161 页。
② 木村時夫：「山路愛山の国家社会主義 1」，『早稲田人文自然科学研究』1968 年 3 月，115 页。
③ 今中寛司：「山路愛山の国家社会主義史観」，『キリスト教社会問題研究』1968 年 3 月，112 页。原文见《国家社会主义梗概》第三章。
④ 木村時夫：「山路愛山の国家社会主義 1」，『早稲田人文自然科学研究』1968 年 3 月，125 页。原文见《国家社会主义与社会主义》，筑摩版第 133 页。
⑤ 定平元四良：「山路愛山研究 2」，『関西学院大学社会学部紀要』1977 年 1 月，26 页。

国家，所以主张打破现存体制；后者则不这么认为，他们要求的是国民团结，是在国家这个大家庭下如同家人般生活，国家存在的目的便是通过国家权力来维持共同生活。① 对此，山路爱山曾在《我们祖先的社会政策》中提及，日本从《古事记》、《日本书纪》的时代开始，便存在着国家是一个大家庭这样的根本信仰。② 正如国家社会党在政纲中所指出的"吾等坚信日本国体应遵循家人父子之情的君民团结，以及依据国家权力共同生活的大义"③ 那样，国家社会党希望实现国民在国家权力体制下的共同生活。在山路爱山看来，国家在对内方面应是一个共同生活体，即国家共同体论或家族国家论。④ 他的这一观点，也被堺利彦称为"独创的家人父子说"⑤。

值得一提的是，山路爱山认为世界范围内的国家间却不是这样的共同生活体，国家内部的存在关系并不能在国家与国家之间得以实现，为了维持自身的共同生活体，有必要牺牲其他的共同生活体，这就是不得不面临的世界现状。⑥ 而所谓共同生活的最初动机，正是基于国家的"对外存在"职能，即对外敌的共同防卫。⑦ 在实现这个共同生活体的过程中，他认为土地、资本原本就是国家的而不是私人的，私有制的设立只不过是为了实现共同生活所采取的权宜之计，并称"从国家为了其最高使命即共同生活，在必要的时候可以收回为了方便而给予人民的权利这一点上，可以说国家

---

① 木村時夫：「山路愛山の国家社会主義 1」，『早稲田人文自然科学研究』1968年3月，116頁。
② 定平元四良：「山路愛山研究 2」，『関西学院大学社会学部紀要』1977年1月，25頁。
③ 絲屋寿雄：『日本社会主義運動思想史』，法政大学出版局1979年，140頁。
④ 木村時夫：「山路愛山の国家社会主義 1」，『早稲田人文自然科学研究』1968年3月，113頁。
⑤ 堺利彦ほか：『日本社会主義運動史』，改造社1928年，20頁。
⑥ 木村時夫：「山路愛山の国家社会主義 2」，『早稲田人文自然科学研究』1968年3月，55頁。
⑦ 刘岳兵：《日本近现代思想史》，世界知识出版社2010年版，第162页。

社会主义者是比社会主义者更加急进的理论家"。① 不过，与社会主义者所主张的若非"共产制"便无法实现共同生活相比，国家社会主义者却并不拘泥于这一点。②

山路爱山早在1886年便接受了基督教的洗礼成为了一名基督徒，不过，他却自称为"日本流的社会主义"③。他称国家社会主义是独创的，是从日本历史过程中诞生的。④ 他曾在《社会主义评论》中提及，社会主义为旧物，尧舜之道被称为社会主义也不足为过。⑤ 就其所理解的社会主义来说，第一是对现状的批判，第二是对自由主义和自由竞争的批判，第三是无论是何种社会主义者，虽然种类众多，但都是现存社会所必不可缺的。⑥ 但是，不得不指出，在他所领导下的国家社会党同时兼顾着所谓的社会主义、国家主义甚至是帝国主义等。它是一个矛盾体，既试图维持社会发展成果，又试图最大限度地改变社会发展过程中出现的问题。从根本上来说，该党并不是立足于社会主义，而是在资本主义体制下所实施的社会政策。⑦ 在这样的思想根基之下，它并没有争取到广泛的支持基础，随后便自行消失。

---

① 刘岳兵：《日本近现代思想史》，世界知识出版社2010年版，第162页。原文见《山路愛山集》明治文学全集35，筑摩书房1965年版，第107—130页。

② 定平元四良：「山路愛山研究2」，『関西学院大学社会学部紀要』1977年1月，27頁。

③ 今中寛司：「山路愛山の国家社会主義史観」，『キリスト教社会問題研究』1968年3月，110頁。

④ 定平元四良：「山路愛山研究2」，『関西学院大学社会学部紀要』1977年1月，34頁。

⑤ 同上书，25頁。

⑥ 今中寛司：「山路愛山の国家社会主義史観」，『キリスト教社会問題研究』1968年3月，105頁。

⑦ 定平元四良：「山路愛山研究2」，『関西学院大学社会学部紀要』1977年1月，29頁。

二 国家社会主义

关于国家社会主义，幸德秋水曾在《俾斯麦的社会党镇压》一文中有所提及。他在文中说，"自古以来，没有像俾斯麦那样憎恶社会主义、虐待社会党党员的人了"，称他是在通过国家社会主义政策来讨取劳动者的欢心，如1883年通过的《劳动者医疗保险法》等。① 在1907年的社会党论争中，幸德秋水曾对持反对意见的人说起过，"你干脆加入国家社会党好了"。他也曾在《我的思想变化》中说，"假如我们仅满足于议会条例、法案的制定或变更，那么，我们的事业便是社会改良论，等同于国家社会党了"。② 从中可见，幸德秋水对国家社会主义的观点是相当怀疑的。确实，国家社会主义并不是真正的社会主义。

所谓国家社会主义，"以公共之性质，而营事业。收之于政府之手，严其监督，勉其保护，以谋现社会之改善"，"保护劳动者，以进人生之幸福，弛贫富之悬隔，谋社会之调和。于生产界抑制资本家之跋扈，救济可怜之劳民。举行其他政治及经济上百般之改良，依赖国家之力，以达其目的，是即国家社会主义之持论"。③ 从"改善"现行社会、"谋社会之调和"、"百般之改良"等字眼，就可以看出它与社会主义所主张的"废除"现行制度之间的差别。其差别体现在，"国家社会主义非如其他之社会主义，必以贫富均一、财产平等及绝对的平衡等为目的"，"全灭财产之私有制度，收之于社会之手，举其生产事业，一任之于国家"等方面。④ 相较于其他社会主义，国家社会主义明显温和，"以学理的研究之基础而成立国家社会

---

① 労働運動史研究会編：『週刊平民新聞』，明治文献资料刊行会1962年，456页。
② 藤原正人編：『幸德秋水全集第六卷』，诚进社1982年，143页。
③ [日] 福井准造：《近世社会主义》，赵必振译，上海时代书店1927年版，第177—207页。
④ 同上书，第207页。

主义者，与其余之社会主义大异。决不发荒唐无稽之议论，又不希过激疏暴之改革，徐行以图进步之径路，渐以达其目的"、"而其目的所在者，国家之事业，必求与年而增加，以缩少民间之事业。质而言之，移私人之事业，而收之于国家之手"①，主张通过渐进手段，实现由国家来运营事业的目的。

福井准造曾在《近世社会主义》中对国家社会主义作出记载称，"以如斯国家社会主义之议论，较彼等向社会而施急激之改革，尚觉易于实行……假令无论如何确守任放主义之政府，欲求社会之改良，则于不识不知之里，必借国家之力。试问今日之政府，何故而设立卫生会议，干预劳动者日常之卫生。又如工业条例之编制，及工场监督之紧切，将于电信邮政及教育等之事业。凡民业之不适当者，皆将干涉之。则政府之职务，专以解释消极的，其行动不可狭隘，而陷于范围之里。其此等之计划，于无用之事业，则免其不正之干涉。所谓无用之事业免其不正之干涉者，仅电信邮政等一二之事业而止。如铁道运河及教育等，诸般之事业，必经营于政府之手。即今日各国之状态，可想而知。于是国家社会主义之理想，其一部之目的，业已贯彻。吾人可断信其可由此而扩张发达云"②，从"必借国家之力"、"皆将干涉之"、"必经营于政府之手"等便可以窥见国家社会主义的自身色彩。

概括来讲，国家社会主义产生的社会原因在于，"第一，资本主义经济的停滞不前和议会的无能。既成的资产阶级统治并不能解决这些难题，由此产生的失望与不信任是国家社会主义产生的原因之一。第二，中产阶级的没落。随着垄断资本的强化，中产阶级的经济独立性被剥夺。他们选择依靠自身力量，而不是联合无产阶级对大资本家进行社会反抗。这样的国

---

① ［日］福井准造：《近世社会主义》，赵必振译，上海时代书店1927年版，第220页。
② 同上书，第221—222页。

家社会主义运动是中间阶层意识形态的反映。第三，无产阶级运动的低落"①，其中所提到的对议会的不信任、中产阶级的没落、无产阶级运动的低落正是当时日本社会的写照。在这样的环境下，国家社会主义力图在资本主义内部通过社会政策实施社会改良，它并不是要求从根本上变革资本主义制度，而是通过重要产业的国有化和劳资协调的社会政策等，提高包括劳动阶级在内的国民福利。②它主张依靠国家的力量来解决社会问题，所以格外强调国家的作用，即"盖国家者，为人间偶然组织无意味之团体，其本来之性质，必有至圣至高者，始能为万事主之宰，而为万众之望"，"一面抑资本家之暴富，一面救悲苦之劳民……以扩张社会主义，不问事业之种类何如，必以国家之权能干预之"，"以国家之权力，干涉私人之事业，扶贫者弱者整理富者之分配，解除劳动者之困厄"，"质而言之，则依国家之权力，抑富者以扬贫者，以维持社会之调和"。③它在强调"国家之手"的同时显示出大量的改良色彩，如主张通过设置相关金融机构等措施来维护劳动者和小资产阶级的利益等。

这些也体现在其他成员身上。作为国家社会党的成员人物，斯波贞吉早在1892年10月出版的《国家的社会论》中便提及，劳动者的团结会对生产的进步带来莫大的利益，应充分地将工会作为劳动者的救济方法，当然，仅靠这些是不够的，还需要政府的保护。④他主张通过土地的国有化这一手段，来实现对贫苦农民的救济。⑤他对当时的社会主义是这样思考的，

---

① 社会問題資料研究会編：『社会問題資料叢書第1輯』，東洋文化社1979年，3頁。
② 梅澤昇平：「国家社会主義の皇室観」，『尚美学園大学総合政策論集』2011年6月，5頁。原文见阿部齐编《现代政治学小词典》，有斐阁双书1981年版，第160页。
③ ［日］福井准造：《近世社会主义》，赵必振译，上海时代书店1927年版，第207—223页。
④ 定平元四良：「明治20年代の社会主義文献」，『関西学院大学社会学部紀要』1961年9月，86頁。
⑤ 佐々木敏二：「日本の初期社会主義2」，『経済資料研究』1974年11月，26頁。

即共产主义的缺点在于，为了实现财富平等，而不得不将富者的财富分给贫者，然而，富者并不想把自己或祖先的劳力所得毫无理由地分给他人，而贫者也并没有分得富者财产的权利，无需为生活担忧会使得劳动意识减退，甚至可能会导致社会的灭亡；无政府主义的缺点在于，没有政府的存在也能确保社会幸福安宁的，只能是在之前的尚未开化的社会，在拥有复杂组织的文明社会里，没有政府的存在是不可能实现社会进步的。① 而国家社会主义，则是在并不损坏个人财产的情况下，尽可能地实现个人生活的平等，通过生产的进步来实现国家的发达。② 在斯波贞吉看来，在当时的国际形势和国内环境下，日本必然实施富国强兵政策，而想要实现国家的强大，则必须是要依靠国家社会党主张的国家社会主义的。③

山路爱山信奉社会达尔文主义，认为在由优胜劣汰法则和弱肉强食竞争主导下的世界环境中，国家实力是左右其对外关系的基础。他曾说过，"侵略主义是什么？健康的劳动者把不健康的劳动者驱逐出工厂……是适者生存……是社会进化过程中的淘汰……并不以侵略主义之名为恶"④。他还曾说过，"人类具有生存的权利"，"我正是基于人类具有生存权这一信念，才成为帝国主义的信奉者"，"适者生存，我不相信有庇护失败者的宗教"。⑤ 这种适者生存论，是从追求生存权的"弱者心态"转向追求对外支配的"强者"心态，从追求保护弱者的精神转向追求国家权力的强大化。⑥ 基于"社会帝国主义"立场的他说，"大富豪利用其财富创造出新的'奴

---

① 定平元四良：「明治20年代の社会主義文献」，『関西学院大学社会学部紀要』1961年9月，84頁。
② 同上书，85頁。
③ 定平元四良：「山路愛山研究2」，『関西学院大学社会学部紀要』1977年1月，30頁。
④ 山路愛山はガ：『北村透谷・山路愛山集』，筑摩書房1969年，337頁。
⑤ 橋川文三編：『近代日本政治思想史』，有斐閣1974年，297頁。原文见山路爱山《我为什么是帝国主义的信奉者》，1903年1月。
⑥ 同上书，297頁。

隶'，为了抵制其专横之道，只有创造出比大富豪更多的财富。这只能依赖于国家的经营"，于是他一步步走向了强权国家的主张，主张与列强对抗、向列强学习、通过竞争获取市场甚至殖民地的"大国民"主义，而不是"四海同胞主义"或所谓的"小国"主义。①

可以说山路爱山对大富豪这样的大资本家阶层心存芥蒂，认为财富的不公平分配，使得劳动者根本无力参与竞争，所谓的"自由竞争"时代已经不复存在。他称自由主义、个人主义等在维新时期具备存在的意义，然而在30年后却已经落后于时代。② 他在承认大资本家的诞生是历史必然的同时，也在担心着他们不仅会垄断经济界，还会收买舆论、霸占议会，进而垄断全体政界。③ 他认为这些危险可以通过国家社会主义来拯救，即通过国家政策对"金钱"阶级加以限制，而大资本家自身也应实施贫富均衡的"节制"，进行适当让步，基于国家社会的利益，将其部分财产贡献于国家。④ 同时，国家可以依据自身权力通过政治、经济手段等对社会问题进行解决，即所谓的以国家为主体的国家经营论。例如，将道路、交通机构等交给国家管理⑤、禁止山林的私人经营等⑥。然而，正如"国家社会主义者，其视国力之权力为万能，欲依赖其力，易于处理万事，以举行诸般之改革。然此等国家之万能主义，果从面深察之，其说不免于谬误。即如其自由竞争，于社会之上，其弊害不少。即国家万能主义发现旺盛之时，亦

---

① 橋川文三編：『近代日本政治思想史』，有斐閣1974年，297—298頁。原文见山路爱山《我是所谓的帝国主义》，1903年。
② 今中寛司：「山路愛山の国家社会主義史観」，『キリスト教社会問題研究』1968年3月，110頁。
③ 木村時夫：「山路愛山の国家社会主義 1」，『早稲田人文自然科学研究』1968年3月，121頁。原文见山路爱山《现代金权史》筑摩版，第60页。
④ 同上书，122页。原文见山路爱山《现代金权史》筑摩版，第86页。
⑤ 同上书，124页。原文见山路爱山《国家社会主义梗概》筑摩版，第117—122页。
⑥ 木村時夫：「山路愛山の国家社会主義 2」，『早稲田人文自然科学研究』1968年3月，62頁。

不免多少之弊"① 指出的那样，国家社会主义存在的弊端是不容忽视的。对此，堺利彦曾评价称，所谓的社会主义之名只是引人耳目的招牌，他们的活动实在是徒劳无益，只不过是过渡时期的一时现象罢了。②

三 "纯正"社会主义

北一辉所自称的"纯正"社会主义是此时国家社会主义中的另一股力量。因其思想几经变迁，本部分内容仅对其该时期的思想进行论述。北一辉在中学时代曾作诗批评天皇，后通过《平民新闻》对社会主义产生兴趣。③ 1901年11月，北一辉于《佐渡新闻》发表《人道的大意》一文，提出若干改革项目，包括形成天皇与普通民众相亲近的制度、废除国民间的阶级制度、平等地获取知识、修改议员选举法并形成广义的普通选举法、组织工会以约束资本家对利益的垄断并谋求相互救护的方法等，这是他自身对其相关主张的整理。④ 他指出，诸项改革的目的在于"对如今的散落局势进行联合……建立世界大政府"，"率先倡导人道大义，以指导世界列邦"是"作为君子国的日本所面临的永久任务"，其顺序应该是"首先培养本国国力，确立文明基础，形成上下一致的君民和同，之后便是履行其志"，即培养国力、构筑文明基础、形成与列国不同的君主国、确立对列国的指导性、实现世界大政府，这些观点与他日后的思想形成密不可分。⑤

1906年5月，23岁的北一辉出版《国体论及纯正社会主义》，该书因

---

① ［日］福井准造：《近世社会主义》，赵必振译，上海时代书店1927年版，第223页。
② 労働運動史研究会編：『光』，明治文献资料刊行会1960年，18页。
③ 朱谦之：《日本哲学史》，人民出版社2002年版，第391页。
④ 古屋哲夫：「北一輝論」，『人文学報』第36号，1973年3月。原文见《佐渡新闻》，1901年11月21—29日。
⑤ 同上。

涉及不利于天皇制的言论而被禁止发售。他宣称必须对陈旧思想采取排除的态度，并指出"国体论中的天皇是由迷信所捏造的土偶，而并非天皇"①。他认为明治维新后的日本发生巨大变化，其主体应该是国家本身而不是其他。他批判天皇的神权，反对明治政府所宣扬的建国理念，称所谓的描述皆是不符史实的虚构理论，不应困守于天皇治国的神话框架。②他说：

> 今日之国体已非国家为君主之所有物，为其利益而存的时代的国体，而是国家的实在的人格已作为法律上的人格而被认识之公民国家的国体。天皇已不是以土地、人民之二要素作为国家所有的天皇，而是如美浓部博士所云，包含于广义的国民中，作为国家一分子与其他分子的国民同等、在国家机关里有大特权那样意味的天皇。
>
> 故只君主不是统治者，只国民也非统治者，最高机关是作为统治者为国家的利益而运用国家的统治权者。这是法律所示现今之国体，又即现今之政体。③

他反对国体论者所谓天皇主权、万世一系、君臣一家、忠孝一致的主张。④他认为这样的国体论"极为迷妄虚伪"，"侵犯学问独立，束缚信仰自由，导致国民教育腐败"，"对其深感惭愧恐惧"⑤。在他看来，明治政府政权始终未脱离以萨长同盟为核心的领导，"王政复古"、"天皇亲政"、

---

① 朱谦之：《日本哲学史》，人民出版社2002年版，第392页。原文见《国体论及纯正社会主义》第483页。
② 黄自进：《北一辉的革命情结》，中央研究院近代史研究所2001年版，第2页。
③ 朱谦之：《日本哲学史》，人民出版社2002年版，第392页。原文见《国体论及纯正社会主义》第567页。
④ 同上。
⑤ 古屋哲夫：「北一輝論」，『人文学報』第36号，1973年3月。原文见《佐渡新闻》，1903年6月25—26日。

"君主立宪"等均为其精心设计的假象,他们只不过是通过这些理论来掩饰长期控制政权的事实真相;若不否定天皇论,便无法否定明治政府体制,更无法引进新的宪政学说,这也是他在宣称社会主义之际选择以否定天皇制来破题的原因。①

他的"反皇权论"还通过"反特殊论"来印证。就反特殊论来说,他认为日本历史的发展和人类文明的演进没有本质上的差异,对日本自有其特殊历史经验的说法表示否定,称其发展走向都是从君主专制国家演进到贵族国家,再发展成民主国家。② 例如他认为,日本的历史只可追溯到4世纪,而不是由神武天皇创世于公元前660年;在国家的形成、皇权的确立、政治与宗教的分合等相关具有指标性的文明发展议题上,日本在世界文明发展史中并没有与众不同之处;所谓日本是神国化身的"日本神国论"、开国以来便是由万世一系的天皇家族统治的"天皇治国论"、君民关系是伦理亲情关系的"家长国家论"等,皆是虚构理论;明治政府所强调的国情特殊论,只是掌控政权的萨长同盟不愿因西方宪政民主思想的导入而影响其政权稳定,所刻意制造的假象等。③

北一辉主张改革,他的理念体现在两个层面,即经济层面和政治层面。他提出在经济上追求土地等生产资料的国有化,在政治上追求普通选举的实施和参政权的扩大等。他称"应对生产和分配进行平均,打破经济的不公平"④。他认为贫穷起因于资源的被垄断,社会正义的考量重心不应在财富的分配手段,而应在资源的划分标准,主张实现资源的国有化;其次,除了经济上的正义外,只有扩大政治参与,让群体的事务皆由组成者共谋,

---

① 黄自进:《北一辉的革命情结》,中央研究院近代史研究所2001年版,第21—25页。
② 黄自进:《北一辉的革命情结》,中央研究院近代史研究所2001年版,第2页。
③ 同上书,第26—35页。
④ 古屋哲夫:「北一輝論」,『人文学報』第36号,1973年3月。原文见《佐渡新闻》,1903年10月27日至11月8日。

才能确保社会的正常运作。① 此外，他格外强调国家色彩，称"我的社会主义不是无政府主义……通过国家之手来实现土地和资本的公有……社会主义必须要承认国家的存在"。② 在他看来，为了打破不平等等社会现状，通过国家的手段来实现土地和资本的公有化是必要的，因此，在社会主义面前，国家的存在、国家的独立是非常重要的。③

不得不说，北一辉的主张是同时基于国家主义与个人主义。他曾说过，"个人是组成社会的'部分'，如果不能认识到其权威性的话，是不会有社会民主主义诞生的。尤其是在日本……个人主义的充分发展是社会民主主义的前提"④，"国家主义和个人主义通过社会主义实现其理想……国家主义和个人主义只有被包含在社会民主主义里面，才能实现自身理想"，不管他所说的是社会主义或是社会民主主义，他以国家主义和个人主义为立脚点是非常明确的。⑤ 他还说，"没有个人主义，便不会有立于个人权威之上的社会主义。没有帝国主义，便不会有基于国家权威之上的世界主义"，他的社会主义是以个人主义和国家主义甚至帝国主义为支撑的。⑥

在北一辉看来，"世界联邦"的社会主义，只有通过各国间强有力的竞争才能实现，"帝国主义的主张是实现社会主义的前提"，可以说在他的思想中，存在着帝国主义的、国家至上主义的、甚至类似于世界争霸的危险之处。⑦ 这与以帝国主义为敌的幸德秋水等社会主义者们的主张，形成鲜明对

---

① 黄自进：《北一辉的革命情结》，中央研究院近代史研究所2001年版，第37页。原文见《国体论及纯正社会主义》第9页。
② 古屋哲夫：「北一輝論」，『人文学報』第36号，1973年3月。原文见《佐渡新闻》，1903年10月27日至11月8日。
③ 梅澤昇平：「国家社会主義の皇室観」，『尚美学園大学総合政策論集』2011年6月，7頁。
④ 同上书，6頁。
⑤ 松本健一：『北一輝論』，講談社1996年，69頁。原文见《国体论》第三篇。
⑥ 同上书，81頁。原文见《国体论》第五篇。
⑦ 同上书，85頁。原文见《佐渡新闻》，1903年10月27日至11月8日。

比。平民社社会主义者们的着眼点为"劳动者",而北一辉则是基于"民族生存竞争史观"而着眼于"民族"。① 1903 年 9 月,北一辉在《日本国的将来与日俄开战》一文称,"被理解为侵略意味的、民族的帝国主义是如今世界列强的理想","对俄国开战,不然便是日本帝国的灭亡"。② 1903 年 10 月,北一辉在自称为"社会民主主义者"的同时,公开发表《咄,非开战论者》对幸德秋水等人的非战论主张进行批判。③ 他认为,俄国、美国以及欧洲诸国的社会主义者们反对帝国主义是理所当然的事情,然而,在日本处于被国外帝国主义列强所威胁的情况下,日本的社会主义者不应该去反对本国的帝国主义;日俄战争既不是为了"天皇",也不是为了"三井岩崎"等资本家,也不是为了"乃木东乡"等军人,而是为了民族的生存、国家的存续而进行的国民之战。④ 在他看来,帝国主义原本是经济帝国主义,扩大领土已成为与列国竞争的先决条件,在开展"工商"方面的竞争之前,必先进行领土的扩张。⑤ 所以他是开战论者,认为在帝国主义蔓延的国际形势下这是日本应该做的选择。

他站在所谓的"帝国主义"的社会主义立场⑥,称"我主张社会主义,社会主义对我而言几乎是宗教……但同时我又不得不说,正是因为我主张社会主义所以才不能舍弃帝国主义,不,正是因为社会主义我才断然主张帝国主义。我认为帝国主义是实现社会主义的前提……我宣扬帝国主义、呼吁日俄开战,也正是基于社会主义的理想",极力将帝国主义与社会主义

---

① 松本健一:『北一輝論』,講談社 1996 年,247—254 頁。
② 古屋哲夫:「北一輝論」,『人文学報』第 36 号,1973 年 3 月。原文见《佐渡新闻》,1903 年 7 月 4—5 日。
③ 松本健一:『北一輝論』,講談社 1996 年,240 頁。
④ 同上书,241 頁。
⑤ 古屋哲夫:「北一輝論」,『人文学報』第 36 号,1973 年 3 月。原文见《佐渡新闻》,1903 年 9 月 16—22 日。
⑥ 松本健一:『北一輝論』,講談社 1996 年,255 頁。

进行调和。① 他还基于人口过剩论，认为当时日本国内贫穷人口过多所以需要向外开拓市场以寻求生存之道。此外，北一辉还在进化论的基础上作出预测，称未来的人类社会一定会向无国界的世界政府方向发展，但是，在尚未发展到世界政府之前，国家仍是推动改革、保持社会发展的最主要工具。② 所以，他反对幸德秋水后期所主张的无政府主义等派别，并自我标榜为"纯正"社会主义。值得一提的是，他主张"社会主义的革命主义"，实际上意味着是在"革命主义"的名义下为国家主权之国体的拥护者，其绝对不是真正反对国体论者的主张，相反地乃是在"社会主义"名义的幌子下，给日本法西斯主义开辟道路。③

总之，国家社会主义强调国家权威并主张以国家为实施主体，基于国家本位的立场追求国家目标的实现。它认为国家的存在是个人目标得以实现的前提。例如，北一辉同时也是一位国家主义者，他所憧憬的日本疆域，北起西伯利亚、南至澳大利亚、向西扩张至中南半岛的缅甸。④ 然而，这些特质在一定程度上影响了法西斯主义的出现，例如国家社会主义者北一辉就是日本法西斯主义理论的创立者。对此，已故的京都大学名誉教授飞鸟井雅道曾指出，就从社会党出发、转向为全体主义的墨索里尼思想来说，北一辉走在了其前面。⑤

综上所述，国家社会主义虽然也强调对各种现实社会问题的批判和改革，但它与社会主义思想有着显著的区别。对此，安部矶雄曾指出，"今天

---

① 古屋哲夫：「北一輝論」，『人文学報』第36号，1973年3月。原文见《佐渡新闻》，1903年10月27日至11月8日。
② 黄自进：《北一辉的革命情结》，中央研究院近代史研究所2001年版，第38页。原文见《国体论及纯正社会主义》第111—123页。
③ 朱谦之：《日本哲学史》，人民出版社2002年版，第393页。
④ 黄自进：《北一辉的革命情结》，中央研究院近代史研究所2001年版，第313页。
⑤ 橋川文三編：『近代日本思想史の基礎知識』，有斐閣1975年，190頁。

人们使用国家社会主义、保守的社会主义、讲坛社会主义等各种用语,偶或使社会主义的意义变得模糊不清了。我们希望读者不要因为这些名称而误解了社会主义的真意。上面所说的各种社会主义仅仅是反对个人主义、放任主义,而由国家的力量来矫正自由竞争主义的弊端,绝非要从根本上改造社会的组织"①。而且即便是都号称主张国家社会主义,其内部思想也有诸多不同之处。例如,北一辉就曾批评山路爱山等人将法理上的国家与政治学上的国家混同,称其是冒国家社会主义之名,而实际上应该被称为"政府社会主义"。② 不管怎样,国家社会主义只是出于建设国家的构想,是对当时社会秩序欲加改良的思想运动,对资本主义发展过程中出现的问题加以改良才是其真正目的所在。它忽视国家的阶级性,反对超国家性质的国际无产阶级联合,虽然其名称中带有社会主义的字眼,但它却并不是真正的社会主义,更不是山路爱山所声称的"科学社会主义"③。

◇◇ 本章小结

本章主要围绕平民社时期的社会主义思想内容进行探讨,内容包括平民社的思想活动、国家社会党与国家社会主义等。平民社的思想活动主要包括非战论、社会主义改造论和传道行商活动等。国家社会主义部分则主要通过山路爱山和国家社会党等相关内容来探寻其思想内涵。

首先,在从 1903 年 11 月平民社的成立到 1905 年 10 月解散的两年时间

---

① 刘岳兵:《日本近现代思想史》,世界知识出版社 2010 年版,第 157 页。原文见安部矶雄《社会问题解释法》,东京专门学校出版部 1901 年版,第 353—354 页。
② 刘岳兵:《日本近现代思想史》,世界知识出版社 2010 年版,第 163 页。
③ 山路爱山曾自诩为科学社会主义者。他在《山路爱山集》中曾说过,"国家社会主义は科学的社会主义なり"(山路爱山:『山路爱山集』,筑摩书房 1977 年,134 页)。

内，以平民社为主体的社会主义可以简称为平民社社会主义。作为因反战目标而设立的团体，其非战论的出发点主要体现在从道德方面对战争的罪恶进行控诉、从经济层面对战争的本质进行剖析、从基督教的博爱精神和人道主义立场对战争进行抵制等方面。平民社的社会主义改造论主要表现在，一是打破阶级差别，消除财产多寡、门第高低、男女不平等等社会现象。二是实现生产资料的公有并交由全体社会共同经营。三是消除无政府、无秩序的经济组织所带来的自由竞争和弱肉强食。四是变少数人的政治为全体国民的政治。五是不仅对贫穷者进行拯救，也对富有者进行拯救。就其特点而言，平民社社会主义的思想内容体现着混杂性特征和世界性特征。

其次，山路爱山认为国家具有两种存在状态，即国家相对于其他国家的"对外存在"和国家相对于国民的"对内存在"。国家的对外功能是指担负着保卫国家利益和国民安全的重任，对内功能则是指促进国民共同生活体的发展，而在这两者中，发展对外事业是前提和基础。他的思想出发点并不是基于劳动阶级的立场，而是站在所谓的中等阶级立场，主张对大资本家进行约束。他的"三元论"体现在其对国家、历史和劳动问题等的认识方面。这些都决定着他的思想局限性。此外，国家社会主义队伍中还有自我标榜为"纯正"社会主义的北一辉等人。国家社会主义者们倾向于依靠国家力量来解决社会发展问题，因此国家社会主义也可以理解为通过社会政策所实行的社会改良主义，而不是真正的社会主义。

本章旨在对平民社社会主义时期的相关思想内容进行把握。不同于刚成立便遭禁止的社会民主党，维持两年的平民社最大程度地集合着当时的社会主义力量，给当时的社会主义者们提供着较为稳定的活动阵地。由于此时拥有共同的反战目标，所以整个社会主义阵营保持着步调统一的状态。但这也预示着随着日俄战争后统一战线的消失，社会主义队伍会由于其内部思想的混杂性而出现分裂。此部分内容将在下一章进行论述。

第 五 章

明治时期社会主义思想的分化与凋落

如果说甲午战争后的日本得以跻身世界列强的话，那么日俄战争后的日本则是进一步确立了帝国主义形象。不过，对于日本国内的广大劳动者而言，他们面临的依旧是高额的税收、上涨的物价和苛刻的劳动条件。而且此时社会主义阵营的发展也不容乐观。1906年3月，堺利彦创办《社会主义研究》，旨在对社会主义相关内容进行研究或介绍，然而同年8月便被迫停刊；1907年6月，片山潜和田添铁二申请设立日本社会平民党，宣称在宪法允许的范围内主张社会主义以及保护劳动者应有的权利，却遭到禁止；1907年12月，片山潜申请成立平民协会，旨在通过工会组织来加强劳动者的团结，同样遭到禁止等。除了这些压制外，此时更为严峻的问题是，社会主义阵营的内部正在面临分化。

◇◇ 第一节　唯物论派与基督教派的对立

唯物论派与基督教派的对立是明治时期社会主义阵营的第一次分裂。此次分裂带有必然因素，社会主义阵营中的片山潜、安部矶雄等人均是一位论派协会的基督徒，而幸德秋水则受唯物论影响，倾向于无神。[1] 伴随着

---

① 古田光ほか編：『近代日本社会思想史』，有斐閣1968年，225頁。

1905年平民社的解散，社会主义阵营失去了统一的活动阵地。此后，唯物论派与基督教派开始分裂。唯物论派又称正统派，主要以幸德秋水、堺利彦和西川光次郎等人为代表。基督教派则是指木下尚江、石川旭山和安部矶雄等基督教社会主义者。其实他们的思想差别早在平民社时期就有所体现，平民社社会主义内部就存在着唯心论派与唯物论派的区别，如木下尚江、石川旭山和幸德秋水、堺利彦、山口孤剑等。只不过当时有统一的活动阵营、有共同的反战目标，而此时则不然。可以说，他们的团结基础薄弱，并不是基于明确统一的思想方针，而是基于对社会主义的抽象理想以及致力于实现普通选举等共同活动。于是，随着战争的结束，他们的对立开始凸显出来。

一 幸德秋水与基督教

首先，来看一下幸德秋水，尤其是其后期思想中对基督教所持的态度。他否定基督是历史人物，认为圣经是传说和虚构的产物，称宗教带有通过虚构历史来欺骗人民群众的伪善本质，因此致力于无神论思想的宣传。[①] 他不承认基督曾生存于这个世界，称其是不真实的。他认为圣经也只可作为神话小说来玩赏而已。在他看来，基督和基督教只能作为神话而存在，并不具备现代宗教的生命。他说：

> 圣经是神话，是小说。作为神话小说读之可也，玩赏之可也，研究之亦大可也，至于作为基督传记，则连半文钱亦不值也。[②]
>
> 啊，耶稣基督这个人果真一度生存在这个世界吗？他的生存的痕迹何其如此不可辨认，他的证据何其如此不可得见！即使他的十二使

---

① [日] 幸德秋水：《基督何许人也》，马采译，商务印书馆2010年版，第2页。
② 同上书，第27页。

徒都是不学无术之徒，其信徒都是卑贱愚昧之辈，但据称为自保罗以来历代传统的教会，却没有足够使我们信服的某些明确的事实，而不得不专靠许多伪造文书，收买投票和使用暴力的事情以确立其信条，其根据又何其如此薄弱！①

我认为对基督的实体定下一个如下的铁案，并不会怎样不公平：耶稣基督不是历史上的真实人物，而只是以古代神话的糟粕渣滓，残骸断础拼凑起来而成立的一个没有生命的偶像而已。②

我们对于基督和基督教作为古代神话的价值，表示相当的尊敬，但必须知道，他作为现代宗教的生命却早已丧失了……是的，现在他们只能作为伪造的神话而存在，作为宗教是早已过去的东西，无生命的东西，死骸，枯骨。③

对于他人视为信仰的基督教，幸德秋水持强烈的批判态度。他认为其自私狭隘，排斥新思想，并称基督教信仰没有任何历史根据作支持。他说：

古来没有比基督教妒忌、憎恨异教异端以及其他许许多多新思想新信仰更加厉害的。基督教会及基督教的帝王政府，对于异教或敌人的迫害，极其凶恶残忍，常使人为之目不忍睹，而一般史家学者却不像他们那样狂热，大都不失掉公平冷静的心性，故虽在基督教会全盛以后，对于许许多多小弥赛亚，伪弥赛亚的人物事迹，事无大小，都加以记载，毫不忌讳。

基督教的信仰实在是赤裸裸的信仰，不是历史、科学、常识所关与的。如果世界有什么可以保证这种信仰的话，那只有依靠教皇的权

---

① ［日］幸德秋水：《基督何许人也》，马采译，商务印书馆2010年版，第45页。
② 同上书，第99页。
③ 同上书，第102页。

力、皇帝的权威、严酷的审判、残忍的刑罚而已。①

幸德秋水对基督教的否定还体现在对其内涵,例如三位一体思想、灵魂不灭之说等的攻击方面。他认为基督教在很多方面并不是原创的,而是对其他宗教的模仿,甚至不过是古代异教的遗物。他更是声称信仰基督教的基督徒们为"无知"。他说:

> 三位一体的思想,和十字一样是东方诸宗教所共有的,是从后者同一的观念生出来的……研究其他古代诸宗教的神话传说的人,可以看到到处出现的三位一体观念。
> 基督教以外,三位一体以外,还有圣母玛利亚,这也并不是基督教所创始。
> 灵魂不灭之说,也是早在基督教发生以前就为异教徒所相信。
> 基督教夸称其所独创的为一神教,即主张神是唯一的,他们以为这比信奉多神的异教高明得多,但事实上果真是这样吗?基督教的一神是畸形的一神,是合父、子、圣灵三位为一神,如果这样称得上一神教,那么,上古的思想家中,就有很多是相信这种上帝即最高神的,这有什么值得夸耀的呢……是的,从多神教转移到一神教,是世界到处都可以看到的,随着人智的进步而发展的自然的进化,并不是什么超自然的天启,基督教提倡此说,已落后了不知多少年,哪里还有什么独创可夸呢!
> 基督教并不是中介者第一代,而只是模仿者而已。从其根本教义来看,就可以知道基督教只不过是古代异教的遗物。
> 我们可以看出,基督教并不是出自基督这个人,反而是出自埃及。

---

① [日]幸德秋水:《基督何许人也》,马采译,商务印书馆2010年版,第48—49页。

福音，仪式，都是从埃及得来……另外再用其他东方诸国的信仰加以混合、润饰。

我们觉得基督教这个东西，从根本教义到枝叶的仪式典礼，没有任何独创的事物，没有任何特殊的色彩……今天声称四亿的基督徒，如果他们真正了解到基督教的由来及其信仰之为何物，那他们的大多数人就将丧失信仰。可怜基督教所赖以建立起来的基础，只是"无知"两字而已。①

对于基督教引以为豪的道德，幸德秋水也给予否定。他不但称所谓的崇高善美的道德并不是基督教所创始的，而且更是对基督教的道德持怀疑态度。他说：

这些崇高善美的教训，却并不是基督教所创始，而是在他们以前数百年乃至一千年的古昔，为释迦、琐罗亚斯德、孔、孟、老、庄以及其他诸圣诸贤所郑重亲切教诲的。

试想，所谓"黄金律"说的"你想人怎样待你，你也要怎样待人"这句话，是基督徒引为最值得夸耀的。可是这在公元五百年前孔子早就这样说了，东方的贤人、哲学家莫不这样说，而把它列为人类道德的首要；在西方，亚里士多德、毕塔卡斯、伊索克拉特斯也都这样说，希伯来经典也莫不这样说。

从一世纪末到二世纪前半，博学的高僧尚未出现，庄严的经典尚未制定的时候，基督徒的道德是很卑污的。②

---

① ［日］幸德秋水：《基督何许人也》，马采译，商务印书馆2010年版，第59—79页。
② 同上书，第81—84页。

可以说，幸德秋水已初步认识到，宗教和神的产生是有其社会的、阶级的根源的。① 从他对基督教的态度和认知来看，以幸德秋水为首的唯物论派与基督教派发生分裂也是必然的事情。

二 唯物论派与基督教派的内容分歧

1905年底，以非战论为共同战线的平民社社会主义者们分裂为两派，即唯物论派社会主义者与基督教派社会主义者，代表刊物分别为《光》与《新纪元》。② 前者号称为"日本劳动者的机关杂志"并宣称所有的革新都来源于物质层面的革新，后者则自创刊之时便进行"新纪元说教"以凸显基督教社会主义色彩。③ 其实，唯物论派与基督教派的思想差别早有端倪。就当时平民社的主要人物来说，在幸德秋水、堺利彦、西川光次郎和石川旭山四人中，除了石川旭山外，其他几人都对宗教持有意见。④

1901年11月8日，幸德秋水在《有神有魂说与道德》一文中称，"东洋人不信奉神灵……人生应为着恻隐之心、博爱之心、羞耻之心、仁义之心，而不是所谓的神灵天国……我并不认同内村先生的有神说"⑤，表示并不认同基督徒们所宣称的"神灵天国"。1903年的时候，幸德秋水曾开玩笑地对基督徒木下尚江说过，如果他能够放弃信仰，便甘愿蹲下身为其解鞋带等。虽然幸德秋水与基督教关系密切，例如他身边的跟随者中有许多都为基督徒，但他却一直都未曾真正认同过基督教。幸德秋水自己也曾坦承过，他对儒学、佛教、神道、基督教的感情是依次递减的。

---

① 张陡遥：《播火者的使命》，社会科学文献出版社2013年版，第56页。
② 橋川文三編：『近代日本政治思想史』，有斐閣1974年，347頁。
③ 堺利彦ほか：『日本社会主義運動史』，改造社1928年，17頁。
④ 同上书，55页。
⑤ 藤原正人編：『幸徳秋水全集第三卷』，誠進社1982年，350—351頁。

第五章　明治时期社会主义思想的分化与凋落

（一）唯物论与有神论的分歧

无论是到社会主义者的转变、还是到后来无政府主义者的转变，唯物论是幸德秋水思想中未曾变化的部分。它是幸德秋水等唯物论派社会主义者认识世界的思想基础。幸德秋水曾在1903年3月10日发表的《社会主义与宗教》一文中说过，"基督教社会主义一派致力于慈善事业等并逐渐接近科学社会主义，这的确属实，但在今日看来实在是暧昧至极……近世社会主义应建立在哲学的、历史的、科学的道理之上，致力于自由平等、人类自我支配权的实现。不承认具有无上权力的神灵存在……将来取代各种宗教支配人生的必然是社会主义本身……神的存在是科学所不允许的……社会主义不需要信仰死后的世界，社会主义需要的是自由、平等、和平的现实生活世界"①。虽然其中关于基督教社会主义的评价并不是很科学，但至少能从中发现他对神的态度，那就是他不相信神灵的存在。他认为随着社会的发展，宗教最终会变得徒有其名。在他看来，只有建立在哲学的、历史的、科学的基础上的理论才会有长远的发展空间。所以，幸德秋水强调，社会主义不需要神的存在，神是非科学的。他说：

> 社会主义是一元主义。社会主义不要神，又不必要信死后的世界，是直接在现在实际的社会生活里，取得自由、平等与和平者……社会主义其实不但为一人一代，而是希望人类全体之健全的幸福进化，对于从来宗教的神以理代之，对于祭坛以道理代之，在地上恢复了天上的乐园。若社会人类全体，无阶级，无压制，皆逐其自由、平等生活，衣食皆能有余，则何神之有？何未来之有？灵与肉，世间与出世间，浑然融然如一。道德在此中，幸福亦在此中。

---

① 藤原正人编：『幸德秋水全集第四卷』，诚进社1982年，391—397页。

> 神是科学所不许的空名。天堂地狱的观念，在个人主义社会，不过出于不得已的慰藉的手段罢了。若除去现在生活的苦痛与穷乏，则自应归于消灭的。①

入狱前的幸德秋水在东京神田青年会馆发表演讲时曾说过，"并不是马克思创造出了社会主义，而是社会主义成就了马克思。必定是时势造人物"②，这种时势造英雄，而不是英雄造时势的看法也反映出他的唯物论观点。1905 年 5 月 13 日，幸德秋水在巢鸭狱中写给堺利彦的信中提到，"若夫问仆之宇宙观人生观者，其依然报之以唯物主义者、科学的社会主义者也"③。1910 年 1 月 25 日，他在与小泉三申书中论及生死问题，"死之一语，有如高山之云，从远方眺望，虽见其形似怪物，而就近来看，则什么也没有。在唯物主义者，其意义不外乎左右摇摆之时钟的钟摆停止了一样"④，从中可以窥见他的唯物论态度。可以说，在幸德秋水看来，近世社会主义和宗教家之信神者绝不相同。⑤ 这两者本来就是对立的话题。

（二）阶级斗争观的分歧

基督教派社会主义者曾基于博爱精神等的立场，批判过唯物论派的阶级斗争观，例如石川旭山。他虽然承认资本主义社会内部劳动者和资本家产生对立的必然性，但他认为，过于强调阶级间的对立是危险的，加深劳动者和资本家间的憎恨，盲目地发动斗争是错误的。他称，"一味地急于追

---

① 朱谦之：《日本哲学史》，人民出版社 2002 年版，第 301 页。原文见《日本哲学思想全书》第八册第 194 页。
② 劳働運動史研究会編：『週刊平民新聞』，明治文献资料刊行会 1962 年，509 页。
③ 朱谦之：《日本哲学史》，人民出版社 2002 年版，第 299—300 页。原文见《幸德秋水的日记与书简》第 192 页。
④ 同上书，第 386 页。
⑤ 朱谦之：《日本哲学史》，人民出版社 2002 年版，第 300 页。

求运动的成功、挑拨劳动者的利欲、助长阶级间的憎恶之念，只会使我们的运动沦为轻率的行动"①，应该对这种对立进行适度的把握。影响安部矶雄走上基督教社会主义道路的贝拉米也曾说过，"社会主义不是仅仅为了被剥削、被压迫阶级的利益，而是为了富有的、贫穷的、所有社会阶级的共同利益"，"社会主义代替资本主义制度不是依靠无产阶级推翻资产阶级的阶级斗争，而是依靠所谓'人类健全理智获得胜利'。这一伟大变革只能采取辩论的方式，不需要革命和任何暴力行动，不需要牺牲一个人，只要等到社会公众舆论成熟，就可以由国家接收私人垄断公司的财产，和平过渡到社会主义"。② 在基督教社会主义者们看来，社会主义代表的是全体社会的共同利益。他们反对阶级暴力，倾向于淡化阶级间的憎恨。而唯物论派社会主义则称没有阶级斗争便不会有理想社会的实现。例如堺利彦便主张，应将社会内阶级间的对立、反目、敌视、斗争、杀伤等实际情况展现在劳动者面前，让其早日觉醒。③ 两者是根本不同的。

此外，平民社内堺利彦与延冈为子、西川光次郎与松冈文子④的婚姻也遭到基督教社会主义者的非议。这些思想上的分歧也体现在其所开展的活动方面。随着以幸德秋水等人为中心的唯物论派社会主义与以安部矶雄等人为中心的基督教社会主义发生对立，两派也各自形成了新的活动阵地。1905 年 11 月 10 日，木下尚江与石川旭山邀请安部矶雄等人创立月刊《新纪元》⑤，强调实施普通选举的重要性等内容。它带着基督教的宗教色彩去反对另一方的唯物论观点。当月 20 日，西川光次郎等人也在幸德秋水和堺

---

① 堺利彦ほか：『日本社会主義運動史』，改造社 1928 年，20 頁。
② ［美］爱德华·贝拉米：《回顾》，林天斗等译，商务印书馆 2009 年版，第 5 页。
③ 労働運動史研究会編：『光』，明治文献資料刊行会 1960 年，112 頁。
④ 平民社松冈荒村之妻，松冈荒村于 1904 年去世。
⑤ 1906 年 11 月 10 日终刊，共 13 号。

利彦的支持下，创立较之《平民新闻》和《直言》更为大众通俗的半月刊《光》①，并对《新纪元》加以反击。这种对立一直在持续。幸德秋水甚至在1911年2月得以出版的遗著《基督何许人也》中还提到，"基督教徒以基督为历史人物，以其传记为历史事实，这是迷妄，是虚伪。迷妄阻碍进步，虚伪有害世道，是绝不能容许的。这就要揭开他的假面，剥去他的伪装，暴露出他的真相实体，把他从世界历史上抹杀掉"。② 从中可见，幸德秋水对基督教的态度直到临死前都未曾改变。或许可以说，通过"抹杀"基督，其真正的意图，尚在排击那一切政治的、经济的、宗教的权力与权威。③

三 社会党与日刊《平民新闻》

1906年1月7日，以西园寺公望为首相的政友会内阁成立。拥有西方新思想并曾接触过自由民权运动的他对稳健派的存在采取容忍态度④，并在新内阁成立时颁布《铁道国有法》，宣布将全国17家私营铁路公司收归国有。他还称"社会主义乃世界一大风潮，不宜滥用警察力量镇压，对于稳健的社会主义，应合理诱导使之为国家进步作出贡献"⑤，这样的态度在一定程度上鼓励着坚持"合法主义"手段的社会主义者们。

1906年1月14日，《光》派的西川光次郎和樋口传向明治政府递交申

---

① 1905年11月20日至1906年12月25日，共31号，强调劳动阶级的自觉。
② [日]幸德秋水：《基督何许人也》，马采译，商务印书馆2010年版，第103页。
③ 朱谦之：《日本哲学史》，人民出版社2002年版，第303页。原文见《日本社会主义文献解说》，第78页。
④ 谭晓军：《日本马克思主义经济学派史》，中国社会科学出版社2012年版，第12页。
⑤ 曹天禄：《日本共产党的"日本式社会主义"理论与实践》，中国社会科学出版社2010年版，第16页。原文见吕万和《简明日本近代史》，天津人民出版社1984年版，第202页。

请，试图成立"以促成普通选举为目的"的日本平民党。目睹日本平民党被允许成立，堺利彦和深尾韶也于同月28日申请成立以"期待实行社会主义"的日本社会党。两党的成立都得到批准。2月24日，两党合并为日本社会党。与1901年成立的社会民主党不同，社会党是以东京为中心并集合全国各种职业人士的组织①，正式成员达200多名。② 不过，在该党成立时，幸德秋水因在赴美途中并未参加，《新纪元》派的安部矶雄、木下尚江和石川旭山等人也未参加。③ 该党将机关杂志设定为《光》，并在日本社会党第一次大会上对党规④作出规定：

日本社会党党规
第一条 本党在国法允许的范围内主张社会主义。
第二条 认同本党目的并获得评议员许可后即可成为党员。
第三条 本党的本部设于东京市神田区三崎町三丁目一番地，支部设在其他适宜之地。
第四条 本党设置以下负责人。
评议员13名⑤、干事3名⑥
评议员由大会选举产生，干事在评议员中互选产生，负责人的任期为1年。
第五条 评议员承担一切党务责任，干事从事庶务。

---

① 橋川文三編：『近代日本政治思想史』，有斐閣1974年，347頁。
② 谭晓军：《日本马克思主义经济学派史》，中国社会科学出版社2012年版，第12页。
③ 辻野功：「明治社会主義運動に関する一考察——直接行動論の台頭を中心にして」，『同志社法学』1963年9月，119頁。
④ 堺利彦ほか：『日本社会主義運動史』，改造社1928年、18—19頁。
⑤ 片山潜、堺利彦、西川光次郎、加藤时次郎、竹内余所次郎、斎藤兼次郎、樋口传、冈千代彦、森近运平、深尾韶、山口孤剑、田添铁二、幸内久太郎。
⑥ 堺利彦、西川光次郎、森近运平。

第六条　本党每年召开1次定期大会，必要时召开临时大会。
第七条　党员每月缴纳5钱以上的党费。
第八条　对于有损本党名誉的党员，将根据评议会决议予以除名。
第九条　非经大会决议不得更改本规。

虽然渡部义通曾指出日本社会党只有党规，没有宣言、纲领等，可以说是欠缺近代政党色彩，但它却是日本史上第一个合法的社会主义政党，并成功组织到诸多党员。从党规第一条就可以发现它比社会民主党更为变通，宣称在国法允许的范围内主张社会主义，此外还降低了党员入党要求等，以便吸纳更多人员参与。在社会党成立后的一个月，它联合国家社会党等力量，反对市内电车票价由3钱上涨为5钱，并成功动员3000余名人员参与，堪称日本社会主义政党所公然指导的最初的大众运动。在其影响下，电车票价被定为4钱，不过，西川光次郎等10名社会党员却因凶徒聚众罪被检举。

1907年1月15日，已于1905年1月停刊的周刊《平民新闻》以日刊形式再度发行，并被作为社会党的代表刊物。它宣称以"代表劳动者、小手工业者和妇女等的利益并为其争取权利"为己任。[①] 刊载于创刊号的宣言中称，"我们很直接地去宣扬我们的目的。发行《平民新闻》的目的在于，向全天下宣扬社会主义思想，支援世界范围内的社会主义运动……拥有独立思想的报刊很难维继，必须是支持地主、资本家的权势与利益才行，必须是拥护社会组织才行……但《平民新闻》绝对不会这样……《平民新闻》的存在，意味着独立自由的言论思想的存在，意味着要求解放大多数人类的运动的存在"[②]。随着它的发行，《光》和《新纪元》陆续停刊，可以说它在一定程度上有统一两者的意义。虽然安部矶雄和木下尚江未参与

---

① 渡部義通ほか編：『日本社会主義文献解説』，大月書店1958年，65頁。
② 労働運動史研究会編：『日刊平民新聞』，明治文献資料刊行会1961年，1頁。

其中，但石川旭山曾积极参与日刊《平民新闻》的再度发行并担任该杂志编辑，这可以理解为两派的暂时团结。

虽然日刊《平民新闻》的发行，象征着两派的"暂时统一"。但是，木下尚江在《新纪元》废刊之际脱离社会主义队伍，安部矶雄也开始专心于教师工作并渐渐远离社会主义。木下尚江曾在最后一期《新纪元》上发表《惭谢之辞》称，"《新纪元》仿佛是胃囊里不能同时进行消化的'基督教'和'社会主义'，像是一个伪善者在同时侍奉两位主君"[①]，"像是双头蛇一样"[②]。这些话形象地指出了《新纪元》及基督教社会主义者们的尴尬境地。他们在完成自身历史使命后，纷纷远离了社会主义队伍。这里的历史使命指的是其在明治时期社会主义思想的形成、社会民主党和社会主义协会的结成等方面所格外发挥的作用。从 1895 年前后至 1907 年，明治时期的基督教社会主义仅仅活动了十余年的时间。其原因还在于基督教社会主义自身的非科学性，如重视宗教色彩、过于理想化、认识局限性、缺乏实践经验等。此后基督教社会主义退出明治时期社会主义思想的舞台。

◇◇第二节　直接行动派与议会政策派的分裂

1907 年初，幸德秋水为首的直接行动派与田添铁二、片山潜为首的议会政策派间的分裂，是明治时期社会主义阵营的第二次分裂，两派的代表刊物分别为《大阪平民新闻》与《社会新闻》。所谓直接行动派是指在社会党内部的策略论争中，主张通过发动劳动同盟总罢工的方式来达成目的，如幸德秋水等人；所谓议会政策派是指坚持议会主义路线，如片山潜和田添铁二等人。议会主义路线是明治时期的社会主义者们一贯坚持的斗争手

[①] 渡部義通ほか編：『日本社会主義文献解説』，大月書店 1958 年，60 頁。
[②] 堺利彦ほか：『日本社会主義運動史』，改造社 1928 年，23 頁。

段，而直接行动论则是幸德秋水在经历思想变化后提出的新方针。

一 幸德秋水与无政府主义

就无政府主义的产生来说，日本资本主义发展既落后于欧美国家，又保留着浸透封建秩序的君王政治制度和日本特有的文化基因，在对外进行经济和领土扩展、社会思潮杂陈的条件下，科学社会主义思想生根发育的空间十分有限，于是，在反动统治者的严厉镇压下，往往容易走上极端主义的道路，这或许是如幸德秋水那样革命意志坚定、社会意识不成熟的人加入无政府主义者行列的主要原因。① 可以说，无政府主义的反议会特色和对直接行动的强调，似乎是适应日本在日俄战争后的贫困、社会动荡以及严厉镇压社会主义思想的形势而产生的。②

（一）议会主义的渐行渐远

此时日本国内争取普通选举权的运动并没有取得真正意义上的成功。国民早在1890年首届国会召开之前就在呼吁实现普通选举权，1901年社会民主党的纲领中也在要求普通选举权，1902年在国会中这一问题首次被提出，此后国会几乎每年都提出有关该问题的法案，但普通选举权却在长时间内未能实现。③

1904年10月，《平民新闻》刊登了关于各国社会党选举情况的数据。数据显示，每年进入议会的社会主义者社会议员人数几乎都有增加，如表5—1所示。然而，在现实生活中却依然是问题滋生，依然是贫富分化严

---

① 张陟遥：《播火者的使命》，社会科学文献出版社2013年版，第2页。
② ［美］陶慕廉：《战前日本的社会民主运动》，赵晨译，中国友谊出版公司1987年版，第29页。
③ 同上书，第302页。

重、贫困者不断增加,这些从《平民新闻》的世界新闻报道中便可发现。于是,幸德秋水等人认为,社会主义者议员人数的增加,既没有解决各种层出不穷的社会问题,也没有促进社会主义的实质进展。通过实现普通选举来使得社会主义者进入议会,然后再通过社会主义者在议会中掌握政治权力来实现社会主义社会,无疑需要极其漫长的时间。这让幸德秋水等人对议会主义是否能够真正发挥作用、是否能够真正应用于日本社会产生了疑问。

表5—1　　　　　各国社会党投票数及议员数[①]

国家	时间	投票数	议员数
德国	1867 年	30000	8
	1871 年	101000	2
	1874 年	351952	9
	1877 年	493288	12
	1878 年	437158	9
	1881 年	311961	12
	1884 年	549990	24
	1887 年	763128	11
	1890 年	1427298	35
	1893 年	1876738	44
	1898 年	2113073	57
	1903 年	3008000	81

---

① 労働運動史研究会編:『週刊平民新聞』,明治文献资料刊行会1962年,405頁。

续表

国家	时间	投票数	议员数
法国	1887年	47000	19
	1889年	120000	9
	1893年	440000	49
	1898年	790000	50
	1900年	880000	48
荷兰	1897年	13500	3
	1901年	39000	7
瑞士	1890年	14431	1
	1893年	30000	1
	1896年	40000	1
	1899年	56000	4
	1902年	100000	6
意大利	1882年	49154	1
	1886年	22061	2
	1890年	50210	3
	1892年	27000	7
	1895年	79434	15
	1897年	137852	16
	1900年	215841	33
比利时	1894年	320000	32
	1900年	344944	33
	1902年	467000	34
	1904年	302771	28

续表

国家	时间	投票数	议员数
丹麦	1884 年	6806	2
	1892 年	20094	4
	1895 年	31872	8
	1901 年	42972	14
	1903 年	55479	16

在促使幸德秋水从对议会主义的怀疑到否定的过程中，影响最大的因素便是他的入狱经历。其实，早在这之前便可发现其对无政府主义或无政府党的宣传，因《致小学教师》等文章引发笔祸事件时，幸德秋水便曾在文章中些许显示过类似思想。① 1905 年 2—7 月，幸德秋水因笔祸事件入狱。他在入狱期间曾阅读相关无政府主义著作并引发思考，如克鲁泡特金的《田园、工厂和手工场》等。1905 年 6 月 25 日，出狱前的幸德秋水在写给堺利彦的信中提到，出狱后希望能够"在北海道或朝鲜购买田园，同数百名农夫一起过理想的生活，静静地安享时光"，显示出倾向于无政府主义的迹象。② 他还曾给美国无政府主义者艾伯特·约翰逊写信称，"我在仔细思考所谓的'罪恶'。现在的我更加确信，诱导贫穷与罪恶的其实是当今的政府组织、法院、法律、监狱"。③ 他表示对议会等政府组织不再抱有希望，并认为现存的政治组织其实是罪恶的根源。他在信中说：

---

① 堺利彦ほか：『日本社会主義運動史』，改造社 1928 年，80—81 頁。
② 岸本英太郎：「無政府主義の抬頭と日本社会党大会——明治社会主義史の一齣」，『経済論叢』1958 年 5 月，270 頁。原文见「巣鴨だより」，『直言』，1905 年 7 月 2 日号。
③ 絲屋寿雄：『日本社会主義運動思想史』，法政大学出版局 1979 年，137 頁。

在日本这个国家，宣传无政府主义要面临死刑、无期徒刑或有期徒刑的危险。无政府主义的扩张运动完全要秘密实行，要等待它的成功必须要长久的时间和忍耐。我打算漫游欧美的原因在于，第一，为了参与共产主义者或无政府主义者的万国联合运动，去学习必要的外语会话和作文。第二，拜访诸多国外的革命党，学习他们如何开展运动。第三，只有到陛下的毒手所够不着的国外，才能自由地去评论其政治组织和经济组织。①

此时的幸德秋水，已经在策划着到国外去学习、接触无政府主义运动。正如他本人所说的"如果说信奉社会主义是不忠不良行为的话，多谢巢鸭监狱，使我成为更加不忠不良的国民"②、"实际上，我入巢鸭监狱时是个'马克思主义'的社会主义者，但出狱时却成为急进的无政府主义者了"③那样，这段入狱经历直接促成了他对议会主义的放弃。幸德秋水此前曾在1900年8月的《无政府党的对策》中说过，"物极必反，政府的压制是反政府力量产生的重要原因"④，他的自身经历印证了这一点，出狱时的幸德秋水已经不再信奉任何形式的议会主义。

（二）无政府主义的转变

关于无政府主义，石川旭山曾在《近世社会主义运动史》中的《无政府党的运动》部分称，"1880年以后的欧美社会运动，即说是无政府主义者的运动，也无不可。他们在各国各地把猛烈的运动展开了……狙击、阴

---

① 岸本英太郎：「無政府主義の抬頭と日本社会党大会——明治社会主義史の一齣」，『経済論叢』1958年5月，270—271頁。
② 林尚男：『平民社の人びと』，朝日新聞社1990年，74頁。
③ 张陟遥：《播火者的使命》，社会科学文献出版社2013年版，第122页。原文见［日］幸德秋水《致约翰逊函》，《大地》1905年8月10日第6号，第182页。
④ 藤原正人编：『幸德秋水全集第二卷』，誠進社1982年，389頁。

谋、Dynamite、罢工等事件，在欧洲频频地爆发起来了……1890 年'五月一日'世界的示威运动，开始实行了"。① 幸德秋水显然也是这么认为。他在 1905 年 2 月发表于《直言》的文章中对俄国的社会革命党进行描述称，"俄国社会民主党的温和政策已不得人心，另一个社会主义的革命党已经建立，而且吸引了半数以上的青年"。② 他还在《一波万波》中称，"革命来了，革命开始了。革命从俄国到欧洲、从欧洲到世界，如猛火燎原之势蔓延，如大坝决堤泛滥。现在的世界是革命的世界，现在的时代是革命的时代……俄国革命是世界革命的一部分，他们革命党的胜利也是世界各国革命性社会党的胜利"③，革命已成大势所趋。

幸德秋水认为在这个革命的时代里，内阁、选举等半文不值，普选和议会政策也毫无价值，这已经能看出他无视日常的组织斗争，相信"革命前夜"，否定政治，期冀通过革命一举实现"理想社会"的思想。④ 他还在《我的思想变化》中举例说，"德国社会民主党有三百万党员，相当于德国军队人数的五分之二……如果这三百万党员都具有真正的自觉性，那么革命应该已经实现了。实施革命的党员和投票的党员是不同的，即使是这三百万党员都训练有素，对革命的实现也没有任何作用……议会政策越是得到拥护，革命运动就会越加低落"⑤。总之，此时的幸德秋水已经沉醉在革命的世界里，完全抛弃原来的"合法主义"路线，这是他走向无政府主义的第一步。

---

① [日] 石川旭山：《近世社会主义运动史》，胡石民译，上海大东书局 1931 年版，第 126—128 页。

② 张陟遥：《播火者的使命》，社会科学文献出版社 2013 年版，第 118 页。原文见 [日] 幸德秋水《俄国革命的特点》、《俄国革命的教训》，《直言》1905 年 2 月 12、19 日。

③ 藤原正人编：『幸德秋水全集第六巻』，誠進社 1982 年，72—73 頁。

④ 岸本英太郎：「無政府主義の抬頭と日本社会党大会——明治社会主義史の一齣」，『経済論叢』1958 年 5 月，272 頁。

⑤ 藤原正人编：『幸德秋水全集第六巻』，誠進社 1982 年，140—141 頁。

此外，赴美经历的影响也促使了他的思想变化。对于1905年7月出狱的幸德秋水来说，从11月14日至次年6月23日的赴美经历给他带来很大改变。当时，幸德秋水在《万朝报》工作时期的同事冈繁树在旧金山创立平民社，在该同事与无政府主义者岩佐作太郎等人的邀请下，幸德秋水于12月5日到平民社旧金山支部居住。他在那里接触到许多无政府主义者，比如他在《赴美日记》中提到的Widen和Dr. Pyburn等无政府主义者。①他还与当时身在伦敦的克鲁泡特金有书信来往。克鲁泡特金对幸德秋水有很大影响，从相关的文献资料中可以窥见其思想印记。例如，石川旭山所著的《近世社会主义运动史》对克鲁泡特金曾执笔的《无政府主义宣言》进行记载：

无政府主义是什么？无政府主义者是什么？兹于此宣言之。诸君！无政府主义者，就是相信在到处都能说是言论自由的时代，是以发挥自己无限制的自由为义务的市民。

我们希望自由。换言之，我们因为是整个的人，一切的好事什么都做……除了自然的不可能以外之限制，完全满足一切的必要；同样，要求满足可尊重的邻人之必要的权利与手段。

我们希望自由。而权力那东西，姑无论其起源与形体如何，无论是选举的或是天降的，王制的或共和的，启发于神权或神酒的，以民权或普通选举为基础的，无论怎么样的东西，其存在与自由是势不两立的。

历史教训我们，一切政府都是同类同价值的。最善的政府是最坏的。如果一个是卑劣，那个就是伪善！

换句话说，无政府主义的眼中钉，并不是说某种形式政府比这种

---

① 藤原正人编：『幸德秋水全集第九卷』，诚进社1982年，183页。

形式的政府好。他们根本痛恶政府思想,强权原则。

一言以蔽之:在人类的关系上,以无论何时皆可修正解约的自由契约以代行政的及法律的监督和天降的规律。

于是无政府主义者向民众提议:如他们开始学习没有上帝也要过日子一样,学习没有政府也要过日子。

同样,民众要学习没有财产家室也要生活罢。

没有平等就没有自由!在资本独占于少数者手中的社会,在连教育也没有平等分与的社会,是没有自由的。

我们相信,人类共同世袭财产的资本,是过去时代以及现代人类共同努力之果实,是为万人使用而存在,任何人不应该除外的。同时,任何人也不能独占使他人受害。

一言以蔽之:我们希望平等。希望为自由之必然归结的,不,宁为自由之第一条件的事实上之平等,从各尽所能到各取所需。

我们是大逆不道的人!因为我们为万人要求面包,为万人要求学问,为万人要求劳动,以及为万人要求独立与正义。①

除了这些影响外,幸德秋水还阅读了许多无政府主义方面的书籍,如《社会总同盟罢工论》等,这些直接影响了他今后的思想走向。在幸德秋水赴美前,美国第 25 任总统威廉·麦金莱被无政府主义者暗杀,当时无政府主义的知名度一时间得以扩大。幸德秋水在那里还经常参加第二国际举行的俄国革命"血的星期日"纪念集会,并同无政府主义者艾伯特·约翰逊和弗里齐夫人等结下了亲密的友谊。② 1905 年 6 月,世界产业工人联盟

---

① [日] 石川旭山:《近世社会主义运动史》,胡石民译,上海大东书局 1931 年版,第 123—125 页。
② [日] 幸德秋水:《基督何许人也》,马采译,商务印书馆 2010 年版,第 129 页。

（IWW）于芝加哥成立，它的领导者拒绝接受美国劳联的行会工联主义及美国社会党的选举策略，希望通过"直接行动"，以暴力为后盾进行罢工、示威，以及拒绝纳税和征兵等，使资产阶级的政治和经济势力毁灭。① 幸德秋水曾出席他们的集会活动等，自然也不免受其影响。

  关于IWW，石川旭山曾在《近世社会主义运动史》中指出，"在法国兴起的工团主义的运动，是在沉滞的欧洲诸国的社会运动内，打开了一个新生面……此工团主义到了英美两国，各各唤起了特殊的运动。美国IWW、英国基尔特社会运动便是"，"法国工团主义，将一种特殊的'罢工'战法注入到IWW内，就把所谓总同盟罢工上的哲学思想定立了。美国的IWW，与法国的工团主义虽然没有直接的关系，但IWW运动之所以渐渐成为有力而为世人瞩目者，完全是容受了工团主义之思想的结果"。② IWW起源于"1904年岁末时召开的私人谈话会"，当时的背景情况是"所谓如美国工会、西部矿夫联盟，或社会主义劳动同盟等产业急进团体，也无准备和更高一层的全体雇主团体作谈判之可能了。而况所谓斗争的准备者，更是不会有的了。如是，1905年1月开了秘密的准备会"，该准备会的请帖称"若是使劳动阶级正当地在政治的、产业的两方面组织起来，我们坚确地相信彼等有将该国的产业保有而且好好经营之能力……吾等拟于1905年1月2日招请诸君，在芝加哥开秘密会议，无论是过去或现在任何劳动团体，皆无关系……基正当的革命的原则，以讨论结合美国劳动人民之方法与手段云云"，于是，"IWW就是这样子开始把有力的团结运动做起来了"。③ 值得一提的是，IWW于1908年有"否定其政治行动"而劝告以"直接行动"并与社会党敌对的事④，这不得不让人想起幸德秋水日后所主

---

① 张陟遥：《播火者的使命》，社会科学文献出版社2013年版，第123页。
② ［日］石川旭山：《近世社会主义运动史》，胡石民译，上海大东书局1931年版，第159—165页。
③ 同上书，第161—163页。
④ 同上书，第165页。

张的"直接行动论"。

1906年4月，美国加利福尼亚州的旧金山发生大地震，幸德秋水曾亲赴灾后的城市，并在《无政府共产制的实现》中描述称，"旧金山自4月18日地震以来便处于无政府共产制的状态，商业停滞，附近的邮政、铁路、轮船免费，救助委员会每日发放食物，食物搬运、伤员看护、现场处理、避难所搭建都是义务劳动，金钱几乎成了无用之物"①。虽然这样的状态只是一时现象，但却给幸德秋水带来很大影响。一直抨击"金钱至上"风潮的幸德秋水，所向往的便是共同劳动、金钱几乎不发挥作用的互助生活。1906年6月1日，幸德秋水在加利福尼亚州的奥克兰，集合在美的50余名日本社会主义者和无政府主义者②，其中包括岩佐作太郎、竹内铁五、仓持善三郎等人，结成社会革命党并创刊杂志《革命》。他们宣称要废除经济产业的竞争制度，实现土地、资本的人民共有并消除贫困；打破一直以来的阶级制度，实现万民平等的自由和权利；排除国家的、人种的偏见，实现四海皆兄弟、世界和平的真义；有必要联合世界各国的同志开展社会大革命。③ 他们在宣言书中称，"改革不公不正的社会，建设自由、幸福、和平的社会是对祖先、对同胞、对子孙的责任、义务和权利……要实行社会大革命"④。因地域关系等诸多因素，社会革命党并没有在日本国内直接开展活动。殊不知1907年11月社会革命党成员的天长节事件⑤，使得幸德秋水在那时就已经被明治政府列入"特别名单"⑥，这些活动为其日后的死亡埋下了祸源。

---

① 藤原正人编：『幸德秋水全集第六卷』，誠進社1982年，84頁。
② [日] 幸德秋水：《基督何许人也》，马采译，商务印书馆2010年版，第129页。
③ 藤原正人编：『幸德秋水全集第六卷』，誠進社1982年，93頁。
④ 同上书，92—93页。
⑤ 天长节（11月3日天皇生日）时，关于暗杀主义的传单被张贴于旧金山日本领事馆正门的事件。
⑥ 絲屋寿雄：『日本社会主义运动思想史』，法政大学出版局1979年，184頁。

总的来说，明治政府对演说会、地方宣传等的露骨压迫，对社会主义协会等团体的强令解散，对《平民新闻》读者活动的无理干涉等，使得幸德秋水的合法社会主义的乐观情绪，从根本上发生了动摇，加之 1905 年爆发了俄国第一次革命和在巢鸭监狱中读到克鲁泡特金的著作并受到很大的影响，加深了对天皇制国家的批判，急速倒向无政府主义方面去。① 这与他之前的态度形成鲜明对比，幸德秋水曾说过"美英皆因同盟罢工而搅乱其经济，法、德频因社会党震撼其政府之基础，俄、奥、意诸国亦因无政府党而危其帝王之身"②，并在 1904 年的《致俄国社会党书》中提及"我等非虚无党，非恐怖主义者，社会民主党也。社会主义者之战斗手段，不可不始终排斥武力，不可不采取和平手段，不可不为道理之战，不可不行言论之争"③，然而此时的他，却成为无政府主义的信奉者。

（三）幸德秋水的无政府主义

1906 年 6 月，幸德秋水归国。此时，他脑海里关于如何实现社会主义的理念已经完全改变。此前，他曾在 1900 年 8 月的《无政府党的对策》中流露过对无政府党的态度，"国家的过度压制等使得无政府党演变为极端的社会思想。政府应该通过实现劳动者的平等权利、实施言论结社的自由等措施，对无政府党实施有效诱导，使其转化为促进社会发展进步的动力之一"④。当时的他表示出对无政府党的理解与同情，认为无政府党的出发点也是基于对社会制度的改造愿望，并建议政府对其进行有效引导。相对于

---

① [日] 幸德秋水：《基督何许人也》，马采译，商务印书馆 2010 年版，第 129 页。

② 张陟遥：《播火者的使命》，社会科学文献出版社 2013 年版，第 111 页。原文见 [日] 大原慧《日本的社会主义 2》，《东京经大学会志》第 67 号。

③ 同上书，第 104 页。原文见 [日] 筑摩书房编《日本近代思想大系 13 幸德秋水集》，筑摩书房 1975 年版，第 197 页。

④ 藤原正人编：『幸德秋水全集第二卷』，誠進社 1982 年，389 頁。

之前对无政府主义的"同情"、对政府革新的期待，此时的他已经表现出对无政府共产的"向往"、对打破政府体制的愿望。

在1907年1月日刊《平民新闻》创刊前，幸德秋水曾于1906年12月18日写信给约翰逊称，"新的社会主义刊物（日刊《平民新闻》）的准备已经就绪，包含着社会民主主义、社会革命主义，甚至是基督教社会主义等诸多因子，这个刊物应该会有很大变化吧。比起工团主义和无政府主义，我们的很多同志更倾向于议会主义的战术，不能直接说究竟哪个是正确的，因为他们对无政府共产主义还不甚了解。因此我们目前最重要的任务便是翻译、发行与无政府主义、自由思想相关的文献，充分利用我们的机关报纸作为宣传使用"。① 从中可以发现他打算在当时的社会主义阵营中开展关于无政府主义的介绍活动。该想法一直持续到他生命的尽头，直到他临终前还在致力于与无政府主义相关的文献翻译以及创办《自由思想》刊物等，最大可能地宣传无政府主义。日刊《平民新闻》在创刊后刊载许多相关文章。1907年2月，在发表于第13号《平民新闻》的《德国总选举和欧洲社会党》一文中，幸德秋水说，"如果欧洲社会党今后只固执于议会政策的话，始终不能成为劳动阶级的革命党，而只能是资本家的一个政党。劳动者最终会脱离他们投奔到无政府共产的怀抱"②，坚称议会政策不是革命的斗争方式，无政府主义才是能够打破弊端的方案。

关于无政府主义，福井准造曾在《近世社会主义》中描述称，"与社会现制度反对之社会主义等，如希望贫富平均之社会主义，与对阶级特权及财产制之观念，皆为一派之社会主义，大致有相似者。若主张共产及共有之制度，而排斥一切中央政府之干涉为无用，必绝灭之而后已。其唯一

---

① 岸本英太郎：「無政府主義の抬頭と日本社会党大会——明治社会主義史の一齣」，『経済論叢』1958年5月，276頁。原文见ハィマンカプソン「幸徳秋水の一米人アナキストへの書簡」，『社会科学研究』第9巻第1号。
② 藤原正人编：『幸徳秋水全集第六巻』，誠進社1982年，133—134頁。

之目的，盖注于此，世遂称之为无政府主义云。无政府主义者，其非社会主义之一派，不容疑问。然其思想之根底，实自社会主义而胚胎之。其议论之程度，亦与社会主义相近。其所作为，亦多与社会主义之计划为一致，以尽各种之方策，希望社会之现组织，以企一大改革，而保永久社会之平和。上自王侯，下及奴隶，共造一大美善之社会。故彼等最后之目的，亦不外打破阶级制度而匡正贫富之悬隔为宗旨"，"破坏一切之现组织，以除其不平均而造一切平等、贫富均一之新社会"。① 他认为，无政府主义与社会主义有相似之处，实际上其是以社会主义为胚胎而形成的，它力图通过反对现时制度、打破贫富悬殊和阶级特权、主张财产平均、排斥政府存在等行为，实现和平、平等的社会。

他还称，"皆以希望人类之自由平等，或借人民之手，而得其所希望之权利与自由"，"求社会之自由，进劳民之幸福，以打破贫富不均一之念虑，则为两主义之怀抱与根本的理想"，"共产的无政府党以'凡物各有所属，以必要之物品与必要之生产，而供相应之劳力。无论何人，不能限之。其对各物品之供给，以公之于社会'，此与社会主义之根本的理想相一致者也"等，而不同之处在于，"社会主义者，以主权现存于国家，而无政府主义者，则欲收之于个人之掌中"，"然其依各人劳力之多寡，而定个人所得之标准，其议论与马克思等相比，则迥相殊"等。② 无政府主义与社会主义在追求自由、平等和权利、增进社会福利等方面是相通的，而在实现手段、分配方式和具体策略等方面则存在着很大的差异。

无政府主义因其具有"破坏主义"色彩和"过激"手段，而在当时的社会中面临危险的处境。例如，"无政府主义者，一言以蔽之，其对现组织，则主极端之破坏主义。于社会之制度、文物、阶级、特权及其政府，

---

① ［日］福井准造：《近世社会主义》，赵必振译，上海时代书店1927年版，第178页。
② 同上书，第193—194页。

一切皆破坏而全灭之,以达其目的。然彼等之方法,而欲社会之改良、自由之伸畅、贫富之平衡、终难实行。故用过激之手段,于现社会之制度,加一极端之打击。或造秘密的结社,以企放火暗杀之非行。暴裂弹与刀剑等,常为彼等之利用,甘为社会之公敌,以杀戮显宦贵人,袭击帝王妃后,种种之暴动者不少。其狂暴如此,颇为紊乱社会之安宁秩序云"。① 无政府主义攻击政府的存在,极力主张自由和资本共有等,其主要主张包括:

> 无政府党者,第一则唱道言论之自由,而又唱道无限之自由。
>
> 公然表发多数之意见……希望绝对的自由之外,更有无限之愿望,以对天下数百万之劳动者。
>
> 切望自由,各自详言其所欲。苟非自然的不可能之事情之类,凡其余之裁制,必以人己一致为标准,全然满足其要求。
>
> 既切望自由,而此自由者,与其余之权力,无论其如何之起源与形体,与在于何人之手,终无并立之势。即如其有权力者,不问其为选举制与委任制,王制与共和制,与论天赋之神权,与人民之公权,及神圣的方法,及普通选举之法。虽最良之政府,必深恶而痛绝之。
>
> 无政府党于组织党派之制度,与所发明之公理,以布之于人民。
>
> 凡人民财产之所有主,为求平等自由,搜集其资本于少数者之手。且日递减其资本主之数于社会,以期人人皆自由。
>
> 资本者乃同时代之人民协调之结果,乃全人民之共有物,应供社会全体之使用。
>
> 为天下之同胞,要求学问、要求职业、要求独立与正理之外,不敢别有他意。②

---

① [日] 福井准造:《近世社会主义》,赵必振译,上海时代书店1927年版,第178—179页。

② 同上书,第179—180页。

无政府主义否定国家权力和国家作用，质疑国家存在的必要性，称"以打破无益之政府，凡现社会之组织，必破坏而全灭之"①。幸德秋水也设想了一个这样的理想社会。他所构想的无政府主义社会是充分尊重自由、没有强行压制的社会形态，这是他在经历了种种现实压迫后对社会的畅想。"自由"和"非暴力"是他格外强调的词语，包括他对皇室的态度，也是放在实现他人自由这一大前提下。他极力否认暗杀等暴力行为与自身所坚持的无政府主义的关系，他称即使无政府主义存在暴力，也只是对统治阶级暴力行为的反抗。他指出：

> 无政府主义者憎恨压制、厌恶束缚，同时又排斥暴力……社会上没有人像他们那样热爱自由和和平。
> 若把直接行动解释为暴力革命……那是没有道理的。
> 前些日子也有人提出无政府主义革命实现的时候，要把皇室怎么处理的问题，这也不是我们所能干预的事情。是皇室要自己解决的问题。如前所述，无政府主义者希望实现不使用武力和权力去强制别人的大众自由的社会。这个社会成立的时候，还有什么人拥有干预皇室的权利呢？只要不妨碍他人的自由，皇室尽可以自由地享受其尊荣和幸福，理应不受任何束缚。
> 从实际的历史看来，无政府主义者的暗杀和其他各党派相比是最少的。在过去五十年间，我以为全世界不会超过十起。回头看看那些勤王家、爱国者，不说全世界，单单只是日本，不是几乎累计有几十人或几百人吗？如果只是因为出了暗杀者，便被说成是暗杀主义，那再也没有比勤王论、爱国思想更为激烈的暗杀主义了。
> 从历史上看，最初使用暴力的，毋宁是当时的政府、官吏、富豪、

---

① ［日］福井准造：《近世社会主义》，赵必振译，上海时代书店1927年版，第177页。

贵族，而民间的志士和工人，却常有迹象表明他们受到暴力的挑衅，压迫，走投无路，迫不得已才使用暴力以为对抗。①

幸德秋水在此之前曾称社会主义者理想中的国家是，"当社会上没有必须被压迫的阶级的时候，当从现代的生产无政府状态中产生的、一个阶级对另一个阶级的统治和生存斗争不再存在的时候，以及当由此产生的冲突和暴力行为都一起消灭了的时候。那时候，便无需乎压迫什么人和束缚什么人了，那时候，现在执行这个职能的国家政权也就失去其必要性了。国家以全社会的真正代表的资格所做的第一次行动（即将生产资料变为社会所有），同时也将是国家之所以为国家的最后一次独立行动。国家政权对于社会关系的干涉，将逐渐成为多余的而自行停止下来"②。然而，此时的他乱了节奏，试图将无政府主义与共产主义相结合，并希冀通过迅速的革命手段来实现理想中的社会，但这显然不适合日本当时的社会发展状态。

幸德秋水所主张的革命手段，并不是通过真正地发动革命或暗杀暴动等，而是指全体劳动者数日、数周乃至数月地放弃手中工作，使得一切社会生产和交通机构等停止运转，即劳动者自身发动的总同盟罢工。这一直接行动论以破坏并结束现有体制为目标，直接体现着他对现存社会组织和政府形态的厌恶。关于幸德秋水对革命的态度，他认为真正的革命并不仅是指执政者的变更，而是指政治组织和社会组织的根本改变。革命是自然发生的，并不是单凭个人所能创造的。他指出，"革命是必然，而不是人为，可以利导，而不可以制造，革命的发生，人力无可如何"③。在他看

---

① ［日］幸德秋水：《基督何许人也》，马采译，商务印书馆2010年版，第116—121页。
② ［日］幸德秋水：《社会主义神髓》，马采译，商务印书馆2009年版，第50—51页。原文见恩格斯《社会主义从空想到科学的发展》，人民出版社1957年版，第77页。
③ 张陟遥：《播火者的使命》，社会科学文献出版社2013年版，第95页。

来，革命家的职责，就在于因进化之势加以利导，实现和平革命。① 革命运动是为了即将到来的革命而所做的各方面准备，革命一直都是水到渠成的事情。可以说，幸德秋水简单地把生物进化的原理应用到人类社会的社会进化论，陷入社会达尔文主义。② 他说：

> "革命"这个术语，原是中国的名词，中国把甲姓的天子受天命取代乙姓的天子叫做革命，所以主要是指当权者或天子的更迭。但我们的"革命"却是 revolution 的译语，并不注重当权者的变更，如果不从根本上改变政治组织、社会组织，不能叫做革命。
>
> 即我们所谓的革命，并不是指由当权者甲去代替当权者乙，或由有力的个人或党派丙去代替个人或党派丁掌握政权，而是过去的旧制度、旧组织逐渐衰败，腐化，结局终归崩溃，新的社会组织出来起作用，所以是指社会发展过程的一个大阶段的名词。故在严密的意义上，革命是自然地发生的，不是一个人或一个政党所能搞出来的。
>
> 无政府主义者通常所说的革命运动，并不是马上就要发动的革命，也不是使用暗杀、暴力，而只是为了参加将要到来的革命，培养对革命有效的、相应的思想和知识，训练办事的能力的全部运动：新闻、杂志的发行，书籍、册子的著述、分发、演说、集会，都是解说形势发展，社会进步的由来和趋势，培养关于这些问题的知识。而设立工会，经营各种共同事业，也是为了革命到来的时候或革命以后，预先训练适应共同团结的新生活所必需的能力，对革命带来好处。但日本过去的工会运动，只是单纯为增进工人阶级的眼前利益，没有接触到将来革命的思想。无政府主义者在日本也还尚未着手工会运动。

---

① 张陟遥：《播火者的使命》，社会科学文献出版社 2013 年版，第 54 页。
② 同上书，第 130 页。原文见 [日] 幸德秋水《社会主义神髓》，马采译，商务印书馆 2009 年版，第 5 页。

人是活物，社会也是活物，经常变化着发展着，当然就不会有万古不变的制度和组织，必然要和时间一起进步，革新。它的进步、革新的小段落叫做改良或改革，大段落叫做革命。我们相信，为了防止这个社会的枯死、衰亡，就必须经常鼓吹新主义、新思想——革命运动。①

幸德秋水抨击日本政府对无政府主义者们所采取的压制性政策，称其为"粗暴的迫害"。他称，"欧美也有对这个主义抱有很大的误解的。有的明知而故意加以曲解、诬陷、中伤，但绝不像日本和俄国那样横加粗暴的迫害，侵犯该主义者的一切自由、权利，连他们生活的自由也都被剥夺。在欧洲的各文明国家中，无政府主义的报纸、杂志可以自由出版，集会可以自由举行。在法国，该主义的周刊报纸有七八种之多。像英国那样的君主国，它是日本的同盟国，也出版英文、俄文、犹太文的书籍。克鲁泡特金在伦敦能够自由地发表他的著作，去年写的《俄国的惨状》一书，现在已由英国议会的'俄国事件调查委员会'出版。我所译的《面包略取》，是用法文写的，现已翻译成英、德、俄、意、西班牙各国文字，作为世界名著受到推崇，粗暴地把它禁止的，在文明国中只有日本和俄国"②。此外，他之前曾说起过，"君主的目的和职责不外是为全体人民谋福利。所以自古以来被称为明君贤主的君主，必然是民主主义者。采取民主主义的君主，必然实行一种社会主义而受到人民的欢迎，歌颂他的德政"，"日本的皇祖列圣，尤其像那宣称人民的财富即朕的财富的仁德天皇，可以说是与社会主义完全一致，并无任何矛盾的"。③ 而此时的他却转变态度称：

---

① ［日］幸德秋水：《基督何许人也》，马采译，商务印书馆2010年版，第117—120页。
② 同上书，第121页。
③ 张陟遥：《播火者的使命》，社会科学文献出版社2013年版，第175页。

为追求一个人的饱暖逸居而使百万民众处在贫困饥饿中，这对劳动者有何神圣？为谋一个人的私利、私福而剥夺百万民众的自由权利，这对人民有何价值？为满足一个人的野心、虚荣而使百万民众成了战争的牺牲品，这对国家有何尊严？①

此时的幸德秋水，脑海里充斥着新吸收的无政府主义思想与既存社会主义思想的混合体。实际上，他并没有真正考虑到劳动者们的诉求，而是代表着小资产阶级的利益来宣扬个人自由、蔑视组织权威，对此列宁曾在1901年的《无政府主义和社会主义》中指出，"无政府主义是绝望的产物。它是失常的知识分子或游民的心理状态，而不是无产者的心理状态"。② 可以说，幸德秋水是带着小资产阶级思想进入社会主义行列的，很少经受群众革命斗争的锻炼，头脑里小资产阶级的社会主义思想并没有得到改造，于是，在特定情况下充当了小资产阶级"冲动"的带头人，这也是由幸德秋水的资产阶级世界观所决定的。③ 正如列宁所说的"无政府主义是改头换面的资产阶级个人主义，个人主义是无政府主义整个世界观的基础"④那样，虽然幸德秋水自诩为"科学的无政府共产主义者"⑤，但他的思想中存在着很大程度上的非科学性。他缺乏对未来社会的勾画，对如何实现他所主张的"无政府共产"或是以何种形态实现这一理想等具体问题都没有

---

　　① 张陟遥：《播火者的使命》，社会科学文献出版社2013年版，第44页。原文见幸德秋水全集编集委员会编『幸德秋水全集第9卷』，明治文献出版社1972年，92頁。
　　② 朱谦之：《日本哲学史》，人民出版社2002年版，第304页。原文见《列宁全集》第5卷，人民出版社1986年版，341页。
　　③ 张陟遥：《播火者的使命》，社会科学文献出版社2013年版，第117—118页。
　　④ 同上书，第118页。原文见列宁《无政府主义和社会主义》，载《列宁选集》第1卷，人民出版社1995年版，第288页。
　　⑤ 张陟遥：《播火者的使命》，社会科学文献出版社2013年版，第123页。原文见伊藤整编『日本の名著44 幸德秋水』，中央公论社1986年，46頁。

涉及，只是充当了"完全无视日本现实的导入者和介绍者"①的角色。此外，他还认为无政府主义相当于中国的老庄思想，例如他在《狱中致三律师的申辩书》中称，"无政府主义的学说大概像东洋的老庄那样的一种哲学，认为废弃今天使用权力、武力去进行压制的统治制度，而代之以用道德和仁爱把大家团结起来的相互扶助、共同生活的社会，是人类社会自然发展的必然趋势。为了获得我们的自由和幸福，就必须顺应这个大势前进"。②

幸德秋水所标榜的无政府主义是日本特有的，这是因为该思想在欧洲的产生，主要是由于社会民主党在国家立法机构中处处妥协已不起作用，政治已成为资产阶级迷惑工人阶级的一套诡计，因而，依靠组织严密、步伐整齐的工会采取直接行动是能够取得成效的唯一方式；然而在日本，工人甚至无力在国会中赢得一个席位，工人的任何活动都受到警察的严厉镇压，到处弥漫着限制一切对国家本质批判的"天皇制"思想，而且所发生的分散的自发罢工也并不是有组织的、现代化的工人行动。③ 这些情况都决定了其碰壁的必然性。然而，在这个过程中，幸德秋水始终坚持己见，称"我是克鲁泡特金的自由共产主义者，直接行动是我的手段"④。可以说直接行动论的主张者们致力于抨击改良主义的路线和做法，这是正确的一面，但他们主张立即采取直接的暴力行动，却犯了"左"倾盲动、无政府主义的错误。⑤

---

① 岸本英太郎：「無政府主義の抬頭と日本社会党大会——明治社会主義史の一齣」，『経済論叢』1958 年 5 月，277 頁。
② [日] 幸德秋水：《基督何许人也》，马采译，商务印书馆 2010 年版，第 115—116 页。
③ [美] 陶慕廉：《战前日本的社会民主运动》，赵晨译，中国友谊出版公司 1987 年版，第 29—30 页。
④ 李威周：《日共创始人——片山潜》，商务印书馆 1980 年版，第 29 页。
⑤ 同上书，第 28—29 页。

二 社会党的战略之争

社会党的战略之争,是当时许多国家的社会主义阵营都面临的情况。福井准造在《近世社会主义》中描述称,"举世皆倾听于社会问题,以求社会改革之法,温和急激,互异其趣。一派则为疏暴急激之破坏的急进党,一派则为温和著实之渐进的平和党。其议论之根底,互标异帜。其运动之方针,亦大径庭"①,社会主义阵营内部的观点对立时有发生。此时的日本也正面临着关于社会主义实施手段的战略之争。1906 年 6 月,刚刚归国的幸德秋水在社会党内发表演说,提出是选择议会主义还是采取直接行动的问题。这个问题的提出引发了社会主义阵营内部的大讨论。此时的社会主义阵营主要有三种观点,即幸德秋水等人的直接行动论、田添铁二等人的议会政策论和堺利彦等人的折中论,又称硬派、软派和中央派。② 这三种观点被伊藤勋评价为,"田添铁二的立场属于欧洲修正派,堺利彦的观点虽比较暧昧但属于马克思正统派,而幸德秋水的观点则是纯粹的无政府主义派"。③

(一) 直接行动论

1. 对议会政策的批判

幸德秋水的直接行动论首先体现在对议会政策的批判方面。幸德秋水称,"我并不是以选举权的获取为恶事,也并不是强烈反对选举法的改正运动。若实行普通选举的话,在议会制定、撤废法律之时,多少会参考劳动

---

① [日] 福井准造:《近世社会主义》,赵必振译,上海时代书店 1927 年版,第 177 页。
② 橋川文三編:『近代日本思想史の基礎知識』,有斐閣 1975 年,181 頁。
③ 伊藤勲:『明治政党発展史論』,成文堂 1990 年,372 頁。

者的意愿,这确实是有利的。然而,这种利益只不过与实施劳动保险、工厂取缔、小佃户法的制定、《治安警察法》和《新闻条例》的改正废除、其他相关劳动保护、贫民救助方面的法律制定以及社会改良事业差不多。所以此等运动并不是恶事,也并不是说不是善事,只是对于社会主义者来说,并不是非做不可的事情"①,认为通过普通选举实施的议会政策能够给劳动者带来的利益有限,对于社会主义者力图开展的社会主义运动来说是力度不够的活动。

幸德秋水又进一步否认了通过议会政策实现社会主义的可能性。在他看来,议会主义过于相信议会,而议会是资本主义社会的产物。它是资本家们对贵族阶层进行反抗斗争的产物,不可能成为劳动者对抗资本家的工具,而且也不适用于劳动者所面临的革命形势。况且议会制度中存在着种种弊端,目前的选举制度根本不可能真正选出代表广大劳动者心声的议员。即使是能够选出,也不可能实现社会主义理想。他说,"退一百步讲,就算选举活动能够公平地实施,能够选举出合适的议员并代表民意,依此就真能实现我等所主张的社会主义吗……宪法有中止之时,普通选举权有被侵夺之时,议会也有被解散之时。如果社会党在议会中的势力日益强大的话,横暴的权力阶级必会断然采取措施的。如今欧洲各国的多数社会党,已经对发挥不了真正功效的议会势力产生厌倦"②。以德国为例,1874 年投票总数 5190254 票,社会主义者得票数 351952 票,选出社会主义者议员 9 名;1877 年总投票数 5401021 票,社会主义者得票数 493288 票,选出社会主义者议员 12 名。③ 这在幸德秋水看来完全无济于事。他认为即便是德国社会

---

① 岸本英太郎:「無政府主義の抬頭と日本社会党大会——明治社会主義史の一齣」,『經濟論叢』1958 年 5 月,278 頁。原文见幸德秋水「余が思想の变化」,『平民新聞』1907 年 2 月 5 日。
② 堺利彦ほか:『日本社会主義運動史』,改造社 1928 年,91 頁。原文见日刊《平民新聞》1907 年 2 月 5 日。
③ 加田哲二:『明治初期社会思想の研究』,春秋社 1933 年,370 頁。

民主党每年拥有数十名社会主义者议员，也没有解决层出不穷的社会问题，所面临的依然是原来的状况。

幸德秋水还说，"虽说是劳动者出身的议员，但进入议会后容易被资本家的政治所感化而变得堕落。社会党派的议员是很正派，恐怕不会违背民意，但几乎所有的党派在逆境之时都很正派。一旦以占据议会多数为目的的政党实现其目的，便会即刻变得腐败起来"①，"他们会是为了自身的名誉、权势、利益，或是仅仅为了得到一席席位。当选者也多是最有钱的人、厚脸皮的人，或是巧妙赚取人气的人"②。在他看来，即使是能够将拥有社会主义思想的社会党成员送入议会，进入议会后也恐怕会变质，出现腐败堕落的现象。而且一旦进入议会，议员们就只会关心选票、议席的多寡及权力的获得与否，不会将重心放在劳动者权利的保障或是社会主义的实现方面。幸德秋水的这一观点与其自身经历有很大关系，他曾亲眼目睹星亨与伊藤博文的合作，以及相关自由党员的思想转变，曾对其产生不信任感并发出过"自由党已死"的慨叹。可以说，无论是对议会体制的自身机能，还是对议会势力的作用功效，此时的幸德秋水都统统加以否定。他认为所谓的合法运动、力争获得多数选票和多数议席等做法，在资本家们面前都是微不足道的。日本社会主义运动所一直采取的议会主义政策，在天皇制国家权力面前，无疑是苍白无力的。③ 所以他称，议会政策不可能真正实现社会革命，不能通过议会主义来实行社会主义。他指出：

> 议会中完全没有代表劳动者权益的阶层。必须通过同盟罢工来谋取权益……如今议会在任何一个国家都是代表绅士阀权力机关的工具，

---

① 町田勝：「日本社会主義運動史——百年の歩みに学ぶ」，『海つばめ』735号（1999. 7. 25）—783号（2000. 7. 23），第4回連載。

② 堺利彦ほか：『日本社会主義運動史』，改造社1928年，91頁。原文见日刊《平民新闻》1907年2月5日。

③ 橋川文三編：『近代日本思想史の基礎知識』，有斐閣1975年、139頁。

依靠议会斗争来进行革命是完全行不通的。①

值得一提的是幸德秋水对政党的态度。他于 1906 年 9 月 10 日在《新纪元》上发表《关于政党》一文，文中他并没有对日本社会党这一政党组织进行否定，也没有否定其"合法主义"，而只是专门反对议会政策。② 他在文中说：

> 若政党的定义只是"以占据议会中的多数席位为目的的党派"，即只以选举的胜利为目的，其弊端确实如你（石川旭山）所言，现在的诸政党都是如此。然而，若是政党不以获取议会内的多数席位为目的的话，那就绝不是像之前所说的那样令人轻视。日本的旧自由党，俄国的社会革命党，法国、意大利等西欧诸国的无政府党便是如此。
>
> 我跟你一样并不排斥政党。只是担心其成为选举的机器，担心其变得不革命。将其发展成为你所说的政党，让它变得更为革命，是我等的责任。③

可以说幸德秋水反对议会政策，但却并不反对政党的存在。他认为，以占据议会多数席位为目的的政党是有问题的，他不希望社会党走议会政策的道路，去追求议会席位的多寡。他希望政党走上更为革命的道路，而不是成为选举机器。他也提到了关于修改社会党党则的问题，虽然现在仅是口头形式，但随后的社会党第二次大会便印证了这一点。

---

① 张陟遥：《播火者的使命》，社会科学文献出版社 2013 年版，第 153—154 页。
② 岸本英太郎：「無政府主義の抬頭と日本社会党大会——明治社会主義史の一齣」，『経済論叢』1958 年 5 月，275 頁。
③ 岸本英太郎：「無政府主義の抬頭と日本社会党大会——明治社会主義史の一齣」，『経済論叢』1958 年 5 月，275 頁。原文见《新纪元》第 11 号，1906 年 9 月 10 日。

2. 直接行动论的提出

1907年2月5日，幸德秋水在《平民新闻》上公开发表《我的思想变化》一文，文章开头便称"我要坦诚地进行告白，我对社会主义运动所采取手段和方法的意见，相比前年入狱时有些许变化，在去年的旅行中则有更进一步的大变化。回顾几年前的想法，我几乎有种换成别人般的感受……只是，由于诸多原因还未向全体同志进行说明。现在正好有这样的机会。在我看来，'普通选举和议会政策，并不能真正地实现社会革命。要达成实现社会主义社会的目的，除了实施直接行动外，别无其他'。这些是我现在的想法"①，开始明确地提出直接行动的论调。他还说，"或许普通选举运动、议员选举也是一种'传道'，如果是这样的话，为什么不进行直接'传道'而采取间接手段呢……比起议会的力量，更应该全力倾注于劳动者的团结训练。劳动者不应该对议员、政治家们有所依赖，应该依靠自身的力量、自身的直接行动。我反复说，一定不能依赖投票和议员"②。他在否定议会政策、将斗争的方法明确为直接行动论的同时，对劳动者自身觉悟的提高也提出要求。

幸德秋水所主张的直接行动论的提出受到当时国外因素的影响。比如在美国，1905年6月成立的IWW，其成员包括部分脱离AFL的人员，也包括部分新加入人员等。与稳健的AFL相对，他们采取急进路线，而幸德秋水便曾受其影响。比如在俄国，1905—1907年的俄国第一次革命，震动着当时的整个世界。这些社会斗争方式给予幸德秋水一定启示。1905年10月6日，幸德秋水给笹原定次郎写信，信中提到"我赴美的目的，第一是健康的恢复，第二是聚集在美的日本人同志，可以在远离日本法律的地方随意发表议论或见解。另外，如果日本有可以开展运动的余地，打算直接开

---

① 藤原正人編：『幸徳秋水全集第六巻』，誠進社1982年，134—135頁。
② 同上書，142—143頁。

展运动"。① 虽然他并没有明确指出此处的"运动"是否为所谓的直接行动论，但至少表明他已有开始付诸实践运动的打算。

幸德秋水直接行动论的提出还受到当时国内形势的影响。日俄战争后，日本国内的劳动运动状况也出现一定变化，比如同盟罢工或劳动争议数量的增加等。据统计，从 1903 年至 1907 年期间，出现系列罢工 107 次，参加的工人有 20789 人。② 1905 年较大的劳动争议有 19 件，涉及人员 5013 名；1906 年 13 件，涉及人员 2037 名；1907 年 60 件，涉及人员 11483 名。③ 其中 1907 年的劳动争议数量达到了第一次世界大战前的最高纪录，并不断扩大到各大企业中心，甚至屡次引发政府派出军队进行镇压。④ 例如，1907 年 2 月，因工作条件、劳动时间、薪金等因素，长崎三菱造船工厂的数百名工人发动罢工，一度吸引数千名人员参与，使得警察难以控制局面；1907 年 2 月的足尾铜矿暴动事件持续 3 天，其规模之大，据说幸德秋水在听闻此消息后难掩激动之情，⑤ 他认为 3 天的暴动效果远大于 20 年的议会呼声⑥。本来就不再信任政府和议会的幸德秋水认为，社会党应充分利用这一大好时机。这样的决定，一方面可以说是在足尾暴动刺激下没有同群众结合的、小资产阶级的急躁情绪以幸德秋水的主张表现出来，另一方面也可以说是当时日本工人阶级的觉悟程度朴素地反映在幸德秋水身上的结果。⑦

可以说当时的社会主义运动是立足于经由绝对主义的成立、宪法发布、

---

① 絲屋寿雄：『日本社会主義運動思想史』，法政大学出版局 1979 年，139 頁。
② [美] 陶慕廉：《战前日本的社会民主运动》，赵晨译，中国友谊出版公司 1987 年版，第 28 页。
③ 岡本宏：『日本社会主義政党論史序説』，法律文化社 1968 年，33 頁。
④ 橋川文三編：『近代日本思想史の基礎知識』，有斐閣 1975 年，138 頁。
⑤ 吉川守圀：『荊逆星霜史——日本社会主義運動側面史』，青木書店 1957 年，125 頁。
⑥ 藤原正人編：『幸徳秋水全集第六巻』，誠進社 1982 年，156 頁。
⑦ [日] 服部之总主编：《日本工人运动史话》，长风译，工人出版社 1958 年版，第 27 页。

政党内阁的出现、普通选举法的实施这一资产阶级发展法则来开展活动的，正如宪政党的解散那样，资产阶级放弃了资产阶级民主的发展任务并同绝对主义权力勾结，使得当时的社会主义运动不得不背负过重的任务。① 这也是之后幸德秋水对其展开批判、否定议会主义倾向、导致直接行动论出现的原因之一，值得一提的是，随后普通选举运动被重新交回资产阶级民主主义者手中，他们开始采取降低选举资格等渐进式的手法并带有不可忽视的妥协性格。②

3. 总同盟罢工论

石川旭山曾说过，"明治30年代堪称同盟罢工极其流行之年"③。他在《近世社会主义运动史》中，对总同盟罢工论进行记载：

> 总同盟罢工的计划，是已经由欧文等实行过了。
>
> 1888年法国工会大会（在波尔多附近之蒲斯加）的决议，是以最精确最具体的形式采用了此总同盟罢工。其决议宣言曰：部分的同盟罢工，我们认为不过是一种煽动方法及组织手段而已；只有总同盟罢工，换言之，只有全部劳动的完全停止，就是只有社会革命，能把劳动者领导到劳动解放的途上。
>
> 到劳动者对于议会政策之效果的疑惑日渐增高之时，社会党内关于是否采取这政策也热心研究，议论风生。
>
> 关于这问题，倍倍尔在德国社会党大会（1905年）上，曾作如下的演说："我现在在这里把政治的总同盟罢工案提出。要是想忌避这问题而不敢议论，确是很愚蠢的事……独有在该大会（指于开伦举行之

---

① 辻野功：「明治社会主義運動に関する一考察——直接行動論の台頭を中心にして」，『同志社法学』1963年9月，129頁。
② 同上。
③ 橋川文三編：『近代日本政治思想史』，有斐閣1974年，338頁。原文见片山潜《日本的劳动运动》，劳动新闻社1901年版。

工会大会）上，叶尔姆氏的所论，是最得我心。他说'要采用这样暧昧的决议，就只有毋宁用明白的语句警戒权力阶级说：你们若是触手于我们的普通选举权，工会就要举其经济的全力以作防卫'……我们不是为空想而战。我们也不是相信总同盟罢工就可以直接把资本家社会变形，而成为天使的团体的。我们是想为着现实的权利，为劳动阶级之第一重要的权利——即普通选举的权利——而战的"。

以倍倍尔之主张同盟罢工的理由，与工团主义和无政府主义者所论的，颇有不同，但在从来只埋头于社会政策的社会主义之运动内，可以看做是加了新的形式之征证罢。

社会发展的状态，常益形趋于复杂。对于社会民主党的投票政策的反动，决不是特别的了。其反动的主张，第一应数者，系无政府主义者与工团主义的直接行动论以及总同盟罢工论。劳动者的幸福，不单是藉投票而来的法律的改正所能得到的；劳动者宜自行将其幸福之源的财产扣留而使用之，且需将一切人事依各人的自由合意处置之：这是无政府主义所说者。他们是反对劳动者埋头于选举运动之内，说那只是徒徒浪费精力。第二应数者，系由个人的无政府主义之见地，来作反对论者。就是从绝对的自由平等的见地，说人上无人，支配我者只有我，投票就是抛却个人独立的价值。第三是由宗教之见地而生的反对论。高唱着所谓"天国在你们心中"的教理，主张要在我们的心灵内存有独立的权威。①

幸德秋水便将总同盟罢工论作为其直接行动论的中心内容。1906 年 6 月 28 日，在为幸德秋水举办的归国欢迎大会上，他发表演讲《世界革命运动的潮流》，宣称要采取与之前不同的方针路线，明确决定实施总同盟罢工

---

① ［日］石川旭山：《近世社会主义运动史》，胡石民译，上海大东书局 1931 年版，第 136—140 页。

的态度。他在演讲中称：

> 诸君，在过去一年有余的入狱及旅行经历中，我的主义、理想并未发生变化，我依然是吴下的旧阿蒙，依然是社会主义者。虽然主义、理想并未发生变化，然而实现这些的手段、方针，在随着社会局势的推移发生着变化。据我所见，如今欧美同志的运动方针正在面临大转变，日本社会党也要认识到这一潮流。
>
> 德国的俾斯麦将普通选举制视为应对人民不满的安全措施，社会党舍弃枪支弹药，在议会选举方面倾注全力，宣称"我们与无政府党不同，并不使用暴力。我们只有控制议会的多数势力，并依此实现志向。社会党运动是和平的、立宪的、合法的"。日本的社会党一直以来也将议会政策视为主要运动方针，将普通选举的实行作为事业的第一步。然而，议会政策的效果如何呢。
>
> 拥有三百五十万投票数的德国社会党，拥有九十人议员的德国社会党，究竟达成了何事，依然是武断专制的国家，依然是堕落罪恶的社会，投票者极其不能指望，议员所发挥的作用极其微小。劳动者的利益应该由劳动者自身来争取，劳动者的革命应该由劳动者自身来发动，这是欧美的同志们最近所发出的呼声……议会政策者所从事的，仅是停留在某项法律的制定、某个项目的调整或废除，这同所谓社会改良论者和国家社会党的所作所为没什么差别。社会党所憧憬的对当今社会组织的根本变革，无论如何也不应通过议会征求赞成或反对意见，这是近来欧美的同志们所积极主张的……所谓立宪的、和平的、合法的运动，以及投票的多数、议席的多数，在如今的王侯绅士所把持的金钱力量、士兵力量和警察力量面前，没有任何价值。这正是近来欧美同志的深切感受。
>
> 于是乎，欧美的同志们，在所谓的议会政策以外寻求社会的、革

命的手段和策略……这是什么呢，是炸弹吗、是匕首吗、是竹枪吗，不是，这些都只是十九世纪前半期的遗物。欧美的同志们所采取的革命手段，不是这些暴乱之物，而是全体劳动者拱手什么也不做，只需数周或数月，一切社会生产、交通机构的运转都会停止，换言之，就是所谓的总同盟罢工。只有停止一切生产、交通机构的运转，断绝王侯绅士的衣食供给，傲慢的他们才会承认劳动阶级的实力。他们只不过是劳动阶级的寄生虫……如今的士兵、警官难道不都是劳动阶级的子弟吗，一旦他们了解到现时社会组织的真相，难道能够向自己的父母、兄弟、姐妹开枪吗。总同盟罢工并非像世人所想象的那样难……革命的赞美声，到处引起反响……不要相信议会、议员和投票，劳动者的革命要通过自身来实行。

目前，社会党的同志应该采取何种手段和策略，是革命运动、还是议会政策，是先致力于多数劳动者的团结、还是以选举场的胜利为目的呢。我对如今的国情有些生疏，不敢轻易下结论，只是将亲眼目睹的欧美的运动潮流进行报告，请不吝指教。①

此时的幸德秋水主张总同盟罢工论，因为他发现德国社会民主党和英国独立工党等的胜利，并没有立刻导致进入无产阶级的新世界。② 他认为世界革命运动的潮流是19世纪流行自由主义，而20世纪流行社会主义③。社会党作为革命的政党应该采取革命的运动方式，而目前总同盟罢工则是世界社会主义运动的新潮流，即"只要全体劳动者拱手什么都不做，过几周或几个月，整个社会生产机构、交通机构等的运转全部会被停止"④。他认

---

① 藤原正人编：『幸德秋水全集第六卷』，诚进社1982年，97—104页。
② [美]陶慕廉：《战前日本的社会民主运动》，赵晨译，中国友谊出版公司1987年版，第29页。
③ 藤原正人编：『幸德秋水全集第二卷』，诚进社1982年，290页。
④ 桥川文三编：『近代日本思想史の基礎知識』，有斐閣1975年，140页。

为"平民实际上具有有力的武器,那就是'多数'",称一个人罢工会被侮辱,但是多数人的同盟罢工会以其恐怖而使人敬惮。① 他相信小暴动会引发大暴动,小范围的罢工可以发展到社会范围内的大罢工,可以通过对社会状态的刺激、改变,来使得劳动者实现自身权利的获取。他呼吁劳动者和雇主直接谈判,如果必要就进行罢工,并论证了反对卷入政治的问题,因为它将使工人在反对资本家的真正斗争中分散精力。② 他说:

> 直接行动是英文 Direct Action 的译语,是欧美工人运动常用的名词。工会的职工中有无政府党,有社会党,有忠君爱国论者,并不是无政府主义者的专用名词。它只是意味着,为了增进工会全体的利益,依靠议会不能解决问题,工人的事情只有依靠工人自己去运动,不是通过议员去进行间接运动,而是工人自己直接地去进行运动,即不是派出自己的代表,而是自己承担起来。稍微具体地说,像关于工厂设备的安全,劳动时间的限制等问题,与其通过议会请求制定工厂法,不如直接和工厂主进行谈判,如不接受,就举行同盟罢工。③

然而,幸德秋水的这一提法显然是不切实际的。就当时频发的劳动争议等活动来说,自1907年后就已经开始逐渐衰落。虽然明治时期确实存在过同盟罢工胜利的例子,然而这只不过是一时的胜利,并不能从根本上解决劳动者所面临的问题,更不用说是改变社会组织和国家性质。即使是总同盟罢工能够实现,也不会像幸德秋水所说的那样,资产阶级会因此意识

---

① 刘岳兵:《日本近现代思想史》,世界知识出版社2010年版,第168页。原文见山泉进编《幸德秋水》,论创社2002年版,第21页。
② [美]陶慕廉:《战前日本的社会民主运动》,赵晨译,中国友谊出版公司1987年版,第29页。
③ [日]幸德秋水:《基督何许人也》,马采译,商务印书馆2010年版,第120—121页。

到自身只不过是劳动阶级的寄生虫，会加以反省和改变。相反，他们会采取各种手段去分化瓦解这些活动。对此，岸本英太郎将其描述为极度乐观的、空想的、非现实的和观念性的。①

总同盟罢工的可行性需要考虑工会、劳动者等多方面的要素，需要以"强大的劳动者组织、工会凝结的无产阶级力量为前提"②。然而，当时的情况是，任何工会或劳动者组织都不具备足够的影响力或合适的运动方针。③ 例如在工会的组织方面。当时日本存在的工会多是在企业内部成立的，大规模的跨职业或跨产业的横向工会较为缺乏。总罢工这种战术，必须靠大规模的组织完好的工会同盟去实行才能产生效力，而这种工会同盟在当时的日本几乎不存在。④ 尤其是在当时的日本国内，由于《治安警察法》的存在，连工会组织的成立都要受到很大限制。所以说，在当时的情况下，通过同盟罢工实现整个社会运行状态的停滞是很困难的。例如在劳动者的组织方面。社会总同盟罢工的实现需要以组织有序的劳动者为活动基础，通过唤醒其阶级意识的方式，来促使他们团结起来维护自身权利。然而当时的劳动者几乎处于未组织的状态，《治安警察法》又对劳动者的团结权等内容进行制约。对此片山潜曾称，"《治安警察法》宣告了劳动者团结的死刑"⑤。而且在随后的社会党大会所通过的第四项决议中，《治安警察法》的改正活动从重要活动内容被列为随意运动内容。一边意识到劳动

---

① 岸本英太郎：「無政府主義の抬頭と日本社会党大会——明治社会主義史の一齣」，『経済論叢』1958年5月，273頁。

② 辻野功：「明治社会主義運動に関する一考察——直接行動論の台頭を中心にして」，『同志社法学』1963年9月，126頁。原文见岸本英太郎《日本劳动运动史》第94页。

③ 古田光ほか編：『近代日本社会思想史』，有斐閣1968年，227頁。

④ ［美］陶慕廉：《战前日本的社会民主运动》，赵晨译，中国友谊出版公司1987年版，第42页。原文见荒田寒村《日本社会主義運動史》，每日新闻社1948年版，第199—200页。

⑤ 岸本英太郎：「無政府主義の抬頭と日本社会党大会——明治社会主義史の一齣」，『経済論叢』1958年5月，287頁。

阶级团结的必要，一边却忽略《治安警察法》等对劳动者现状的影响，这应该是当时幸德秋水思想的最大弱点。①

对此，山川均日后曾评价称，"可以说同大众没有任何联系，对于没有大众组织、运动观的人来说，作为革命手段采取直接行动、扔掉议会政策，都是非常简单的事情。对于这些'革命的'人来说，与其说是成就革命，倒不如说是满足于自己更为革命这件事情本身，所以才讴歌直接行动论"②。不过，不可否认的是，幸德秋水的思想和主张在当时的社会主义阵营里发挥了很大影响，影响着很多人加入他的队伍。以竹内余所次郎为例，他曾在1907年2月16日的《平民新闻》上发表《关于运动方针》一文，称"改良进步是一步步提高的，而革命却是必定会在某时到来。这如同怀胎十月的过程一样，必定会经历分娩的阵痛才会迎来新生儿的诞生，之后才会迎来新的成长。纵观古今的革命，都是遵从这个原则……我们所开展运动的目的在于实现劳动者的解放与自由、全面废除阶级制度，所以我们没必要过于侧重所谓的政治"③，表明站在幸德秋水的立场。

总的来说，幸德秋水所主张的总同盟罢工力图通过全体劳动者的罢工或消极怠工，使得社会生产和社会交通等停止运转，以达到对资本家的震慑。然而，社会全行业的同盟罢工需要考虑组织领导、实施方式和劳动者的自觉意识等众多因素，他没有进行合理计划便下定决心采取这种方案，可以说是非常不合适的。幸德秋水虽向往能够团结多数劳动者的革命运动，但实际上他却很少参与与劳动者团结相关的实践运动或是具体的工会组织运动。他一直在充当着思想领导者的作用，不像片山潜那样是在组织劳动

---

① 岸本英太郎：「無政府主義の抬頭と日本社会党大会——明治社会主義史の一齣」，『経済論叢』1958年5月，274頁。
② 辻野功：「明治社会主義運動に関する一考察——直接行動論の台頭を中心にして」，『同志社法学』1963年9月，129頁。原文见山川均《山川均自传》第270页。
③ 労働運動史研究会編：『日刊平民新聞』，明治文献资料刊行会1961年，110頁。

者的工会运动中成长起来的。虽然他提出直接行动论的出发点是担心当时的社会主义运动方针变得改良化、变得不革命，但他主张的革命手段等内容在当时的情况下显然是不具备条件的。可以说他缺乏对社会运动现状的深刻认识，对于如何号召全体劳动者开展同盟罢工以及后续实施计划等相关内容都没有进行深入思考。此外，幸德秋水认为"劳动者想要的，不是政权的夺取，而是'面包的夺取'，不是法律而是衣食。所以议会几乎是没有用处的"①。他在此时的非政治主张和过于强调经济层面的论调，使得他在认识劳动者的阶级需求等方面存在着很大局限，并最终走向否定一切权力的无政府主义。

（二）议会政策论

1. 田添铁二

对于幸德秋水的直接行动论，田添铁二第一个持反对态度。他于1892年成为基督徒，并于1898年远赴美国，期间曾在贝克大学和芝加哥大学学习社会学等。1900年作为基督教社会主义者回到日本，成为《长崎插画新闻》的主笔，1903年7月转至《镇西日报》工作，1904年3月加入社会主义协会。②归国后的他曾经在万朝报社工作过，也曾经是幸德秋水的同事。在他看来，社会主义应是经济活动和政治活动的有机结合。就议会来说，它是日本政治组织的权力中枢，是劳动阶级向资本家阶级示威的最佳场所，是开展政治活动、掌握国家权力的最佳着力点。议会政策可以作为训练劳动者阶级意识、唤醒劳动者阶级自觉的手段。在条件尚不充分的情况下，等待变革的力量和时机成熟，才应是社会主义者们应该做的。对于幸德秋

---

① 岸本英太郎:「無政府主義の抬頭と日本社会党大会——明治社会主義史の一齣」,『経済論叢』1958年5月,278頁。原文见幸德秋水「余が思想の変化」,『平民新聞』,1907年2月5日。

② 橋川文三編:『近代日本思想史の基礎知識』,有斐閣1975年,141頁。

水所说的"社会主义的目的是'面包的夺取'"以及直接行动论等内容,田添铁二认为对政治层面的关注同等重要,直接行动并不会实现劳动阶级的解放,他反驳称:

> 我认为劳动阶级是现代社会的革命动力,倘若只对面包即生活本身拥有自觉意识的话,便不能成为从根本上改革社会的力量。若是仅侧重于获取面包本身,如今的劳动者便不会倾向于议会政策,也不会倾向于所谓的直接行动。实际上,这还不如去通过工会活动争得工资十钱、二十钱的上涨,或是十小时、八小时劳动时间的缩短,成了没有政治意识的劳动运动。即使通过采取同盟罢工等行动去胁迫资本家,也仅是停留在雇佣劳动者的地位改善层面。全体劳动者的阶级解放仍属于全然无意识的运动。
>
> 所以,劳动者在经济层面觉醒的同时,也应在政治层面认识到现代社会组织的缺陷,进而将其上升到建设新社会的正义观念。待到劳动者阶级意识觉醒之时,始成为实现社会根本变革的力量。我们社会主义者所应不惜劳力追求的便是,通过对劳动者实施教育政策来追求劳动者阶级意识的觉醒。
>
> 是的,劳动阶级的意识觉醒!是的,通过这些意识实现平民阶级的团结!这是我的设想。新时代只会在大势成熟时到来。①

1907 年 2 月 14 日、15 日,田添铁二在《平民新闻》第 24 号、25 号上连载《议会政策论》一文,指出"需要必要的忍耐,需要顺势诱导。应尽可能地选取以较小牺牲获取较大效果的方式。依据我的经验和研究,除非

---

① 岸本英太郎:「無政府主義の抬頭と日本社会党大会——明治社会主義史の一齣」,『経済論叢』1958 年 5 月,280—281 頁。原文见田添鉄二「議会政策論」,『平民新聞』1907 年 2 月 15 日。

研究出更为科学的运动方针,不然,我始终认为,日本社会党开展社会主义运动的日常途径应是:一是通过对劳动阶级实施教育来唤醒其阶级自觉,二是劳动阶级的经济团结运动,三是劳动阶级的政治团结运动,四是议会政策,而不是所谓的非科学思想、诗意想象和英雄主义"。① 他称,"日本社会党并没有理由去走牺牲大又危险多的道路。依据日本社会的状态,牺牲较少的运动当然要数议会政策这一利器了"②,坚持认为应该选择相对安全的策略。

在田添铁二看来,社会不是人为创造的而是自行进化的,所谓"迄今为止,有志于社会改革的人,往往出现的缺点便是,忽略社会实体的进化本身,过于相信个人的力量、团体的力量……这完全是不知道现代社会主义的生命、社会史的进化、社会有机体的发达、社会进化的革命……所谓革命,便是指在社会生活中所有势力的综合影响下所发生的社会进化作用……社会主义正是社会进化史的命运,是必然实现的人类历史"。③ 他认为,"历史是从原始社会进化到目前社会的,作为一个有机体,在准备不成熟、构成社会进化的动力不充分的情况下,无论是聚集怎样的天才英雄、拥有怎样的团体活动,社会革命也不会发生"④,目前需要做的功课不是急于去开创新社会,也不是急于去破坏旧社会,而是去诱发能够促使社会进化的动力及因素。所以,他坚称应该选取相对温和的、"细水长流"的道路。

针对幸德秋水所说的"劳动者出身的议员在议会中也有变得腐败堕落的必然性",田添铁二则回应称,"工会干部也有堕落的可能性,以此推论

---

① 岸本英太郎編:『明治社会運動思想』下,青木文庫 1955 年,78—87 頁。
② 労働運動史研究会編:『日刊平民新聞』,明治文献資料刊行会 1961 年,101 頁。
③ 同上书,106 頁。
④ 町田勝:「日本社会主義運動史——百年の歩みに学ぶ」,『海つばめ』735 号(1999. 7. 25)—783 号(2000. 7. 23),第 4 回連載。

的话，劳动者的大众斗争也就没有必要设立首领了"。① 在田添铁二看来，幸德秋水的直接行动论无视社会现实，过于理想化。革命不是一蹴而就的，不能一味地追求所谓的新理论，而是应该考虑本国的社会状态和劳动者特征等因素去选择道路，不能由于权力迫害而变得思想过激，而是应该站在合理指导民众的立场上思考问题。不过，田添铁二并没有完全否认幸德秋水的观点，他认为社会主义运动不能完全地否定任何一方，而是应该有所侧重。可以说，他的思想并不是单纯的"合法主义"，即"无论我再怎么思考，我都认为社会主义运动决不能是单调的，不能是一条道、一条线的……既有议会政策、又有直接行动、也有劳动者教育"，虽然他主张"阶级意识的唤醒"并认为当前的重点应是议会政策，但却并没有对直接行动论进行"全面抨击"。② 他只是试图在当时的领导者幸德秋水全面主张直接行动论的情况下，为议会政策道路争取可能性。

虽然田添铁二指出在作为"豪族社会"的资本主义社会里，资本家能够积聚惊人的财富，而劳动者和农民阶级却被导致无尽的贫穷境地；在这样的社会里，垄断和恐慌是不可避免的，应打倒资本主义社会；社会变革是不可避免的，社会主义社会也是会实现的等内容③，不过，在这样的观点下，他却选择"议会"道路。他认为只解决劳动者在经济层面的问题并不能实现其地位的改善，而通过议会政策能够唤醒劳动者的政治自觉，只有劳动者实现了阶级意识的觉醒，才有可能实现社会的根本变革。他并不是否认劳动者开展行动的力量，而是认为仅以经济层面为出发点并不能实现真正的社会改造，在国家权力方面的斗争也是必需的，目前应该以议会为

---

① 岸本英太郎:「無政府主義の抬頭と日本社会党大会——明治社会主義史の一齣」,『経済論叢』1958 年 5 月，290 頁。原文见田添铁二《议会政策论》，日刊《平民新闻》第 25 号，1907 年 2 月 15 日。

② 古田光ほか編:『近代日本社会思想史』，有斐閣 1968 年，227 頁。原文见田添铁二《议会政策论》，日刊《平民新闻》第 25 号，1907 年 2 月 8 日。

③ 橋川文三編:『近代日本思想史の基礎知識』，有斐閣 1975 年，141 頁。

舞台去实现劳动者与资产阶级的对抗，在做好对劳动者教育的同时注重政治团结和经济团结。然而，他的思想缺点在于过于依靠社会进化论去否定革命，并且忽视国家的根本属性，在对国家、议会、阶级斗争等内容的认识方面具有一定的局限性。

2. 片山潜

如果用急进来形容幸德秋水，那么便可以用温和来形容片山潜。片山潜自诩为"稳健社会主义者"，主张实现劳动者参与政治的权利，主张将资本家、地主的政权交付劳动者和农民。① 他于1906年7月13日再度赴美，并于1907年2月归国。这时的片山潜由于受第二国际领袖的影响，认为议会政策就是"国际劳动者"的政策。② 虽然片山潜并没有参与社会党第二次大会，不过他很快就表明了态度立场，即支持议会政策派。他认为议会政策活动归根到底还是为了实现社会主义，只不过是先从政治方面入手，通过实现普通选举、实现议会力量的获取，进而获得改变现行体制的能力，这是社会民主党时期以来社会主义者们所达成一致的斗争方式。他称，"诸位劳动者要注意，不要轻易地采取暴动行为……偏离轨道的气罐车肯定不能行驶到目的地。应该先组织工会并采取文明的手段。团结就是势力。日俄战争期间诸位便是通过这些手段来维护自身利益的。秩序、规律、一致、进取，都是20世纪获取势力的手段。罢工在某些场合或许是必要的手段，但决不是轻易采用的……没有胜算的战斗是极度愚蠢的……我们劳动者应该着眼世界形势，采取一致的行动。首先获取普通选举权，然后在议会中伸张权利，这是如今我们应该采取的唯一方针"③。

片山潜反对幸德秋水的无政府主义和直接行动论，称"如果放弃我们

---

① 桥川文三编：『近代日本政治思想史』，有斐阁1974年，356页。原文见《平民运动的急务》，周刊《社会新闻》1909年，第54号。
② 张忠任：《马克思主义经济思想史（日本卷）》，中国出版集团2006年版，第24页。
③ 劳働运动史研究会编：『日刊平民新聞』，明治文献资料刊行会1961年，165页。

的政治纲领而改变战术,对于我们的劳动阶级来说,是过于急进了,而且未免操之过急,那又不啻授与政府以镇压我们运动的最好的口实"①。在他看来,无政府主义是一种危险的倾向,不应该在此时刺激统治阶级,而是应该和平地把工人组织起来。②他声称第二国际早已作出过排除无政府主义的决定,目前最重要的课题不是讨论所谓的同盟罢工,而应是致力于《治安警察法》的废除等活动,促使政府制定工会法、工厂法等来保障劳动者的权利,通过议会政策来实现社会主义。他称:

> 我的论点是,在日本只有根据国法的社会主义者,才能非常有力、顺利地进行社会主义宣传。我们工人阶级,在工人运动的战术方面,是丝毫没有常识的,因此,为指导他们和教育他们、非逐步地进行不可……我认为普遍选举既是教育工人阶级的最好的手段,又是日本的社会主义运动的和平发展方式。当然我也深信工人阶级的直接行动,同盟罢工以及加强工人阶级的地位是最高的手段。③

片山潜承认直接行动是最高手段,但却并不认为此时为最佳时机,因此并不主张直接行动的实施。他在当时始终坚持此种观点,一直到赤旗事件发生后的五个月,即1908年11月,他还在《日本的社会主义者应该要求什么》中,将社会主义活动的要求内容列为普通选举、工厂法、佃户法、工会法和社会保障五个方面。④他还在《宪法与社会主义》中称,所坚持

---

① 朱谦之:《日本哲学史》,人民出版社2002年版,第305页。原文见《工人运动在日本》,《片山潜著作集》第一卷306页。
② [美]陶慕廉:《战前日本的社会民主运动》,赵晨译,中国友谊出版公司1987年版,第30页。原文见荒田寒村《日本社会主义运动史》,每日新闻社1948年版,第199—200页。
③ 张陟遥:《播火者的使命》,社会科学文献出版社2013年版,第153页。
④ 片山潜生誕百年記念会编:『片山潜著作集第二卷』,河出书房新社1960年,395页。

的议会主义，并不是单纯地依赖宪法，而是利用宪法的一切可能性去探索社会主义的实现。① 然而，值得一提的是，议会政策论的主张者中并没有议员存在，在选举资格因纳税额等条件受限的现实环境下，他们并没有考虑将劳动阶级的代表者送入议会的可能性，更没有考虑明治宪法体制下的议会与欧美国家议会的差异。② 这不能不说是很大的问题所在。

在直接行动派与议会政策派的两派论争中，幸德秋水等人以革命派、非调和派自居，批评对方的观点为阻碍革命的改良主义、调和主义；而片山潜等人则认为直接行动论过于乐观，把革命想象得过于容易，应走安全的道路，错误地紧随"所谓的"潮流只能拉远同劳动阶级间的距离。片山潜还在《在宪法范围内主张社会主义》中批判幸德秋水的无政府主义，撰写《社会主义鄙见》，并称"我的思想和同情，完全是为了工人阶级，并不是为了知识分子"。③ 他认为，排斥立法及议会政策等政治运动的直接行动论完全是无视有秩序的社会党运动，而议会政策是十年来所一贯坚持的方针。④ 1907 年 11 月，片山潜在《社会新闻》上发表《自然的结局》一文称：

> 幸德秋水君现在是无政府主义者，奉行克鲁泡特金的无政府主义，把直接行动作为运动方针。堺利彦与幸德秋水友谊深厚也必然会奉行无政府主义。我与幸德秋水的背道而驰只是在主义上……我等排斥无政府主义的空想，完全反对无政府主义的政策手段。不承认国家发展规律、否认议会政策的无政府主义，我们与其没有合作的余地。但是

---

① 片山潜生誕百年記念会編：『片山潜著作集第二巻』，河出書房新社 1960 年，396 頁。
② 古田光ほか編：『近代日本社会思想史』，有斐閣 1968 年，228 頁。
③ 朱谦之：《日本哲学史》，人民出版社 2002 年版，第 282 页。
④ 労働運動史研究会編：『週刊社会新聞』，明治文献資料刊行会 1962 年，128 頁。

我衷心希望幸德秋水、堺利彦能一切顺利，并期望他们能够重新回到万国社会党的旗下。①

两派的分裂其实是因对社会主义及其实现方法的理解不同，即急进主义和渐进主义的区别，并不是绝对的对立。② 前者主张直接行动论，否定选举、议会等政治活动，认为一旦将重心倾注于议会选举方面便会变得不革命，最终不得不向资本家妥协而丧失立场。然而，他们的思想局限在于轻松地认为革命是由少数懂得革命策略和革命时机的精英组织发动的，却忽视自身思想的非科学性以及劳动者开展活动的现状。而后者则认为议会手段是目前能够采取的最佳斗争方式，不能妄自采取冒险主义。例如片山潜将幸德秋水的直接行动论描述为，"近日的罢工往往没有进行事前准备、论证正当理由和充分调查便突然宣布"③。然而，他们的思想局限在于缺乏对国家本质等问题的认识。不过，由于幸德秋水的威望及其在社会主义阵营中所发挥的作用，再加上此时因社会主义者的频繁入狱而对明治政府产生反感等因素，许多人转向幸德秋水的直接行动论。

（三）折中论

在社会党的战略之争中还有另外一种方案，那便是堺利彦等人所主张的两派意见同时并用的折中论。1907年2月20日，堺利彦在《平民新闻》第21号上发表《社会党的运动方针》一文称，"我脑海里几乎没有要反对幸德君的意见，所不同的只是，全然否定议会政策和两者并用的差别……我认为今后社会主义运动的大方针是，一方面采取议会政策，一方面谋求

---

① 张陞遥：《播火者的使命》，社会科学文献出版社2013年版，第155页。原文见周刊《社会新闻》第25号，1907年11月17日。
② 古田光ほか編：『近代日本社会思想史』，有斐閣1968年，227頁。
③ 片山潜：「労働団結の必要」，『六合雑誌』第199号。

劳动者的团结，在与议会和社会保持呼应的同时，致力于全体平民阶层的活动"①。他说：

> 随着欧美社会党运动、劳动运动的形势变化，特别是俄国革命运动的实例，我的思想同幸德君一样在渐渐发生着变化。其他的同志们也是如此吧。再看日本国内的形势，议会的腐败堕落、无能无力……不能充分依赖议会的话，就必须寻求其他的方法、手段……所以除了议会政策外，应该发动一些人民的直接运动，或是有打算这样去做的想法。直接运动，意味着有组织、有秩序、经过训练的平民劳动者的团体运动……幸德君认为选举或投票活动只会是浪费精力，应该将这样的金钱、空闲、力量直接用在劳动者的教育或训练方面。但是，在我看来，选举、投票乃至普通选举请愿活动都是一种教育或训练。有时，只是在借请愿、选举之名，而实际上做的却是对平民劳动者的教育或训练。②

在堺利彦看来，社会形势的变化需要去思考新的斗争方式，不过对议会政策的投入也并不算是浪费。即使是采取议会政策，实现了议会中有多数议席被社会党成员所占据的局面，其背后也需要劳动者团体运动的支持。社会主义运动需要同时结合议会力量和劳动者团体运动的力量。所谓的革命派和调和派之争只是在策略层面而不是根本对立，应该从大局出发，采取中间路线，这会有利于维护整个阵营的稳定发展。他认为，这种对立是可以理解的。在当时世界范围内的社会主义阵营里，普遍都存在着思想对立，这并不是日本特有的现象，国际上也是这样的。无政府派、非调和派、

---

① 岸本英太郎编：『明治社會運動思想』下，青木文库1955年，74—77页。
② 勞働運動史研究会编：『日刊平民新聞』，明治文献资料刊行会1961年，89页。

调和派的同时并存是世界上的现实。① 例如,《平民新闻》第 50 号记载称,为了应对这样的问题,万国社会党大会甚至通过一国一党的决议,以防止社会主义阵营分裂,即"为全力发动劳动阶级对资本家制度的战斗,正如一个国家只有一个劳动阶级一样,一个国家内也应只有一个社会党"。② 堺利彦还在《社会主义纲要》中称,"欧洲社会主义运动的最显著现象是一方面是法、意、德等国无政府主义的倾向,一方面是英、奥、芬兰等国议会政策的'成功'"③。他并没有对直接行动论和议会政策论进行否定,而是称应当两种论调同时并用,尽可能地采取一切能够使用的手段。

关于对无政府主义的态度,1904 年 4 月,堺利彦在《社会主义与无政府主义》中曾说过,"社会主义屡次被混同为无政府主义而遭到压迫和厌恶,其实社会主义是驱逐无政府主义的,社会主义的繁盛之处是不允许无政府主义存在的"④,"无政府主义破坏国家,而社会主义利用国家,社会主义需要表示出驱逐无政府主义的态度"⑤。然而到 1907 年前后,堺利彦却转变态度,称两者类似而只是程度不同罢了。⑥ 他还在 1907 年 11 月出版的《社会主义纲要》中称,纯粹无政府主义运动正在勃兴"。⑦

可以说,在幸德秋水的影响下,堺利彦试图将具有本质区别的无政府

---

① 労働運動史研究会編:『週刊平民新聞』,明治文献資料刊行会 1962 年,198 頁。
② 同上书,405 頁。
③ 朱谦之:《日本哲学史》,人民出版社 2002 年版,第 307 页。原文见岸本英太郎编『森近運平·堺利彦集』,青木書店 1955 年,149—155 頁。
④ 岸本英太郎:「無政府主義の抬頭と日本社会党大会——明治社会主義史の一齣」,『経済論叢』1958 年 5 月,282 頁。原文见《平民新闻》第 21 号,1904 年 4 月 3 日。
⑤ 岡本宏:『日本社会主義政党史序説』,法律文化社 1968 年,42 頁。原文见《平民新闻》第 21 号,1904 年 4 月 3 日。
⑥ 田添铁二:「社会党無政府党分裂の経過」,『社会新聞』第 25 号,198 頁。
⑦ 朱谦之:《日本哲学史》,人民出版社 2002 年版,第 308 页。原文见岸本英太郎编『森近運平·堺利彦集』,青木書店 1955 年,155 頁。

主义与社会主义进行调和，这充分暴露了他的折中主义性格。① 此时的他认为无政府主义和社会主义在劳动者的团结、确立新经济组织、废除暴力政府等方面是相通的。他混淆了马克思主义和无政府主义、国家社会主义等的思想界限，称社会主义运动往左端一点成为无政府主义，往右端一点成为国家主义。② 例如，1906 年 10 月，他在社会主义者的茶话会上发表社会主义与无政府主义的相关演讲中说：

> 社会党与无政府党，两者的理想都同为共产制度……无政府主义者决不是都从社会党中分离出去。欧洲诸国的社会党中，就混有很多无政府主义者……无政府主义通过经济组织的发达使得政治组织自然弱化……社会主义的目的也在于对权力的废除……我认为国家社会主义、社会主义、无政府主义、个人主义这四者间存在着某种自然的连续性……无政府主义在有些时候同社会主义相一致。③

此外，堺利彦的折中论不仅体现在他对社会党战略之争的态度、对无政府主义的理解方面，也体现在他对唯物主义与唯心主义、自由主义与社会主义等的认识方面。例如，关于唯物主义与唯心主义，他不强调唯物主义与唯心主义的对立与斗争，而希望其"调和"，且以唯物的泛神论作为唯物一元论。④ 他说，"世界思想总是从二元论移向一元论，唯心主义与唯物主义从古皆为二元论，以后才渐渐成为一元论。一方是唯心主义的泛神论，一方是唯物主义的泛神论，在那里将来是有调和的希望"，"我是打算取那

---

① 岸本英太郎：「無政府主義の抬頭と日本社会党大会——明治社会主義史の一齣」，『経済論叢』1958 年 5 月、283 頁。
② 朱谦之：《日本哲学史》，人民出版社 2002 年版，第 307 页。原文见《无题杂录》。
③ 労働運動史研究会編：『光』，明治文献資料刊行会 1960 年，206 頁。
④ 朱谦之：《日本哲学史》，人民出版社 2002 年版，第 309 页。

唯物主义的泛神论的立场","唯物主义的泛神论最好说是唯物的一元论，实际认为没有神的这些字眼更为适切"等。① 例如，关于自由主义和社会主义，他曾说过，"自由主义是为了反抗贵族藩阀，社会主义是为了对抗资本家。如果说自由主义是向贵族要求民权的话，社会主义便是向富者要求'贫权'。前者是在政治层面，后者是在经济方面。政治层面的自由主义应用在经济层面便是社会主义……两者在打破少数人的专制并将其转移到多数人手中这点是一致的。将政治层面上的少数人专制转移到多数人手中是自由主义，将经济层面上的少数人专有转移到多数人手中是社会主义。前者是以个人为单位，后者是以社会全体为单位。两者都是从自由、和平、博爱的道德出发，这种自由、和平、博爱体现在政治层面是自由主义，体现在经济层面便是社会主义"。② 从中可以发现，堺利彦对诸多事物都采取调和的立场，所以他对社会党的战略之争采取折中论的态度也是不难理解的。

除了堺利彦外，在此时的社会主义阵营中，还有其他人同样持有折中论的立场，例如石川旭山等人。1907 年 2 月 16 日，在社会党第二次大会召开之际，石川旭山于《平民新闻》发表《致社会党员诸君》一文，称"社会主义是个大理想，要实现这样的大理想，其手段方法自然是复杂的……对议会政策感兴趣的人可以协力开展普通选举运动，倾向于直接行动的人可以一致实施团体运动……通过统一的社会党与共同的敌人作战……为实现高远的社会主义理想，关于其手段方法而产生各派论争是理所当然之事"。③ 作为调停者的他认为，直接行动论和议会政策论的论争会使得社会党产生分裂危机，而实现社会主义理想的手段本来就很复杂，与其现在徒劳

---

① 朱谦之：《日本哲学史》，人民出版社 2002 年版，第 309 页。原文见川口武彦编『堺利彦全集第 4 卷』，法律文化社 1971 年，126—128 頁。
② 劳働運動史研究会編：『社会主義』，明治文献資料刊行会 1963 年，577—578 頁。
③ 劳働運動史研究会編：『日刊平民新聞』，明治文献資料刊行会 1961 年，109 頁。

地争论斗争形式，倒不如各自施展才能、依据自身情况去自由地开展活动。①

关于堺利彦等人的折中论，也不乏有"本应该把幸德秋水的无政府主义直接行动论排除出社会党的，但以堺利彦为中心的评议员会却将它同议会政策进行调整，并纳入社会党的运动方针，这是决定性的错误，没有排除幸德秋水的无政府主义直接导致日本社会主义运动的悲剧"② 等观点。在其看来，堺利彦等人的折中论态度对于当时的社会主义队伍走上错误的发展道路方面也肩负着一定责任。不管怎样，社会党的战略之争未能被阻止，第二次大会上出现了关于社会主义运动方针的严重对立。

（四）社会党第二次大会的对立

直接行动论、议会政策论和折中论三派并存的结果，很快便在社会党的第二次大会中见分晓。在1907年2月17日召开的社会党大会上，首先将党则第一条"本党于国法范围内主张社会主义"改为"本党以实行社会主义为目的"，表明放弃稳健的"合法主义"立场。③ 会上堺利彦发表评议员会提出的决议案：

> 我党欲对现时的社会组织进行根本改革，将生产机构收回社会公有，为了全体人民的利益和幸福对其进行经营。我党以此为目的。考虑到现时的情况，通过以下决议。
> 一、我党致力于对劳动者阶级自觉的唤醒和其团结训练。
> 二、我党对在足尾事件中政府出动军队镇压劳动者一事感到遗憾，

---

① 渡部義通ほか編：『日本社会主義文献解説』，大月書店1958年，66頁。
② 岸本英太郎：「無政府主義の抬頭と日本社会党大会——明治社会主義史の一齣」，『経済論叢』1958年5月，287頁。
③ 辻野功：「明治社会主義運動に関する一考察——直接行動論の台頭を中心にして」，『同志社法学』1963年9月，123頁。

认为这是政府方面的极度失态。

三、我党对世界上的各种革命运动寄予深度同情。

四、以下各项为党员随意开展的运动。即《治安警察法》改正运动、普通选举运动、非军备主义运动、非宗教运动。①

该决议将议会政策派所坚持的普通选举运动等降格为党员随意开展的活动。对此，田添铁二迅速表态称，应将第四项随意运动中的普通选举运动加在第二项足尾事件之前，改为"我党以议会政策为有力的运动方法之一"，其理由包括四个，一直以来议会政策已经是社会党的运动方针之一；议会政策是唤起劳动者阶级自觉的最合适的方法；在思考议会政策与权力阶级是何等关系时，应认识到议会是日本政治组织的中枢，开展此项运动最为有效；议会政策是向权力阶级开展示威运动的最佳手段，是教育劳动阶级进行团结的有力武器，为达到唤起劳动者的阶级自觉、实现其团结训练的目的，此项策略必不可少。② 他称：

> 我认为在唤起劳动阶级的自觉意识方面，除了采取议会政策外，没有其他更为合适的方法了。在我看来，在唤醒此阶级的自觉意识方面，仅在经济层面开展活动是非常不充分、不完整的。在经济的基础上认识到社会的不平等，进而认识到此社会组织在政治层面的不平等。正是为了让劳动阶级获取此种自觉意识，我们才必须大力实施议会政策，对其开展政治上的教育。基于此理由，我认为在今后我党也应持续地将议会政策作为有力的方针之一。

---

① 辻野功：「明治社会主義運動に関する一考察——直接行動論の台頭を中心にして」，『同志社法学』1963 年 9 月，123—124 頁。原文见《日本社会党大会》，日刊《平民新闻》第 28 号，1907 年 2 月 19 日。

② 同上书，124 頁。原文见《田添铁二的演说要领》及《日本社会党大会》，日刊《平民新闻》第 28 号，1907 年 2 月 19 日。

进一步而言，思考一下议会政策与权力阶级是何种关系。我认为不仅是议会政策，不管采用何种方法，只要能够一点点地削弱资本家阶层的利益，都是好的。更何况对于权力阶级来说，采取议会政策是向其进行示威的最佳方式。

换言之，议会是日本权力组织的中枢，对其开展活动是最有效的，而且这样的活动是唤醒劳动者阶级自觉的合理手段。据我所见，现行社会的权力阶级、资本家制度的利益中心点便是议会。在他们的利益中心点，借助劳动者团结的力量扔下劳动阶级自觉意识的"炸弹"，是最为必要且有效的事情。即议会政策是劳动阶级对权力阶级开展战争的最有力武器。

最后我还想说一点理由。如果此议会政策仅仅意味着是向权力阶级开展示威运动的绝佳场所，仅仅是为劳动阶级的自觉团结教育提供便利的话，我或许不会提出此修正案。不过，为了唤起劳动者的阶级自觉，为了对其开展团结训练，无论如何也要经过这个阶段。正是因为这个想法，我才会在此提出意见……在前往目的地的过程中，没必要去封锁好不容易打开的道路。我认为在前行过程中一定要采取议会政策，并将其作为日本社会党运动的有力措施。①

而幸德秋水则回应称，"依靠议会政策去实行社会主义是不可能的事情"，主张将普通选举运动从党则内容中删除，并在党则第一条中加上"我党认为议会政策是无能的"内容。②在他看来，议会不能给劳动者带来权利

---

① 岸本英太郎：「無政府主義の抬頭と日本社会党大会——明治社会主義史の一齣」，『経済論叢』1958 年 5 月，288—289 頁。原文见田添鉄二「田添鉄二氏の演説要領」，『平民新聞』1907 年 2 月 19 日号。

② 辻野功：「明治社会主義運動に関する一考察——直接行動論の台頭を中心にして」，『同志社法学』1963 年 9 月，124 頁。原文见《幸德秋水氏的演说》及《日本社会党大会》，日刊《平民新闻》第 28 号。

和利益,在过去针对贵族开展革命时是利用议会的形式,而在新的情况下,劳动者没必要采用议会这一工具。① 他称"社会主义意味着劳动者的解放……比如普通选举和相关法律改正等,即使我们不去管它,资本家阶层也会去处理的。社会党并不打算去做这些"。②

于是,社会主义阵营面临的情况是,一方希望将普通选举运动从随意运动中提高地位,一方希望将普通选举运动从社会党活动中彻底删除,两派的对立极度明显。在投票表决过程中,议会政策派的田添铁二只获得其本人与深尾韶的 2 票,他的同盟片山潜和西川光次郎,此时一个在美国、一个在狱中。大多数人都投票支持幸德秋水或堺利彦,以堺利彦为代表的评议员会提案获得 28 票,幸德秋水获得 22 票。议会政策派并没有获得广泛认可,这些变化直接影响着社会党乃至整个社会主义阵营的发展走向。很快,因幸德秋水等人对无政府主义的提倡以及党则的修改等因素,社会党被认定为扰乱社会秩序等,5 天后便被明治政府命令解散。2 月 19 日,刊登幸德秋水演说的日刊《平民新闻》也被禁止出售。尽管如此,同年 3 月 3 日,《平民新闻》依旧刊文宣称"如今是同盟罢工的时代"。③ 之后它仅维持一个月,便因 4 月 14 日的第 75 号《平民新闻》刊登无政府演说被停刊。在日刊《平民新闻》停刊后,直接行动派与议会政策派开始越走越远。1907 年 6 月 1 日,森近运平等急进派人员创立半月刊《大阪平民新闻》④,宣称"基于社会主义的立场,要求实现平民阶级的解放"⑤ 等,并

---

① 藤原正人编:『幸德秋水合计第六卷』,诚进社 1982 年,150—154 页。
② 岸本英太郎:「無政府主義の抬頭と日本社会党大会——明治社会主義史の一齣」,『経済論叢』1958 年 5 月,290 页。
③ 労働運動史研究会编:『日刊平民新聞』,明治文献资料刊行会 1961 年,162 页。
④ 同年 11 月 5 日改为《日本平民新闻》,1908 年 5 月 5 日因笔祸事件停刊,共 23 号。
⑤ 労働運動史研究会编:『大阪平民新聞』,明治文献资料刊行会 1962 年,1 页。

得到幸德秋水和堺利彦等人的支持。此外还有《熊本评论》① 一直发行到 1908 年 9 月，成为直接行动派最后的代表刊物。

与此相对，片山潜和田添铁二等人自诩为"正统派"，于同年 6 月 2 日创立周刊《社会新闻》②与其对抗。它呼吁与劳动条件改善相关的法律出台以及《治安警察法》的改正等内容，坚持通过获取普通选举权等方式实现社会主义。该刊在《创刊之辞》中称，"不能因受到迫害就变成急性子，而忘记去积蓄力量，不能一味追求自身进步，而拉远同劳动者间的距离"③。在片山潜等人看来，社会主义运动是长期的过程，现阶段最重要的是积蓄力量，应抱着"忍耐之心"一步步前进，而不是去做不切实际的事情。他们在《创刊之辞》中表明自己的态度：

> 第一，我们的力量虽然很小，但是也要为日本社会主义运动、工人运动的成功作出贡献。既然志在成功，我们就要忍他人所不能忍，不让敌人有可乘之机，坚持十年如一日，统一步调，共同前进。第二，改革者容易偏向急进，好走极端，我们不应该忘记要为将来的社会主义运动积聚力量。第三，作为指导者不能只顾着接受新观点，独自思想进步，而与工人之间的差距越拉越大，忘记作为指导者应发挥的作用，因此不论是在思想上还是在实际运动中都要脚踏实地、稳步推进。④

在这样的对立情况下，两派社会主义者间不时会互相指责，如"片山的行动是修正派"，"我并没有被软化，倒是两兄（幸德秋水、堺利彦）无

---

① 半月刊，1907 年 6 月 20 日至 1908 年 9 月 20 日，共 31 号。
② 在片山派与西川派分裂后改为月刊形式，至 1911 年 8 月 3 日停刊，共 80 号。
③ 渡部義通ほか編：『日本社会主義文献解説』，大月書店 1958 年，67 頁。原文见《社会新闻》第 1 号，1907 年 6 月 2 日。
④ 张陟遥：《播火者的使命》，社会科学文献出版社 2013 年版，第 154 页。

视万国社会党的主义纲领"等声音。① 在直接行动派看来,"迫害固然可怕,但比迫害更为可怕的是,以绵羊的姿态耽误劳动者和社会主义运动的社会政策"②,直接批评对方的软弱。而议会政策派则攻击对方的策略不合时宜。为了维护社会主义阵营的统一,1907年8月1—10日,部分社会主义者组织了旨在促进两派人员团结的社会主义夏期讲演会。然而,两派之间仍然有激烈的论争,诸如"在各自的讲演中围绕对方战术等内容发表意见,由两派分别派人进行陈述。于是,党派对立、怨恨等感情更是发展为一种敌忾之心"。③ 对此,片山潜称,"这种对立,以后由两派分别发表在其报刊上,这样马上就引起了个人间的怨恨,实际上就成了两派间的互相攻击。当时参加这种辩论会的同志……他们只是暂时彷徨于两派之间,可是因为领导人之间的对立不但更加强化,而且还更个人化了……这样一来,两派的领导人们,完全无视了现实的社会主义目的,并且也根本忘记了工人阶级的利益"④。

同年8月19日,在英国独立工党代表哈代到访日本时,社会主义阵营试图策划共同的欢迎活动等,然而却依旧未能阻止两派分裂的步伐,甚至是加深了两派的对立。片山潜等人甚至在《社会新闻》上公开发表与另一派绝交的宣言。这样的分裂也体现在组织形式等方面。随后的8月20日,片山潜等人创立社会主义同志会并于每周日举办活动。与此相对,幸德秋水等直接行动论者则于9月6日创立星期五讲演会并于每周五举行活动。直到1908年4月,幸德秋水还在公开发文称,"我们是对政治、法律、议会选举

---

① 大原慧:『幸德秋水思想と大逆事件』,青木書店1977年,123頁。
② 辻野功:「明治社会主義運動に関する一考察——直接行動論の台頭を中心にして」,『同志社法学』1963年9月,126頁。原文见山川均《社会政策与社会主义镇压》,《大阪平民新闻》第6号,1907年8月20日。
③ 同上。原文见片山潜「日本における労働運動」,『日本の労働運動』,366頁。
④ [日]片山潜:《日本的工人运动》,王雨译,生活・读书・新知三联书店1964年版,第281页。

绝望的无政府共产主义者，他们依然是所谓依靠国家权力的社会民主主义者，同《社会新闻》派的人产生意见分歧是自然的结果"①。这样的分裂给明治时期的社会主义阵营带来了致命打击，极大地削弱了自身力量，并再也无法恢复到之前的统一状态和凝聚力量。

三　议会政策派的再度分裂

雪上加霜的是，议会政策派内部又再度分裂。第三次分裂的两方，分别是片山潜与西川光次郎等人。西川光次郎早在工会促进会和普通选举促进同盟会时期便与片山潜相识，之后还曾担任过片山潜所发行杂志的编辑等。他们一起与直接行动派展开论战。在直接行动派与议会政策派的论争过程中，两派越来越带有更加鲜明的特征，分别更加趋向急进和温和。然而，随后赤羽一作为社会主义同志会会员却开始倾向于幸德秋水所主张的无政府主义。他在《农民的福音》一文中指出，"'无政府共产'是自由安乐之邦"，"应尽早用'无政府共产'来打破权力阶级的压制"，"实现共同所有、共同劳动、共同生产、共同分配的'无政府共产社会'"。② 与此同时，西川光次郎也渐渐具有议会政策论和直接行动论并用的倾向。其实，西川光次郎的这种思想早在数年前便可见端倪。1902 年时西川光次郎曾在演说中提及，"我们绝不向劳动者煽动同盟罢工，但是，一旦到了不得已要采取同盟罢工的时候，便要开始实施作战计划"。③ 于是，西川光次郎与赤羽一的思想开始与片山潜发生分歧。

最终，1908 年 2 月，议会政策派的社会主义同志会分裂为片山潜和田

---

① 藤原正人编：『幸德秋水全集第六卷』，誠進社 1982 年，448 頁。
② 嘉治隆一编：『明治文化資料叢書社会主義篇』，風間書房 1962 年，294—304 頁。
③ 労働運動史研究会编：『労働新聞』，明治文献資料刊行会 1963 年，595 頁。

添铁二等人的片山派、西川光次郎和赤羽一等人的西川派。同年2月，片山潜被社会主义同志会除名。据记载，2月16日晚，25名社会主义同志会会员聚集在西川光次郎家中，满场一致地通过以下决议，"片山潜的行动会对我党的运动带来极大妨碍，因此决定撤销其社会主义同志会成员的资格"。① 片山潜在积极撰写文章试图呈现思想分裂真相的同时，还在《我们今后的方针》一文中强调组织工会、实施普选运动、结成社会主义统一组织的必要性，并提出发行刊物、社会主义宣传等活动的方针。② 然而，1908年3月，议会政策派重要人物之一，同时也是片山潜同盟的田添铁二因贫病交加不幸去世，年仅33岁。片山潜所在的议会政策派遭遇重大打击。

1908年3月15日，西川光次郎创刊《东京社会新闻》。值得一提的是，分裂后的《社会新闻》由片山潜等人维持，如同从前一样印出"日本社会主义中央机构"的标语，而西川光次郎创刊《东京社会新闻》后，也印上了"日本社会主义中央机构"的标语，当然，这种内部分裂行为也受到直接行动派的攻击。③《东京社会新闻》在初期还提及过将获得普通选举权作为实现社会主义的运动方针等内容，然而自5月15日第7号以后，其无政府主义色彩渐浓，不断刊登诸如《俄国革命的伟人》和《原始人类的相互扶助》等介绍无政府主义的文章。④ 伴随着西川光次郎的入狱和不断强化的政府压制等因素，该报仅发行15期，便于4个月后的9月15日成为废刊。最后一期的《东京社会新闻》在首页用大字印出"以社会主义为经，以侠骨为纬"⑤的字样，不过，依然无法挽回明治时期的社会主义即将退场的命运。接二连三的分裂对明治时期的社会主义发展起到了不容小

---

① 労働運動史研究会編：『東京社会新聞』，明治文献资料刊行会1962年，4頁。
② 片山潜生誕百年記念会編：『片山潜著作集第二巻』，河出書房新社1960年，395頁。
③ 労働運動史研究会編：『大阪平民新聞』，明治文献资料刊行会1962年，305頁。
④ 渡部義通ほか編：『日本社会主義文献解説』，大月書店1958年，74頁。
⑤ 労働運動史研究会編：『東京社会新聞』，明治文献资料刊行会1962年，113頁。

觑的打击作用,甚至是幸德秋水本人也在1910年被捕前坦承,与其说是政府的压制行为破坏了社会主义队伍的发展,倒不如说是社会主义者们自己打乱了自己的活动步调。

总之,经过三次分裂后的社会主义阵营,从总体上来看依然处于幸德秋水的思想领导之下。社会主义阵营的第一次分裂使得基督教社会主义逐渐退出明治时期的社会主义阵营。第二次分裂使得幸德秋水多了片山潜、田添铁二、西川光次郎等意见对立者。在第三次分裂过程中,随着田添铁二的去世和西川光次郎等人的转向等,在社会主义阵营中幸德秋水的意见对立者只剩下了少数人,其余大部分人依然在受着幸德秋水的思想影响。而幸德秋水也在促使着社会主义阵营里相关人员的思想转变,他致力于罗勒的《社会总同盟罢工论》、克鲁泡特金的《面包略取》等的翻译工作,还通过1907年8月在阿姆斯特丹举行的国际无政府主义大会的各种文件的介绍等,对日俄战后参加运动的地方出身的青年给予巨大影响。①

在新组成的以幸德秋水为首的无政府主义队伍中,他的思想得到了这批急于实施社会变革的成员们的支持。例如,1907年大杉荣投稿至日刊《平民新闻》公然提倡无政府主义,并于同年2月响应幸德秋水的直接行动论,发表《欧洲社会党运动的大势》。②他在文中称,"目前欧洲社会党运动的最重大问题有二,即非军备主义和工团主义","向来以议会政策为唯一的革命运动,没有任何人予以怀疑,现在终于被幸德秋水氏站出来高呼议会政策实属愚蠢。我从社会主义革命立场出发,认为议会政策只能削弱社会革命的气势,因而相信只有依靠工人的直接行动,才能完成社会革命"。③他成为幸德秋水的坚定拥护者,继承着幸德秋水的无政府主义思想

---

① [日]幸德秋水:《基督何许人也》,马采译,商务印书馆2010年版,第129页。

② 朱谦之:《日本哲学史》,人民出版社2002年版,第303页。

③ 张陟遥:《播火者的使命》,社会科学文献出版社2013年版,第45页。

直到大正时期。

可以说，对议会等的认识改变和政府压制等因素在促使幸德秋水的思想发生变化的同时，也在改变着当时许多社会主义者们的想法。他们同样曾多次在议会政策前摔过跟头，境遇在影响着他们的思想变化。当时也有不少人将"社会主义"视为反体制思想、反现世感情的寄托。① 幸德秋水的革命精神得到了他们的理解。于是，几乎整个社会主义阵营都沉浸在幸德秋水所畅想的无政府共产世界里。不过，后来也曾有部分人坦承，当时多是出自"革命色彩"的影响，甚至一度错误地认为，越是"革命"越是能证明自身社会主义的正确性。总的来说，这样的思想变化和队伍分裂使得社会主义阵营的活动方针发生根本变化，极大地影响着当时社会主义的走向，这也预示着明治时期社会主义思想的尾声。

◇◇ 第三节　明治时期社会主义思想的尾声

1908 年 7 月 14 日下台的西园寺内阁被政敌攻击为对社会主义监管不力，元老山县有朋等人还在明治天皇那里指责西园寺内阁对社会主义者们的姑息放任、对危险言论的处理过于宽大等。② 于是，第 2 次桂内阁成立后，表示要吸取前任内阁的教训，"对社会党决不宽恕，无论在任何场合下都要设法将其送入牢狱"③，宣称要根除社会主义。恰好之前曾发生留美日本人无政府主义者中的小团体，用"无政府暗杀主义者"的名义发表批判天皇制的文书《致日本皇帝睦仁君》，并且秘密送回日本的事件；1908 年

---

① 橋川文三編：『近代日本政治思想史』，有斐閣 1974 年，342 頁。
② 橋川文三編：『近代日本思想史の基礎知識』，有斐閣 1975 年，178 頁。
③ 吉川守圀：『荊逆星霜史——日本社会主義運動側面史』，青木書店 1957 年，188 頁。

第五章 明治时期社会主义思想的分化与凋落

又发生日本箱根大平山林泉寺和尚内山愚童，秘密印刷、散发以批判天皇制为内容的无政府共产主义小册子的事件。① 于是，桂内阁借机不断强化对社会主义者们的压制。随后，山县有朋在《社会破坏主义论》中指出，不管是温和还是急进，社会主义都是极其危险之物，"应对其采取镇压、根除的态度，以防止'病毒'的蔓延"，表示出在有生之年要将社会主义者"一网打尽"的态度。② 在这样的大背景下，社会主义者们面临着无比严峻的形势。

直接行动派成为政府施压的首个目标。因在1908年1月周五演讲会的屋顶演说事件中与警察发生冲突，堺利彦等人被判入狱。随后的6月22日，在迎接出狱的社会主义者的欢迎会上，因"无政府共产"旗帜等引发赤旗事件，大杉荣等14名社会主义者遭逮捕。幸德秋水特地去参加赤旗事件的审判会，其审判结果比屋顶演说事件严重数十倍，除了罚金增多外，堺利彦、山川均、大杉荣、荒田寒村等人的几个月监禁被加重为几年。③ 以对堺利彦的判决为例，片山潜曾在日后描述称，"堺同志不但和这一次的冲突没有关系，而且当时他也没有在场，可是他也被判处两年徒刑。判决的唯一理由是：'他一定是这次事件的指导者'的法官想象"④。不过，也正是因为这次刑罚的加重，使得这几个人因一直关在监狱而躲过了大逆事件的判决。

---

① ［日］幸德秋水：《基督何许人也》，马采译，商务印书馆2010年版，第130页。
② 橋川文三編：『近代日本政治思想史』，有斐閣1974年，357頁。原文见「山県有朋の『社会破壊主義論』——『大逆事件』の一史料」，『みすず』第69号，1965年。
③ 堺利彦被判两年、山川均被判两年、大杉荣被判两年半、荒田寒村被判一年半等。
④ ［日］片山潜：《日本的工人运动》，王雨译，生活·读书·新知三联书店1964年版，第286页。

当时，幸德秋水的同志内山愚童在秘密印刷《无政府共产》。① 而此时没有被赤旗事件牵连到的幸德秋水，在通过非合法出版的方式翻译《无政府主义与新工会》等宣传无政府主义。② 1909 年 3 月，幸德秋水公开发表《革命思想》一文，称"当前，无政府共产主义在支配着世界的革命思想"。③ 同年 5 月，幸德秋水与管野须贺子创刊《自由思想》。幸德秋水在《自由思想》上发文指出，"神，不可服！国家，不可爱！政府，不可重！法律，不可取"④，直接地表达出对国家、政府和法律的态度。该刊当日便遭到禁止。同年 6 月，幸德秋水等人试图再次发行《自由思想》又被禁止发售。可以说他们的活动几乎遭到全面禁止。在这样的情况下，据说管野须贺子、古河力作、宫下太吉、新村忠雄四人当时曾有过袭击天皇马车的念头，关于其动机，古河力作在 1911 年的遗书《我》中提到，"期待自由、平等、博爱、相互扶助、万人安乐的社会，而不是生活困难、贫困、生存竞争、弱肉强食的社会。期待没有战争、没有牢狱，实现永远和平与四海皆兄弟的社会……天皇是与我们流着相同血液的人，必须要打破国民的迷信"，将矛头指向天皇制。⑤

如果说幸德秋水在社会党内的指导方针是一个不可挽回的错误的话，那么这些活动则是直接给桂内阁提供了一个将社会主义者，尤其是将直接行动派一网打尽的绝佳借口。片山潜也曾指出，当时"急进派同志们的秘密活动和政府方面对他们的猛烈镇压，使得两者逐渐都采取了拼命的战术。

---

① ［日］今井清一：《日本近现代史》，杨孝臣等译，商务印书馆 1992 年版，第 50 页。
② 大原慧：『幸德秋水思想と大逆事件』，青木书店 1977 年，128 页。
③ 藤原正人编：『幸德秋水全集第六卷』，诚进社 1982 年，475 页。
④ 张陟遥：《播火者的使命》，社会科学文献出版社 2013 年版，第 128 页。原文见《幸德秋水全集》第六卷，明治文献出版社 1972 年版，第 476—477 页。
⑤ 桥川文三编：『近代日本政治思想史』，有斐阁 1974 年，356—357 页。原文见神崎清编《大逆事件记录》第 1 卷的《新编狱中手记》，世界文库 1964 年版，以及盐田庄兵卫编《秘录大逆事件》上卷，春秋社 1959 年版。

就在那时候，一贯残忍的政府官吏们，为了要把正在萌芽的社会主义扼杀，所以设计一个极为凶恶的计划"①。精心策划大逆事件的桂内阁将目标直指以幸德秋水为首的社会主义阵营，1910 年 5—6 月，因触犯刑法第 73 条"对天皇家族施加危害或欲施加危害的，处以死刑"等条款，幸德秋水等人陆续被捕，同年秋相关书籍全被禁止发行。② 甚至连数学家庞加莱的《挽近的思想》、生物学家法布尔的《昆虫社会》等，都因为带有"思想"和"社会"的字眼而被禁止销售，白色恐怖笼罩。③ 1910 年 6 月，报纸报道了"令人战栗的无政府党阴谋"事件，宣称"政府当局的方针是彻底扑灭无政府主义者，直到可以向全世界夸耀日本没有一个无政府主义者为止"。④ 与此同时，检举也在不断扩大，例如幸德秋水进京途中曾经走访过的新宫町的大石诚之助、大石诚之助访问过的大阪的武田九平、访问过幸德秋水的熊本的松尾卯一太等社会主义者们相继被捕。⑤ 此外，据悉明治政府还拟定有数百名的人员名单以作为特别监察对象。

尽管幸德秋水于同年 12 月在狱中所写的陈情书中辩解称，无政府主义只是致力于能够实现道义仁爱、相互扶助、共同生活的社会，并不意味着暗杀等，但这些内容却无济于事。大审院设立特别部对其进行非公开审判，在一审即终审的特点审判之后，⑥ 于 1911 年 1 月判处幸德秋水等 24 人死刑和 2 人有期徒刑。对幸德秋水等人的判决很快便被执行。对此，片山潜曾

---

① 朱谦之：《日本哲学史》，人民出版社 2002 年版，第 288 页。原文见［日］片山潜《日本的工人运动》，王雨等译，生活·读书·新知三联书店 1959 年版，第 287 页。
② 橋川文三编：『近代日本政治思想史』，有斐閣 1974 年，357 頁。
③ 李威周：《日共创始人——片山潜》，商务印书馆 1980 年版，第 31 页。
④ ［日］服部之总主编：《日本工人运动史话》，长风译，工人出版社 1958 年版，第 30 页。
⑤ ［日］今井清一：《日本近现代史》，杨孝臣等译，商务印书馆 1992 年版，第 50 页。
⑥ ［日］幸德秋水：《基督何许人也》，马采译，商务印书馆 2010 年版，第 130 页。

在日后提出质疑称,"为什么政府对这种审讯和判决,要在完全秘密的情况下进行呢?甚至到今天(1918年),只要对这判决加以任何批判的话,还会被加以不敬罪的罪名,这又是为什么呢?政府又为什么对这批已经被判处死刑的,所谓无政府主义者的死刑,急于执行呢?通常,就是连最凶恶的杀人犯,在大审院作了最后的判决之后,也还至少容许在监狱中过60天的"①。1911年1月24日,幸德秋水等人结束生命,据说幸德秋水在接受死刑前还在毅然高呼"无政府党万岁"。可以说该事件是明治政府压制社会主义的最佳证明,通过排除所谓的异端思想、打压所谓的"叛逆"行为等方式给民众敲响警钟,使其对社会主义产生深深恐惧。

世界范围内的社会主义者和同情者纷纷举行示威抗议活动,纽约社会党首先提出抗议,英国社会主义者也号召对日本政府举行示威,给日本大使馆的质问书和抗议文等每日达数百份。② 美国、英国、法国等地纷纷掀起抗议运动攻击镇压思想和秘密审判,1911年底在伦敦召开的抗议集会中就有15000人参加。③ 日本国内也引发诗人石川啄木、作家德富芦花等知识界暗地里或公开地对天皇制国家的本质提出谴责。④ 在幸德秋水被判处死刑的1个月后,河上肇撰写《日本独特的国家主义》称,"日本当局之所以不让幸德秋水活下去,并非像西方诸国那样,是因为害怕其暴力。'纵令他们的思想是极其和平的'也不会幸免,这是因为日本当局害怕并憎恨这些无政府主义者的'思想本身'的缘故",因为对日本来说,"最高至上的价值"

---

① [日]片山潜:《日本的工人运动》,王雨译,生活·读书·新知三联书店1964年版,第288页。

② 朱谦之:《日本哲学史》,人民出版社2002年版,第288页。

③ [日]今井清一:《日本近现代史》,杨孝臣等译,商务印书馆1992年版,第51页。

④ [日]幸德秋水:《基督何许人也》,马采译,商务印书馆2010年版,第130页。

是国家，日本最害怕的正是"破坏国家至上的主义"。①

大逆事件的发生给当时整个社会主义队伍带来了沉痛的打击，而此时尚存的其他同志也正在面临着巨大的困难和危机。诸如日本设立"特别高等警察"专门应对社会主义运动等，包括检阅各种危险文件、图书和新闻报道等，镇压各种所谓的社会破坏活动。而片山潜也已经被明治政府盯上，并被定位为"披着羊皮的老虎一样的危险人物"②。尽管如此，他还于1911年10月试图成立"期待社会革新，实行普通选举"的社会党，同时定期召开"劳动俱乐部"茶话会，并每月召开两至三次的"劳动问题演说会"等各类集会。③ 1911年12月，片山潜因领导电车罢工的罪名被投入监狱，出狱后他再度前往美国。而其他得以逃生的社会主义者中，西川光次郎思想转向并日益远离社会主义运动，石川旭山去往欧洲直到一战后才归国，堺利彦开设卖文社④并创设刊物以维持生活，山川均一时回乡开办药店而后加入卖文社等，社会主义各派力量都受到重大打击。可以说大逆事件后，明治时期的社会主义几乎全面退出历史舞台。

总之，在明治时期社会主义的分化期，各种思想对立层出不穷，除了唯物论派与基督教派因世界观的本质不同出现思想分裂外，其余的对立与分裂皆可以理解为社会主义实现方法方面的争论。基督教社会主义在完成自身的历史任务后逐步退出明治时期的社会主义阵营。然而，"不同"思想的退出却并没有增加社会主义阵营的统一度，之后的诸多思想对立依然不断发生。这在体现着社会主义者们的认识差异外，也体现出当时整个阵营

---

① 张陟遥：《播火者的使命》，社会科学文献出版社2013年版，第141页。原文见［日］河上肇《日本独特的国家主义》，《中央公论》1911年3月号。
② 李威周：《日共创始人——片山潜》，商务印书馆1980年版，第31页。
③ 片山潜生诞百年記念会編：『片山潜著作集第二卷』，河出書房新社1960年，397頁。
④ 成立于1910年12月，以文章收入为生，暗中联络当时全国范围内的社会主义者，直至1919年3月解散。

对社会主义尚未真正理解，或是未能科学地将社会主义的实现方法与日本国情得以有效结合的弱点。而导致明治时期的社会主义被扼杀并步入尾声阶段的除了明治政府的压制态度外，更多地是因为明治时期的社会主义未能实现自我理论内容及实践活动的科学发展，这也正是明治时期社会主义的最大局限性。

明治后期社会主义的方针政策直接左右着其命运的走向，无政府主义的转向使得其几乎全军覆没而不得不面临绝境。尽管如此，它却依然发挥着积极的历史作用。在当时的社会里，社会主义作为一种新颖的社会建构模式，丰富着人们的思维，启发着人们对于社会问题的思考，成功地吸引到一些坚定的信奉者为了实现理想中的社会主义社会而不惜付出生命，这种精神无疑是可歌可泣的。明治时期的社会主义给国家的发展走向提供了另外一种思维空间，不过由于当时理想化的社会组织形式与现存社会运作模式间并没有很大的衔接性，再加上明治时期社会主义的种种自身弱点，最终不得不以失败告终。虽然如此，它的存在依然能够给我们提供深深的思考。

◇◇本章小结

本章主要对明治时期社会主义的分化与凋落进行论述。第一节主要论及唯物论派与基督教派的思想分歧，第二节主要对直接行动派与议会政策派的对立进行分析，第三节主要探讨明治时期社会主义的尾声阶段。

首先，唯物论派社会主义与基督教社会主义发生对立，两者在唯物论与有神论、阶级斗争观等方面出现意见分歧。相对于基督教派，唯物论派完全否定神的存在与信仰。相对于唯物论派的阶级斗争观，基督教派则倾向于进行适度淡化。虽然日刊《平民新闻》的发行象征着两派的"暂时统一",但却未能改变对立的持续和基督教社会主义的命运。随着《新纪元》的废刊,木下尚江和安部矶雄等人逐渐远离社会主义,基督教社会主义也仅维持10年左右的时间便退出明治时期的社会主义队伍。

其次,社会党的战略之争中出现直接行动论与议会政策论的对立。平民社时期的幸德秋水一直主张采取"合法主义"手段实现社会主义,并在日俄战争期间与俄国社会民主党等国际力量就反对军国主义和所谓的爱国主义达成一致理解,沉浸在非战论的论战中。然而,随着幸德秋水对议会道路的逐渐放弃;随着他因笔祸事件入狱并大量阅读克鲁泡特金等无政府主义者的相关书籍;随着他在美国期间与无政府主义者的实际接触与经历以及参与相关活动的影响;随着他自身对世界范围内的所谓的革命思潮的感悟等,他的思想在逐渐发生着变化,即放弃议会主义转向无政府主义。随后他提出总同盟罢工论,即全体劳动者通过数日、数周或数月的罢工来实现整个社会的生产、交通停滞。

直接行动论很快便遭到田添铁二和片山潜等人的反对。田添铁二认为,斗争方式应是经济活动和政治活动的有机结合,而不是对政治活动的否定。议会政策可以作为训练劳动者阶级意识、唤醒劳动者阶级自觉的手段。片山潜认为,议会政策派的活动归根到底还是为了实现社会主义,只不过是从普通选举等方面入手。此派认为直接实施总同盟罢工过于冒险,不符合当时社会主义所面临的困境,而且直接行动论的观点内容早在平民社时期就被坚决反对。此外,堺利彦等人则主张两者并用的折中论。不同观点论争的结果是,议会政策派在投票环节中只得到了两个人的支持。幸德秋水成功地把普通选举手段降格为社会党党员的随意运动,而且把社会党党则中的"在国法范围内"去掉。虽然直接行动论和议会政策论只是在社会主义实现手段方面发生意见分歧,但却在根本上改变着社会党的发展进程。

议会政策派内部片山潜与西川光次郎的对立则是社会主义阵营的又一次分裂,这次分裂可以视为直接行动派与议会政策派对立的延续。因为此次分裂是由对直接行动论的态度所直接引发的，甚至后来的赤旗事件也包含着直接行动论与议会政策论的对立等因素。如果说之前参与的社会主义活动等，使得幸德秋水成为明治政府的目标人物的话，其无政府主义主张以及总同盟罢工论的提倡，则直接给明治政府制造大逆事件提供了时机。大逆事件发生的当年，社会主义各派势力均被破坏，明治时期的社会主义由此告一段落。

终　章

◇◇ 第一节　明治时期社会主义思想的内在特征

社会思想是其所处时代的产物。明治时期社会主义思想的产生符合这一规律。在社会问题备受关注之时，需要有替劳动者发声的社会思想。它的出现是必然的。从社会主义思想的传入到社会主义者的形成，再到其日后的不断发展，从这个过程中可以发现明治时期社会主义的一些特征。

概括而言，明治时期的社会主义呈现出以下特征：（1）就明治时期社会主义的整体发展曲线来说，它呈现出一个抛物线式的曲线图。三种不同思想来源的社会主义，在社会主义协会和社会民主党时期形成统一阵营并不断发展，直至平民社时期发展到最高点，之后则是赤旗事件和大逆事件等的影响使得明治时期社会主义的发展降入最低点。（2）就明治时期社会主义的领导者来说，三种形成路径的社会主义者轮流担任指导者。先是以安部矶雄和村井知至为首的基督教社会主义者，再是以幸德秋水为首的唯物论派社会主义者，而在下一个阶段的社会主义史上，片山潜则成为一名享誉世界的马克思主义者并曾指导日本共产党等的成立。（3）就明治时期社会主义的力量交错来说，基督教社会主义和平民社社会主义分别作为西方和本土的代表，构成了当时社会主义阵营的主要力量。虽然平民社社会主义的思想来源中也吸收了一定的国外思想，但相比较基督教社会主义，俨然具有较高的本土特征。两股思想在日俄战争前一直处于和平共处的发展状态，基督教社会主义也为平民社社会主义者提供过一定的成长空间。随着基督教社会主义的指导力量逐渐弱化并被平民社社会主义取代，两者在日俄战争后开始出现对立。（4）就明治时期的劳动运动来说，它也呈现着一定的抛物线曲线图。1897年伴随着工会组织的不断出现，劳动运动一度达到顶点。随着1900年出台的《治安警察法》对这些活动的限制，劳动运动跌至低谷。而后，1907年足尾铜矿暴动等事件再次使得劳动运动有所高涨。

一 社会主义斗争方式的特征

明治时期社会主义的斗争方式以社会党时期为分水岭，前后发生着截然不同的变化。以此为界，明治时期的社会主义可以划分为两个阶段，即议会主义论调期和直接行动论调期。

在社会主义的形成路径中，安部矶雄和片山潜最初是以经济改造为切入点，试图解决贫困问题、劳动问题等，而幸德秋水则是借助新闻记者的身份通过抨击政治腐败等现象来揭露社会问题。社会主义的统一阵营形成后，前期一直都主张采取议会主义方式作为实现社会主义的手段。这些受到国外情况的影响，例如在1890年2月的选举中，德国社会民主党获得了四分之一以上的选票，根据这些情况，恩格斯认为曾在1849年以前到处流行的街垒战方式已不合时宜，无产阶级政党应该积极进行争取民主的斗争。[①] 1895年，恩格斯撰写《法兰西阶级斗争导言》一文，论述了无产阶级在做好武装起义准备的同时，还要善于利用合法斗争以聚集力量的策略。[②] 在1895年恩格斯逝世以后，第二国际的领导权落入机会主义分子手

---

① 张陟遥：《播火者的使命》，社会科学文献出版社2013年版，第9页。
② 同上书，第10页。

中，伯恩施坦等人在帝国主义的威胁利诱下变成了帝国主义的附庸，他们停留在资本主义的改良上，不敢进行无产阶级革命并且对帝国主义抱有幻想，相信通过议会斗争可以建成社会主义。① 无论是明治时期的基督教社会主义运动，还是平民社时期的社会主义运动，他们都把斗争方式寄存于普通选举的实现，希望通过议会来实现社会主义者对社会改造的愿望。即通过合法手段来实现普通选举权的获得，从而使得社会主义者掌握政权，进而实现对生产资料私有制的改造。

随着幸德秋水对议会方式的否定，他所领导下的社会主义阵营的斗争方式也有所改变，他们希望通过总同盟罢工的形式来实现对整个社会状态的破坏，进而实现无政府共产状态。在幸德秋水思想变化后的无政府主义时期，他表示出的是对政治权力的完全否定和对经济形态的充分重视，不再是之前主张的通过政治层面的改造推动经济层面的改造这一方式。前者的着眼点是致力于劳动者们获得和资本家们同样的选举权与被选举权，通过劳动者们在议会中占据多数并最终实现社会主义。而后者则是忽视劳动者们的阶级地位和国家属性等，对这些进行全部否认。这样的变化也构成了当时社会主义斗争方式的特征。

二 社会主义思想的特征

明治时期的社会主义可以理解为两个方面，一是对"近代"、"文明"抱有怀疑之念，怀着解决其滋生矛盾和问题的精神，探索与既存"文明"完全不同的价值体系。这种探索并不是对部分"文明"的打破，而是致力于建设全面打破现状的新社会；二是通往社会主义的道路包括"由普通选举运动实施议会主义革命"、"同盟罢工"等方式，方法虽然多种多样，但

---

① 李威周：《日共创始人——片山潜》，商务印书馆1980年版，第27页。

却显然已经褪去之前的伦理主义色彩。① 另外，明治时期的社会主义是以民主主义为根基形成的。② 早期的幸德秋水便是基于急进民主主义，所提及的市街铁路等公有化的主张都仅限于都市社会主义。③ 作为一种致力于全面打破社会现状、采取多种手段建设崭新社会的思想而言，在明治时期这个大环境下，它也带着一些自身特征。

明治时期社会主义的不同思想来源和形成路径，决定了社会主义阵营的思想混杂性特征。例如，社会民主党宣称以社会主义和民主主义为经纬，将两者的混合思想作为指导方针。平民社社会主义在宣言中称，将自由、平等、博爱视为三大要义，主张追求自由的平民主义、追求平等的社会主义以及追求博爱的和平主义，明显地混杂着自由民权思想和基督教精神等内容。就作为明治时期社会主义代表团体的平民社来说，其成员也并不都是社会主义者。有很多社会人士甚至只是被其氛围所吸引而加入的，比如自由主义者西村伊作和非社会主义者画家平福百穗等人。④ 而且在当时的环境下，每个社会主义者都有自己的主张，形成复杂交织的思想内容，这也造成了其日后的对立与分裂，最终也并没有深入人心。

明治时期的社会主义者们积极参与国际活动并极大程度地受到国外影响。当时的他们具有积极融入世界的态度，以 1904 年 8 月在荷兰阿姆斯特丹举行的第二国际第六次大会⑤为例，据《平民新闻》第 46 号记载，当时的参会国有英国、德国、法国、荷兰、阿根廷、澳大利亚、奥地利、意大

---

① 橋川文三編：『近代日本政治思想史』，有斐閣 1974 年，342—343 頁。原文见幸德秋水《社会主义神髓》，东京堂 1903 年版，以及片山潜《我的社会主义》，社会主义图书部 1903 年版。
② 古田光ほか編：『近代日本社会思想史』，有斐閣 1968 年，224 頁。
③ 同上书，221 頁。
④ 高坂正顕編：『明治文化史思想言論篇』，洋洋社 1955 年，356 頁。
⑤ 1889 年法国巴黎第一次大会、1891 年比利时布鲁塞尔第二次大会、1893 年瑞士苏黎世第三次大会、1896 年英国伦敦第四次大会、1900 年法国巴黎第五次大会。

利、美国、俄国、匈牙利、波兰、比利时、挪威、瑞典、芬兰、瑞士、塞尔维亚、西班牙、丹麦、日本等国。① 而且片山潜还与俄国代表普列汉诺夫共同当选为大会副会长，显示出与世界社会主义力量的合作。与此同时，当时的社会主义也受到诸多国外思想的影响。例如，以基督教徒为中心的社会民主党深受美国、德国的影响，而平民社时期及其之后的社会主义则可以称为德、俄、美等国思想的大杂烩。早期片山潜所推崇的拉萨尔主义、幸德秋水后期受到较大影响的克鲁泡特金的无政府主义、影响安部矶雄走上社会主义的贝拉米思想等都可以在当时的社会主义阵营里有所体现。以德国为例，全德工人联合会②和社会民主工党③在 1875 年合并为社会主义工人党，并于随后改称德国社会民主党，这对日本社会主义政党的建立和发展起着借鉴模板作用。堺利彦便曾评价称，"日本最初的社会主义主要是德国式的，山路爱山等人倡议的稍微接近于英国式，还有追捧俄国克鲁泡特金的无政府主义倾向的，以及从美国归来带有其鲜明色彩的"。④ 遗憾的是，当时惯于学习吸收并引进了种种社会主义思想的社会主义者们却并没有捋清头绪，也并没有探索出日本的国情真正适用于采取何种社会主义。就算某些社会主义者拥有稍微科学的意见，或是显现出一定的思想闪光点，在大论争大分裂的局面下也不得不转瞬消失。

从明治时期的社会主义发展过程来看，它甚至可以理解为当时国际社会主义的缩影。从世界范围来看，19 世纪末 20 世纪初的社会主义运动，正处于一个特殊的历史阶段，无产阶级的伟大导师恩格斯于 1895 年去世，此后国际工人运动的中心第二国际陷于严重的混乱中，修正主义和无政府主义思潮开始流行。⑤ 一方面，伯恩施坦、考茨基等人致力于鼓吹温和的议会

---

① 労働運動史研究会編：『週刊平民新聞』，明治文献资料刊行会 1962 年，371 页。
② 1863 年 5 月成立，拉萨尔为第一任主席。
③ 1869 年 8 月成立，主要包括倍倍尔和李卜克内西等人。
④ 労働運動史研究会編：『光』，明治文献资料刊行会 1960 年，206 页。
⑤ 张陟遥：《播火者的使命》，社会科学文献出版社 2013 年版，第 10 页。

主义道路，竭力排除暴力革命，以社会改良主义来代替科学的社会主义，这种修正主义思潮一时在国际工人运动中居于统治地位；另一方面，不少不满意第二国际的议会"合法主义"而要求采取暴力行动的人，由于得不到正确思想的指导，却把无政府主义那些表面上异常激烈的言辞，误看为最彻底的革命主张，从而皈依无政府主义。① 而明治时期的社会主义形成于甲午战争后，结束于大逆事件，几乎正好与这个历史阶段重合。在当时的社会主义阵营里，完全可以看到这些国际社会主义活动的影子，甚至是像面镜子一样将其反射出来。这些特质都在决定着它的生存空间。

三 社会主义领导者的特征

明治时期的社会主义属于日本社会主义思想史中的黎明期，当时社会主义阵营的领导者们无一不是在摸索中前行，其主要代表人物皆为知识分子，所面临的社会问题与个人经历的双重结合使得他们对社会改造产生强烈关注，这也促使了他们对社会主义思想的接受。当时出现许多出于各种原因想要改变社会现状的人，对现状的不满和改造欲望是他们的共同之处，他们的个人经历使得其能够比同时代其他人更早地理解、关注贫困问题和劳动问题等。如安部矶雄、堺利彦、幸德秋水、山路爱山等都或为没落士族或因个人境遇变化而欲对社会加以改造。以安部矶雄为例，他曾指出较早成为社会主义者的原因之一在于，由于明治维新的改革，从比较安乐的生活急转直下地坠入了贫乏的生活。② 可以说对社会不合理的反抗和对贫者、弱者的同情是他们思想的共同点，他们成为社会主义者也是相信其能从根本上解决劳动问题、贫富差距等诸多社会问题。

---

① 张陟遥：《播火者的使命》，社会科学文献出版社2013年版，第10页。
② 刘岳兵：《日本近现代思想史》，世界知识出版社2010年版，第155页。原文见安部矶雄《安部矶雄自叙传》，明善社1947年版，序文。

在思想形成路径方面，他们之中具有相同或相近社会主义观点的人几乎都具有相似的经历。如幸德秋水和堺利彦都是经由民权论者发展成社会主义者，从20多岁起就开始并肩作战，也是一生未变的挚友与同盟者。而片山潜和田添铁二均是在美国接受劳动思想归来的社会主义者，他们在面临社会党争论时也不约而同地坚持议会政策论。此外，他们的思想形成路径也具有一定的模式，即先是对社会问题的原有解决方法产生疑问和怀疑，然后是在思想转换期正好接触社会主义，最后则是自然而然地走上社会主义道路。明治时期的每一位社会主义者身上都有一个或多个思想变化的临界点。例如在社会主义者的形成过程中，幸德秋水在阅读了夏福理的《社会主义神髓》后断定自己是一个社会主义者，安部矶雄在对社会事业产生疑惑之时阅读了贝拉米的《回顾》，之后对社会主义有所顿悟。片山潜也回忆称，《拉萨尔传》使得他认识到社会问题的解决要依靠社会主义，依靠坚持社会主义的劳动者政党。[①] 他们在自身的社会主义思想形成路径中，均受到一种理论刺激来加速其思想变化。而认识主体对客观对象产生疑问之际是思想转变的最佳转折点，此时的认识主体能够迅速接受所传播的具有价值引导作用的思想，明治时期的社会主义者们便显示了这样的规律。

四 社会主义支持阵营的特征

当时的经济发展中存在着严重的比例失调，不仅表现在工业和农业之间，而且也表现在工业部门本身，诸如在轻工业和重工业（纺织业和机械制造业等）之间、巨大的垄断企业和无数的小企业之间等，这种不平衡的发展对日本社会运动的性质有着深刻的影响，即稳定的工业人口仍旧非常小，严重地限制了支持工人运动和社会主义运动的组织力量，使得工人组

[①] 労働運動史研究会編：『週刊社会新聞』，明治文献资料刊行会19602年，117頁。

织难以发展。① 此外，由于当时传统的社会关系，村社和家族间的联系成为直接招收工人的基础；只要是在企业就能在其中发现封建家长制概念的流行，连教育制度都在传播应确保"主人和雇员友好相处"等，这样的情况使得工人们无论是在工厂内还是在工厂外都很容易被置于一种等级制度中，使得工会难以建立，即使建立了也很难扩展到所在的企业之外。② 在这样的环境条件下，理应成为社会主义支持阵营的劳动者队伍表现出以下特征。

首先，社会主义队伍中劳动者所占比例较低。在社会党成立时期，因西园寺内阁对社会主义的态度相对宽松等因素，日本国内的社会主义者人数曾出现一时增长。据统计，当时全国范围内约有社会主义者 2 万人，其中学生 7500 人、劳动者 3200 人、军人 180 人、宗教界人士 60 人、医生 45 人、政界人士 50 人、司法界人士 10 人，此外具体不详。③ 在社会主义阵营的成员队伍中，劳动者并没有占据多数，这无疑是很大的劣势。对此，片山潜曾指出，幸德秋水和堺利彦等人非常精通日本文学，英文也很熟练，他们倾向于以一种只能吸引学生阶层的兴趣和只能赢得学生阶层支持的方式介绍社会主义。④ 可以说，当时的社会主义并没有取得群众的广泛支持，《平民新闻》最大的发行量也不过 4500 份⑤，社会主义的宣传并没有达到如期效果。正如片山潜所言，日本社会党在"遭到禁止时，只剩下少数社会主义知识分子和无政府工团主义分子。好像有两个互相敌对的团长，而

---

① ［美］陶慕廉：《战前日本的社会民主运动》，赵晨译，中国友谊出版公司 1987 年版，第 9 页。
② 同上书，第 12 页。
③ 絲屋寿雄：『日本社会主義運動思想史』，法政大学出版局 1979 年，144 页。
④ ［美］陶慕廉：《战前日本的社会民主运动》，赵晨译，中国友谊出版公司 1987 年版，第 41 页。原文见片山潜《日本的工人运动》，第 102 页。
⑤ 张陟遥：《播火者的使命》，社会科学文献出版社 2013 年版，第 125 页。原文见伯纳尔《1907 年以前中国的社会主义思潮》，福建人民出版社 1985 年版，第 75 页。

这两个团长都没有带领军队"①。

其次,雇佣劳动者中女性所占比例较高。纺织业在进入20世纪后不久,便成为日本雇佣工人最多的工业部门。② 当时经营生丝、织物、纺织等纤维类的工厂较多,1886年此类工厂在企业总数中所占的比例为55%,1909年上升到64%,1900年时此类工厂的劳动者约占全部劳动者人数的60%。③ 因为纺织制丝业的劳动者多为女性,这个特点决定了女性劳动者的数量远远大于男性劳动者的数量。关于男女劳动者的人数,以1896年为例,女性劳动者在日本雇佣劳动者总数中占59.8%,1902年上升到60.8%,可以说明治时期60%以上的雇佣劳动者都为女性。④ 另外,在当时的日本,在从15岁到59岁间,即所谓的生产年龄人口的人数中,男女工人人数的比例如下表中所示。

1903年与1913年的日本男女工人人数⑤

年份	生产年龄人口(15—59岁)			工人人数		
	总数	男	女	总数	男	女
1903	27237533	13869310	13368223	483839	182404	301435
1913	30026403	15279642	14746761	916252	375596	540656

---

① 张陟遥:《播火者的使命》,社会科学文献出版社2013年版,第143页。原文见片山潜生诞百年纪念会编《片山潜著作集》第3卷,河出书房新社1960年版,第292页。
② [美]陶慕廉:《战前日本的社会民主运动》,赵晨译,中国友谊出版公司1987年版,第10页。
③ 絲屋寿雄:『日本社会主義運動思想史』,法政大学出版局1979年,44—45頁。原文见农商务省《工厂调查要领》1902年版。
④ 絲屋寿雄:『日本社会主義運動思想史』,法政大学出版局1979年,8頁。
⑤ [日]片山潜:《日本的工人运动》,王雨译,生活·读书·新知三联书店1964年版,第310页。

即使是在第一次世界大战爆发时,女工仍占全部工人的约60%,并且直到1937年前后,男女工人的比例才颠倒过来。① 除了劳动者中女工所占的比例较大外,童工也占有一定比例,如阪神地区火柴工厂的一半以上工人为10—15岁的儿童。② 这些都构成了明治时期劳动者的队伍特征。

此外,在劳动者群体中,由于当时仍旧广泛实行长子继承制,男工主要招自农村家庭中的二男或三男。③ 对于矿山行业等男性劳动者较为集中的地方来说,他们多是在农村不会继承到土地的非长子,产业增长迅速时他们会作为劳动者以赚取工资贴补家计,一旦经济不景气时他们便会离开工厂。④ 而且,他们在同被视为保护他们生活的诸如工会这类组织间的关系中,保持着某种"独立"性,工会会员在危难时刻的离散削弱了工人运动的政治基础。⑤ 这种"'外出务工型劳动'……从根本上制约了一切劳动运动",日本初期社会主义运动失败的原因也因此具有"宿命论"性质的历史必然性。⑥

---

① [美]陶慕廉:《战前日本的社会民主运动》,赵晨译,中国友谊出版公司1987年版,第10页。
② 曹天禄:《日本共产党的"日本式社会主义"理论与实践》,中国社会科学出版社2010年版,第3页。原文见横山源之助《日本的下层社会》,岩波书店1958年版,第139、159页。
③ [美]陶慕廉:《战前日本的社会民主运动》,赵晨译,中国友谊出版公司1987年版,第10页。原文见大河内一男《社会政策的经济理论》,日本新社1952年版,第216—217页。
④ 絲屋寿雄:『日本社会主義運動思想史』,法政大学出版局1979年,8頁。
⑤ [美]陶慕廉:《战前日本的社会民主运动》,赵晨译,中国友谊出版公司1987年版,第10—11页。
⑥ 辻野功:「明治社会主義運動に関する一考察——直接行動論の台頭を中心にして」,『同志社法学』1963年9月,115頁。原文见大河内一男《黎明期的日本劳动运动》,第7页。

◇◇第二节 明治时期社会主义思想的启示教训

经历传入期、形成期、成长期、成熟期和分化期后,明治时期的社会主义迎来尾声阶段。在明治政府强制推行资本主义的近代化过程中,主张彻底改变社会体制的社会主义力量始终未能实现其主张。以失败告终的明治时期社会主义存在着以下启示教训。

一 缺乏马克思主义理论

在明治时期这一社会转型的特殊时期,从总体来看,社会主义的社会活动多于研究活动。① 在1900年以后的10年中,由于政府的专横态度和工人运动的软弱,社会主义运动只限于在教育和宣传方面开展活动。② 虽然安部矶雄与幸德秋水、片山潜等人把日本的社会主义运动搞得"轰轰烈烈",从研究上来看,这一阶段还属于社会主义思想的启蒙时期。③ 可以说,在这个时期,日本的马克思主义还处于萌芽状态,其身影还隐在马克思主义的传播大潮中朦胧难辨。④

明治时期对马克思主义的认识相当缺乏,例如"马克思主义在日本并没有正确地加以介绍,而且也没有加以理解。当时社会主义者的思考方法,

---

① 张忠任:《马克思主义经济思想史(日本卷)》,中国出版集团2006年版,第9页。
② [美]陶慕廉:《战前日本的社会民主运动》,赵晨译,中国友谊出版公司1987年版,第26页。
③ 张忠任:《马克思主义经济思想史(日本卷)》,中国出版集团2006年版,第16页。
④ 同上书,第9页。

大概来说，是一种朴素的唯物史观，和以此为根据而产生的阶级斗争说，这种阶级斗争说是和一种社会改造论相结合的东西。马克思主义的经济学，可以说是还完全谈不到。例如在森近运平的著作中，虽然已提到'抽象的劳动'等字样，骤观之下，这似乎是基于深思熟虑的。可是如果再往下看，那么在下一节中，他就把价值与价格相混淆了，把剩余价值称之为剩余价格了。也就是说，对于作为马克思主义经济学精华的剩余价值论等等，是完全不明白的。此外，对于马克思主义的国家学说，那么更是谁都不懂的。因此，像明治维新这种变革的意义，绝对主义等的事就丝毫没有成为问题。要之，当时是庸俗社会主义的时代"①。例如，加田哲二在《明治初期社会思想的研究》一书中提及，"正如马克思主义的终极要求为无政府主义社会一样"②，这一观点显然是错误的。从中可以发现，那时的社会主义尚处于学习摸索阶段，并没有实现对马克思主义的真正理解。

当时与马克思主义相关的翻译出版物屈指可数。在社会主义思想的传播大潮中，虽然马克思主义著作例如《资本论》第一卷传到了日本，但是并不广为所知，也没有几个人能够读懂德文原版。③据山川均回忆，明治时期可以利用的马克思主义文献只有《共产党宣言》、《社会主义从空想到科学的发展》、《资本论》第一卷和《哲学的贫困》等极少数量的外国书籍，直到大正时期才有《马克思传》等著作翻译。④ 1904 年 11 月，幸德秋水与堺利彦因听说《共产党宣言》内容有趣而将部分内容从英文版翻译成日文，并刊登在《平民新闻》第 53 号，但很快就被明治政府命令禁止发售。在这之前大多数社会主义者都没有看过其内容，更不用说对其思想的真正理解。

---

① ［日］片山潜：《日本的工人运动》，王雨译，生活・读书・新知三联书店 1964 年版，第 310—311 页。
② 加田哲二：『明治初期社会思想の研究』，春秋社 1933 年，413 頁。
③ 张忠任：《马克思主义经济思想史（日本卷）》，中国出版集团 2006 年版，第 12 页。
④ 山川均：「吾国におけるマルクシズムの発達」，『改造』1933 年 3 月。

明治时期的社会主义者多是接受传入的社会主义思想，由于传播时差的存在，错误地对社会主义思想或潮流进行理解的情况也并不少见。这与明治初期的客观存在环境及其对社会主义的介绍情况、分辨、理解能力等因素密不可分。当时对社会主义的介绍泥沙俱下，其中有资产阶级的社会主义、小资产阶级的社会主义，也有基督教的社会主义，同时也开始介绍少量的西方社会主义思想，这既是幸德秋水等人接受社会主义思想的客观条件，也是造成当时社会主义阵营里思想混杂的原因之一。① 在这样的现实条件制约下，当时的社会主义思想并不具备体系性和科学性的特征，缺乏创新和对社会现状的适应，盲目地跟随所谓的世界潮流，并没有进行认真分辨，而且具有很大的理想色彩。比如只是提出生产资料公有等一些基本主张，对具体详尽的实现方式等内容并没有科学地触及；比如认为仅仅通过普通选举就能如愿以偿地实现社会主义者掌握国家政权等。前期社会主义阵营所采取的议会主义方针，缺乏对阶级问题等内容的深刻认识。而转向无政府主义方针后，则是否定一切政治权力。幸德秋水等人，无论是从理论上还是从组织上来说，在建设基于马克思主义的革命性党组织方面观念淡薄，这是明治时期社会主义者的共同特征，同时也是他们的致命弱点。②

二 采取失误的斗争策略

明治时期社会主义的具体斗争形式可以概括为议会政策论和总同盟罢工论。就议会政策论来说，在当时的情况下，它被局限在资本主义权力机构中，不可能彻底地实现劳动者对政权的掌握以及理想社会的实现。就幸

---

① 张陟遥：《播火者的使命》，社会科学文献出版社2013年版，第116页。
② 町田胜：「日本社会主義運動史——百年の歩みに学ぶ」，『海つばめ』735号（1999.7.25）—783号（2000.7.23），第5回連載。

德秋水后期所采取的总同盟罢工论来说，同盟罢工需要劳动者和工会组织的配合。劳动者自觉意识的形成不仅需要组织劳动者的机构存在，还需要来自外部的思想指导力量和劳动者个人的自我力量等因素。只有这些条件同时具备，才能促成劳动者的团结一致和革命理论在劳动者群体中的接受。然而，当时的工会组织并不具备这样的条件，日本的工会运动在1900年前后就因《治安警察法》的出台而几乎全军覆灭。可以说幸德秋水等人对日本的工会运动现状缺乏了解，对其有效组织手段及具体行动战术都未做出真正的思考。

具体而言，在当时的社会主义运动中，他们所斗争的，是要求资本家们在近代所获得的自由扩大到全体人民，通过实现这些要求来获取与统治阶级对等的政治、经济权利以及合法对抗的权利，这种无视资产阶级民主发展法则的做法，自然会导致"通过实现劳动阶级的政治、经济权利的扩大，获得社会主义运动合法性"的失败。[1] 而且这种"革命的"议会主义，在实践中经常动摇，并不具备全体的、统一的指导性。[2] 而后，幸德秋水通过小资产阶级急进主义，走上了无政府主义的道路。[3] 他的思想里存在着一定的理想化特征，虽然遭到从工会运动中演变为社会主义者的片山潜的反对，其思想变化依然未能被阻止。当时的劳动者并没有达到幸德秋水所希冀的"革命"状态，也未达到为了实现社会主义社会去实施全体罢工的思想高度。幸德秋水提出的总罢工的想法与当时无组织的劳动运动现状形成鲜明对照。而且，幸德秋水所采取的否定政治权力的态度，从根本上排除了与议会政策派的合作可能性。可以说，随着社会主义运动和工人运动的分离，使得当时较为温和并重视组织的片山潜失去了对社会主义运动的领

---

[1] 辻野功：「明治社会主義運動に関する一考察——直接行動論の台頭を中心にして」，『同志社法学』1963年9月，116頁。
[2] 同上。
[3] 朱谦之：《日本哲学史》，人民出版社2002年版，第305页。

导权，而由更倾向于无政府主义理论的幸德秋水及其亲密助手堺利彦所代替，其结果是倾向于鼓吹急进理论而不是实际行动，这成为日本社会主义运动的明显特征。①

总的来说，明治时期的社会主义运动方针与当时的社会实践相脱节，尤其是直接行动论的提出，完全不顾及社会运动现实等因素，只不过是一场幼稚的、朴素的、仅是充满革命热情的、有害无益的煽动，这也给那些脱离劳动阶级的、多数为小资产阶级急进主义的社会党员们带来很大影响，并影响到整个社会主义阵营的发展。② 可以说幸德秋水的思想转变并不是基于日本社会主义运动的实践经验，直接行动论的提出之时也并没有适合开展同盟罢工的条件，而且并未涉及劳动阶级的权力夺取等问题。③ 他所谓的"理想主义"直接导致了理论方针的错误和在实践中的失败，可以说明治时期的社会主义一直未能跨越理论和实践、思想与现实之间的鸿沟。在此基础上，日俄战争后社会主义运动的战略问题所引发的内部斗争，更是加剧了社会主义运动的孤立。④

三 支持基础过于薄弱

社会主义阵营最应该争取的支持基础便是广大的劳动群众，然而当时的社会主义队伍却未曾真正做到这一点。以幸德秋水为例，志士仁人的思想给他提供了认识社会主义的落脚点。他曾说过，要达到反帝国主义的大

---

① ［美］陶慕廉：《战前日本的社会民主运动》，赵晨译，中国友谊出版公司1987年版，第26—27页。
② 岸本英太郎：「無政府主義の抬頭と日本社会党大会——明治社会主義史の一齣」，『経済論叢』1958年5月，291頁。
③ 町田勝：「日本社会主義運動史——百年の歩みに学ぶ」，『海つばめ』735号（1999.7.25）—783号（2000.7.23），第5回連載。
④ 古田光ほか編：『近代日本社会思想史』，有斐閣1968年，208頁。

扫除、大革命，只能有望于"社会先觉之士"，有望于"作为社会改革的健儿，以国家的良医自命的志人义士"。① 在他看来，志士仁人应以"治国平天下为志业"，具有社会责任感而"重义务"，自明治维新以来，"成就振古未曾有之进步者"，无论是"尊王攘夷"、"开国进取"，还是"民权自由"，皆因为"持远大崇高之主义理想"而"勇猛精进不退转"的志士仁人的努力奋斗。② 然而，他的志士仁人意识中包含着对民众认识的失误，他把"士"与"民"分裂开来，认为只有"士"才能在任何情况下，均能坚持道德理想与操守，而"民"却不能如此。③ 这样的思想无疑具有很大的局限性。虽然幸德秋水也能认识到劳动者的最大优势和武器便是"多数"，虽然他在后期与议会政策派展开论争时说过"如今的分歧点在于社会党是相信议会政策与议员的能力呢？还是相信劳动者自身的力量呢"④，试图将自己放在劳动阶级的立场，但他却仅停留在口头而未在实践中加以实行。正如他在《现今的政治社会与社会主义》中指出的"团结那些真正担心国家人民、拥有社会主义精神理想的志士"⑤、在《无政府党的对策》中所提及的"倡导社会党的主义精神的是博爱侠义的仁人"⑥ 那样，其所极力争取团结的对象并没有真正扩大到广泛的劳动者中间。

在当时的社会主义阵营里，作为日本社会主义运动的首个机关报，《平民新闻》的读者层几乎都是知识分子。⑦ 虽然到了后期此种情况有所改善，

---

① 朱谦之：《日本哲学史》，人民出版社2002年版，第292—293页。原文见《帝国主义》第92页。
② 张陟遥：《播火者的使命》，社会科学文献出版社2013年版，第98—99页。原文见筑摩书房编《日本近代思想大系13 幸德秋水集》，筑摩书房1975年版，第6、116页。
③ 张陟遥：《播火者的使命》，社会科学文献出版社2013年版，第100页。
④ 藤原正人编：『幸德秋水全集第六卷』，誠進社1982年，157頁。
⑤ 太田雅夫编：『明治社会主義資料叢書1』，新泉社1974年，202頁。原文见《六合杂志》第223号，1899年7月15日。
⑥ 藤原正人编：『幸德秋水全集第二卷』，誠進社1982年，389頁。
⑦ 橋川文三编：『近代日本思想史の基礎知識』，有斐閣1975年，137頁。

例如《光》的发行所改称"凡人社"并标榜"凡人主义",日刊《平民新闻》第 44 号上的《致地方青年》提及"比起所谓的'社会主义运动者',社会主义需要更多无名的运动者,如官吏运动者、商人运动者、军人运动者、手工艺人运动者、农民运动者、学生运动者。并不是说日本的社会主义运动是靠《平民新闻》统率指导的,而是说《平民新闻》这面旗帜是靠无名运动者的支持前进的",然而,在实践中却并未改变社会主义阵营缺少劳动者队伍支持的现状。① 他们同情、关注劳动者,但关于怎样组织劳动阶级,他们却没有清楚地意识到,可以说是缺乏促使劳动者意识到自身历史使命或训练其参加革命的方法策略。

从社会民主党到平民社再到社会党,都没有广泛的群众基础,这是当时社会主义阵营的一贯弱点。对此,片山潜称,"日本的社会主义运动,自从由幸德同志和堺同志在 1903 年 11 月开始以来,虽然吸收了正确的马克思主义的理论,但其对问题的看法,却逐渐趋向于知识分子的、急进的了。大批学生参加社会主义运动,就是由于这原因所致……当时,支持社会主义报刊的,特别是它的读者,差不多都是还在依靠家庭补助中的学生和小城市中的青年们。例如,我所主办的《劳动世界》,就没有在实际中得到从事劳动的工人阶级的强力支持……因为我国的工人阶级,无论在思想上也好,或是在实践上也好,都没有发展到这一阶段,而且也没有很好地组织起来"②。他在指出这一弱点的同时,也指出了日本国内劳动运动所存在的弊端。

就当时的情况来说,一方面,当时的劳动者们还没有充分组织起来,也没有经过斗争的锻炼,另一方面,社会主义者和他们的组织在理论和实

---

① 桥川文三编:『近代日本政治思想史』,有斐閣 1974 年,348 页。
② [日]片山潜:《日本的工人运动》,王雨译,生活・读书・新知三联书店 1964 年版,第 271—282 页。

践上都处于初期阶段,社会主义者还没有真正和工人运动结合起来。① 对于当时的社会主义者们来说,他们所应做的,是对科学理论的探索以及争取劳动者群体的支持,而不是忽略当时社会现状的口头革命。明治时期的社会主义者们显然没有突破这个局限,甚至是当时社会主义阵营的领导者,也只是勾画出一幅与国家发展目标完全不同的理想社会。在当时社会主义阵营的人员相继入狱、连遭压制,甚至周围会有明治政府安插的卧底潜伏存在、并没有开展社会主义运动的充足条件或广泛渠道等情况下,再加上错误地没有把劳动者纳为主体力量,明治时期的社会主义不得不面临最致命的打击。可以说明治时期的社会主义并没有在广大劳动者心中扎根,这也决定着它的发展命运。

四 缺失合适的领导者

明治时期的社会主义从头到尾都是知识分子的活动,他们多是在想要解决层出不穷的社会问题的情况下,走上主张改造现存社会的社会主义道路。他们"虽然具有洞察社会的变革是不可避免的力量,可是却并不将此项大事委之质朴的无产阶级,而是一群持有将自己放在前面那种好意的野心家;对于革命的恐怖是他们根本的原理;他们都是很体面的,'有教养的人',他们的社会主义就是自治体社会主义"②。可以说,他们并没有将明治时期的社会主义带领上科学的发展道路。

以安部矶雄为例,他是基督教社会主义者,奉行带有基督教精神的社会主义,并以人道主义等内容为社会主义的出发点,而他在《新纪元》废

---

① [日]服部之总主编:《日本工人运动史话》,长风译,工人出版社1958年版,第25页。
② [日]片山潜:《日本的工人运动》,王雨译,生活·读书·新知三联书店1964年版,第311页。原文见1893年1月18日致左尔格函。

刊之际，一度脱离社会主义运动转并专心于教学生涯。以幸德秋水为例，他在《万朝报》时期就有坚定的社会主义信仰，之后发起平民社并创办《平民新闻》等，成为当时社会主义阵营的中心力量，其彻底的革命态度和个人魅力也得到广泛拥护。这也与其个人特色有关，从小就能在一群人中充当领导者角色。然而，他的思想过于急进，最后转向无政府主义，而且在他的影响下许多社会主义者都走上了无政府主义道路。1911 年因大逆事件被处死。以片山潜为例，他在美国的十余年里辗转读过很多大学后回国，他的思想优点是具有相对较高的实践性特征等，然而，当时的他未对议会主义的本质等问题进行深入思索。更为重要的是，他在明治时期的社会主义阵营里并没有赢得人心和支持人气。1914 年出发去往美国，此后再也未曾回到日本，并在日后成为一个长期生活于国外的马克思主义者。

以田添铁二为例，他是基督徒，从美国学习社会学归国后在若干报社工作过，后加入平民社、社会主义协会，并积极参与社会党的创立等。1907 年 2 月与幸德秋水发生策略论争，后与片山潜创立社会主义同志会等。1908 年病逝，年仅 33 岁便离开人世。以木下尚江为例，他在与唯物论派发生对立遭到批判后，于 1906 年 9 月发表《告旧友诸君》，彻底告别社会主义队伍，专注于宗教和小说创作等。他在脱离社会主义队伍时自我反省称，"我的言论中经常包含着'权力欲'这滴毒药，这个私心潜伏在正义公论的面具之下"①。以西川光次郎为例，屡次入狱的他躲过大逆事件一劫，之后放弃社会主义活动，转向著述活动等。他在日后变了节，写了《心怀语》来攻击社会主义。② 对此，片山潜称，"西川同志在 1911 年出狱的时候，早就不是社会主义者了。特别使许多人惊奇的是，西川在他所写的《心怀语》

---

① 高坂正顕編：『明治文化史思想言論篇』，洋洋社 1955 年，354 頁。
② ［日］服部之总主编：《日本工人运动史话》，长风译，工人出版社 1958 年版，第 36 页。

那本书中，竟然公然攻击社会主义，并且还完全否认了他过去所做的事"①。以石川旭山为例，他曾加入《万朝报》和平民社活动，并同福田英子创办《世界妇女》杂志等。他在大逆事件的两年后即1913年去往欧洲开始漫长的"漂泊"②生涯，1920年回到日本，成为无政府主义者，无法担当领导社会主义阵营的重任。以堺利彦为例，他和幸德秋水共同参与《万朝报》、平民社和社会党等各种活动，是幸德秋水一生的革命伙伴。虽然他被荒田寒村称为"社会主义创始期的先驱者中最为出色的人"③，但他更多地是充当着站在幸德秋水身边的角色，幸德秋水急进而他则温和。因大逆事件发生时他正在监狱，得以死里逃生，后创立卖文社，也在暗中帮助着当时的社会主义者以待日后重新活动。

虽然当时的社会主义者们有共同的社会主义目标，但是无论是在实现方法上还是在思想理论上，每个人都有自己的想法与坚持，整个社会主义阵营并未呈现出统一的状态。而且当时的社会主义发展还不得不面对许多难题。以当时的工会为例，工会领导人通常是靠工人的顺从建立专制性的控制，比较谨慎小心的领袖们往往同那些充满热情的左翼领导分裂，左翼领袖的号召力往往限于少数有政治觉悟的工人，事实上广大的占多数的工人甚至还没有同工人运动发生接触。④诸如此类的问题都是当时的领导者所要面临的考验，无形中增添了开展社会主义活动的难度。

总之，明治时期的社会主义被认为是反体制思想而遭受镇压，它在与以国家为后盾的资产阶级斗争的过程中显得弱小又单纯。它在后来的发展过程中，除了平民社时期的共同反战立场外，因其思想来源复杂等因素，

---

① ［日］片山潜：《日本的工人运动》，王雨译，生活·读书·新知三联书店1964年版，第283页。
② 堺利彦ほか：『日本社会主義運動史』，改造社1928年，92页。
③ 堺利彦：『堺利彦伝』，中央公論社1978年，224页。
④ ［美］陶慕廉：《战前日本的社会民主运动》，赵晨译，中国友谊出版公司1987年版，第13页。

内部派系的理论对立屡见不鲜，自乱步伐，并没有形成稳定统一的社会主义队伍。可以说明治时期的社会主义在对现状的分析和对实践的操作方面存在一定缺陷，同时又缺乏科学理论指导，自身带有诸多非科学色彩，没有采取正确合理的斗争策略。而且当时的日本也没有足以支持开展社会主义活动的劳动者力量，再加上明治政府逐步恩威并施，使得一部分力量发生转向或是遭遇毁灭性打击，这些因素都决定了明治时期的社会主义仅仅停留在思想形态。当时的社会主义者们期待着社会主义制度的实现，但实力的反差注定了他们不会取得胜利，所谓的制度形态也只能是空谈。

明治时期的社会主义反对的是既存的社会制度，然而，这正是开启日本近代化历程的明治政府所一手建立的。当时的日本，正在通过各种手段追求飞速发展。尤其是从甲午战争到日俄战争期间的十年"战后经营"，为日本资本主义体制的确立期，而这正是明治时期社会主义发展的关键期。[①]明治政府在积极促成一种软化政治运动的社会风气，学校、国家资助的寺社以及其他大众宣传工具都在灌输无条件服从以天皇为首的政府当局的思想；对工人进行强制教育的全部后果，不只是给了他们以工业社会所需要的基本技术，而且也使他们感到知识很有限，要想反抗现存事物毫无益处；普遍兵役制也加强了这种思想的灌输。[②]对于一个强大的、跻身世界前列的资本主义国家而言，它有足够的力量主宰国家的发展走向，相比之下，当时企图打破现状的社会主义力量无疑是能量不够的。可以说在日本强行培育起来的资本主义发展过程中，社会主义的主张无疑是在挑战日益膨胀的明治政府并阻碍其发展的，这样的大环境决定了它根本不可能取得成功，从一开始便注定了它的悲剧命运。

---

① 古田光ほか編：『近代日本社会思想史』，有斐閣1968年，207页。
② ［美］陶慕廉：《战前日本的社会民主运动》，赵晨译，中国友谊出版公司1987年版，第13页。

在明治 40 年代里，社会主义的力量在诸多因素的作用下不断弱化，并逐步结束自身发展历程。而明治 40 年代正是日本产业资本主义的确立到垄断资本主义形成的过渡期，从世界史的角度来看这个阶段，劳动阶级的利益在现实中并没有得到真正拥护，这是历史的法则。[①] 社会主义在这个阶段受到挫折，从宏观层面来看，也是历史的必然。[②]

◇◇第三节 明治时期社会主义思想的社会意义

在明治政府大力推进近代化的过程中，涌现出诸多不可调和的矛盾，诸如甲午战争带来的矛盾、伴随资本原始积累的矛盾、产业革命引发的矛盾等，贫富分化等社会问题滋生。[③] 战后繁荣的背后是民众的悲惨，目睹荣华与贫困的对照，不少知识分子对"近代"概念等产生疑问，他们一直在寻找对"近代化"批判的出口，而明治时期 30 年代出现的社会主义，正是基于此背景产生的，在抵抗"近代化"压制的同时为了"弱者"而奋斗。[④]

明治时期社会主义者的形成经历了从社会改良到社会改造的变化阶段，他们的出发点在于对社会腐败的痛恨、对理想社会和社会公义的向往等。甲午战争后的社会主义真正登上日本历史舞台，并开始有意识地对现实世界加以改造。正如 1906 年西园寺内阁成立时所指出的那样，作为一股支持社会变革的革新力量，社会主义的做法对当时的社会建设是有帮助的。作为一种为解决社会问题而诞生的社会建设理论，它包含相关社会建设的主张，涉及经济、政治、文化领域等。以明治时期的社会主义为例，它既包

---

① 辻野功：「明治社会主義運動に関する一考察——直接行動論の台頭を中心にして」,『同志社法学』1963 年 9 月, 130 頁。
② 同上。
③ 橋川文三編：『近代日本政治思想史』, 有斐閣 1974 年, 331 頁。
④ 同上书, 334 頁。

括实现生产资料公有化等的经济建设，也包括实施普通选举（不包括后来的无政府主义时期）等的政治建设，还包括社会道德等方面的文化建设。所以说，它的社会意义首先体现在其对现存社会的改造要求方面。对于明治时期的人们来说，社会主义无疑是一种新兴社会思潮，它所主张的实现生产资料公有、实现社会主义取代资本主义等内容都在冲击着当时的既成理念。

在经济建设方面，明治时期的社会主义者们试图消灭富有者与贫穷者间的差别，变更生产资料私有的社会组织，实现生产资料公有和公平分配的社会组织形式。他们认为社会问题产生的根源在于资本主义社会组织的弊端，只有从根本上打破社会组织现状，才能根治社会问题。社会主义者们期待着社会的改变，致力于改变不公的社会制度，将资本家的利益转为社会全体人民的利益。他们反对自由竞争，认为正是自由竞争导致了分配不公并最终产生贫困。关于自由竞争和分配等问题，幸德秋水曾发表过《社会主义的大势》、《社会主义与国家》、《人类与生存竞争》等文进行论述。他认为资本家的跋扈和财富的不平等分配加剧着政治腐败、不合理的自由竞争加速着社会问题的恶化，社会主义的中心任务便是禁止土地和资本的私有等。对生产资料私有制的彻底否定以及致力于社会主义体制的实现，是当时各派社会主义者们所共同坚持的原则。他们的共同思想便是实现劳动者解放、打破资本主义弊端、实施社会主义改造。他们的社会主义作为一种宣称对资本主义社会实施改造的思想，体现着当时以知识分子为首的社会主义阵营的理想和愿望。这些社会构想在当时产生了巨大反响，无疑是给人们提供了一个崭新的社会建构思路。

在幸德秋水转向无政府主义以前，明治时期的社会主义者们所采取的社会主义实现方式一直都是议会主义手段，即通过社会主义者的掌权来进行新社会的建立。这也决定了明治时期的社会主义者们对普通选举的实现抱有强烈关注。他们一直在努力开展包括降低选举资格等内容在内的普通选举运动。《平民新闻》曾多次在头版刊登有关实现普通选举的请愿内容，社会主义协会、平民社与普选同盟会等也都多次合作开展普选运动。他们力图通过开展普选请愿运动来实现普通选举，使得民众可以拥有与资本家同等的选举权利。1900年1月，普通选举促进同盟会提出促进实施普通选举的请愿书，力图打破选举法在纳税金额等方面的限制。同年，选举的资格条件得以放宽，例如获得被选举权资格的纳税金额要求被取消，这也更加坚定着社会主义者们采取议会主义斗争道路的态度。他们继续开展能够真正实现普通选举方面的运动。然而，1902年2月，向第16次议会提出的普通选举法案成为废案。1911年3月，普通选举法案在众议院通过，但却被贵族院否决等。他们的普通选举愿望一直到了大正时期才得以实现，1925年3月通过的普通选举法案中明确了25岁以上男子的普通选举权。这些内容虽然不是他们直接运动的成果，但都是他们曾经竭尽所能为之努力过的内容，也正是由于他们的斗争所做的积累与铺垫，才能逐渐实现日后的成果。

明治时期社会主义的社会意义还体现在其对社会道德的关注、对社会风气的改变等方面。1901年7月，幸德秋水、堺利彦和黑岩周六等人组成理想团[1]，在关注劳动问题和女性问题等的同时，强调正义、慈爱等社会道德。幸德秋水在《读修身要领》中提到，"人并不仅是一个国民，也是社会的一分子……社会需要人与人之间的相互扶持……社会公德、社会公义，以及为了社会公共福利而牺牲个人福利的觉悟等都是非常必要的……在弱肉强食的社会，利己主义、个人主义等只会带来更多的损害……真正的人类道德是，对社会尽到个人的责任和义务，而并不期待其薪酬回报……在强调独立自尊的同时，也必须强调社会责任感、平等之心和博爱之心"[2]，强调人与人之间的相互扶助、社会公德和社会责任感等。幸德秋水的其他

---

[1] 其他人员包括圆城寺天山、斯波贞吉、茅原华山、内村鉴三等社会关心者。
[2] 藤原正人编：『幸德秋水全集第二卷』，誠進社1982年，306—310頁。

文章如《关于公德养成》、《个人主义之弊》、《道德论》等，也都体现着明治时期的社会主义者们对社会道德建设的主张。他们认为人心的腐败直接破坏着社会风俗和社会秩序，呼吁日本国民去追求真理和正义，追求作为社会道德的责任和道义等。

此外，明治时期的社会主义者们还积极投入到反战运动中。平民社作为战争期间独一无二的思想团体，其活动内容首先体现在非战论方面。由于平民社是统和各种社会主义思想的产物，所以其非战论的提出也体现在各个思想层面。如从道德层面对战争进行批判，认为战争有悖于人道主义精神；如从经济层面对战争开展批判，认为战争只不过是资本家们追逐利益的结果等。他们认为避免战争的真正方法便是社会主义社会的实现。尽管遭到其他人的攻击和非议，但社会主义者们所发出的废除军备和反对战争等呼声从未停止过。例如片山潜曾在1903年的反战论演讲会上称，"我为什么反对战争、主张反战论呢？我是站在工人的立场，为工人的利益而反对战争。一将功成万骨枯。在甲午战争中，工人得到的是什么？只是把尸骨曝晒在野地而已"①。可以看出，他反对战争的立场无疑是从维护劳动者的利益出发的。另外，在1904年8月的第二国际第六次大会中，平民社曾派人参加并参与反战问题的讨论，可以说在平民社的反战史上画上了浓墨重彩的一笔。

明治时期的社会主义者们是经由三种不同的路径形成的，他们为了同一理想，即社会主义社会的实现而结成共同的社会主义阵营。然而他们却并没有实现自身理论内容的成熟，对于如何实现心中的理想社会、如何发展自己去有助于实现这一目的却始终没有获得正确的方法。当然，他们也并没有成功地指导当时的社会主义运动，甚至说是代价惨重。尽管如此，明治时期的社会主义却发挥着不可磨灭的作用。幸德秋水等人被处死后的两个月，即1911年3月，日本政府通过第一个保护工人的法律《工厂法》，

---

① 金德泉：《片山潜的事业与思想》，《国外社会科学》1984年4月，第60页。

虽然它直到1916年才实行，虽然它不适用于规模较小的作坊和工厂①，但它却是广大人士费尽心血努力争取的结果。此外，在足尾暴动的冲击下，1907年建立起铁道厅现职人员共济组合以及以经营家族主义为基础的共济组合，这类组合在大逆事件后急剧增加。② 这些都是社会主义者们用生命斗争所换来的影响。大逆事件发生后，德富芦花曾以"造反论"为题发表演说，称幸德秋水等人是"为人类献身的志士"。③ 可以说他们是具有危机意识的人群，能较早地预见到资本主义的发展瓶颈并提出系列改造主张。以他们所反对的贵族院为例，这个在1901年社会民主党成立时就曾提出的主张，直到战后1947年才实现。虽然它的实现经历了漫长的时间，但至少能够说明明治时期社会主义者们的某些主张是符合时代发展潮流的。

明治时期的社会主义者们留下了许多思想印记。他们的活动体现着日本初期社会主义史上人们改造社会的愿望。他们带着满腔热情立志解决社会问题，带着忧国忧民的精神为追求社会进步而对社会现状加以反抗。他们批判国权主义，试图对国家的阶级性质进行思考，从理论上研究革命的必要性，并深刻地指出革命不是权力者的更替，必须是社会组织的革命。④然而，结局却是无比地悲怆，不禁令人扼腕叹息、掩卷深思。不过，在随之而继的大正时期，其将以一股新的力量重登历史舞台，继续着社会主义思想的发展。值得称赞的是，不管是处于何种压制下，明治时期的社会主义者们依然坚定地认为社会主义是大势所趋。正如幸德秋水在《社会党的将来》中指出的那样，"五十年后或三十年后，必然有一国率先完成社会主

---

① [美] 陶慕廉：《战前日本的社会民主运动》，赵晨译，中国友谊出版公司1987年版，第7页。原文见风早八十二《日本社会政策史》第1卷，青木书店1952年版，第188—190页。

② [日] 今井清一：《日本近现代史》，杨孝臣等译，商务印书馆1992年版，第52页。

③ 同上书，第51页。

④ 古田光ほか編：『近代日本社会思想史』，有斐閣1968年、228页。

义革命。历史是反复的,正如法国大革命的完成使得自由思想传播到欧洲各国一样,若是某国率先完成社会主义革命,也会影响到其他国家采用社会主义制度。需要的只是时间"①,之后的历史果然上演了这一幕。不管怎样,明治时期的社会主义就这样结束了它的活动生涯,给我们留下了广阔的思考空间。

---

① 労働運動史研究会編:『週刊平民新聞』,明治文献資料刊行会1962年,187页。

附 录

明治时期社会主义思想史相关年谱

1880.5	小崎弘道和植村正久等人结成东京基督教青年会,同年10月创刊《六合杂志》。
1891.7	高野房太郎、泽田半之助、城常太郎等人于美国旧金山创立职工义友会。
1892.11	黑岩周六创立《万朝报》,后幸德秋水、堺利彦等人加入该报社。
1896.11	布川静渊等人建立社会学会,1897年创立《社会杂志》。
1897.3	片山潜设立金斯利馆,同年12月1日创刊《劳动世界》。
1897.4	高野房太郎、泽田半之助、城常太郎等人结成职工义友会,同年7月5日改组为工会促进会,1901年停止活动,代表刊物为《劳动世界》。
1897.4	中村太八郎、樽井藤吉、西村玄道等人建立社会问题研究会,成员约200余名。
1897.12	1705名铁工成立铁工工会(日本最早的近代工会)。
1898.3	由深川印刷公司工人组成印刷工人恳谈会,会刊为《诚友杂志》。

1898.10	安部矶雄、村井知至、河上清、片山潜、幸德秋水等人组成社会主义研究会。1900年1月改称社会主义协会，活动至1904年11月。
1898.11	社会学会解散后，加藤弘之、元良勇次郎等人建立社会学研究会，次年创立《社会》。
1901.5	安部矶雄、片山潜、幸德秋水、木下尚江、西川光次郎、河上清等人结成社会民主党，即日禁止。
1901.7	黑岩周六、幸德秋水、内村鉴三、堺利彦等人组织理想团。
1903.4	日本首次社会主义者大会于大阪举行。
1903.11	幸德秋水、堺利彦结成平民社，机关刊物为周刊《平民新闻》（1903.11—1905.1）、《直言》（1905.2—1905.9），1905年10月平民社解散。
1904.11	幸德秋水与堺利彦合译《共产党宣言》。
1905.8	山路爱山、斯波贞吉、中村太八郎等人成立国家社会党。
1905.11	石川旭山、木下尚江、安部矶雄创立基督教社会主义杂志《新纪元》，1906年11月停刊。
1906.2	西川光次郎、堺利彦等人分别组织成立的日本平民党和日本社会党合并为日本社会党，《平民新闻》以日刊形式再度发行（1907.1—1907.4）。
1906.3	堺利彦创办《社会主义研究》杂志，同年8月终刊，共发行5号。
1907.8	片山潜、田添铁二、西川光次郎创办社会主义同志会。
1908.6	发生赤旗事件，又称锦辉馆事件。
1910.5	发生大逆事件，幸德秋水等人被逮捕，又称幸德事件。
1911.1	幸德秋水等人被判死刑。

参考文献

一 中文资料

1. ［爱尔兰］乔恩·哈利戴:《日本资本主义政治史》,吴忆萱等译,商务印书馆1980年版。
2. ［美］爱德华·贝拉米:《回顾》,林天斗等译,商务印书馆2009年版。
3. ［美］卡尔·兰道尔:《欧洲社会主义思想与运动史》,群立译,商务印书馆1994年版。
4. ［美］陶慕廉:《战前日本的社会民主运动》,赵晨译,中国友谊出版公司1987年版。
5. ［日］安部矶雄:《应用市政论》,张更生译,明星印刷局1927年版。
6. ［日］服部之总主编:《日本工人运动史话》,长风译,工人出版社1958年版。
7. ［日］福井准造:《近世社会主义》,赵必振译,上海时代书店1927年版。
8. ［日］今井清一:《日本近现代史》,杨孝臣等译,商务印书馆1992年版。
9. ［日］片山潜:《日本的工人运动》,王雨译,生活·读书·新知三联书店1964年版。

10. ［日］石川旭山：《近世社会主义运动史》，胡石民译，上海大东书局1931年版。

11. ［日］幸德秋水：《社会主义神髓》，马采译，商务印书馆2009年版。

12. ［日］幸德秋水：《广长舌》，中国国民丛书社译，商务印书馆1903年版。

13. ［日］幸德秋水：《基督何许人也》，马采译，商务印书馆2010年版。

14. ［日］幸德秋水：《帝国主义》，赵必振译，上海梁溪图书馆1925年版。

15. ［日］伊藤诚：《现代社会主义问题》，鲁永学译，社会科学文献出版社1996年版。

16. ［日］永田广志：《日本哲学思想史》，陈应年等译，商务印书馆1992年版。

17. ［日］远山茂树：《日本近现代史》，邹有恒译，商务印书馆1992年版。

18. 曹天禄：《日本共产党的"日本式社会主义"理论与实践》，中国社会科学出版社2010年版。

19. 戴清亮等：《社会主义学说史》，人民出版社1987年版。

20. 冯秀珍：《社会主义发展史纲》，中国法制出版社2002年版。

21. 高放等主编：《社会主义思想史》，中国人民大学出版社1987年版。

22. 黄自进：《北一辉的革命情结》，中央研究院近代史研究所2001年版。

23. 金德泉：《片山潜的事业与思想》，《国外社会科学》1984年4月。

24. 李威周：《日共创始人——片山潜》，商务印书馆1980年版。

25. 刘岳兵：《日本近现代思想史》，世界知识出版社2010年版。

26. 米庆余：《明治维新》，求实出版社1988年版。

27. 孙凯飞：《什么是社会主义》，黑龙江人民出版社1985年版。

28. 谭晓军：《日本马克思主义经济学派史》，中国社会科学出版社2012年版。

29. 陶大镛编：《社会主义思想史略》，中国青年出版社1985年版。

30. 万锋：《日本近代史》，中国社会科学出版社 1978 年版。
31. 王守华等：《日本哲学史教程》，山东大学出版社 1989 年版。
32. 吴成：《社会思潮研究》，河南人民出版社 2007 年版。
33. 吴黎平：《社会主义史》，北京出版社 1988 年版。
34. 杨煌：《解放神学：当代拉美基督教社会主义思潮》，中国社会科学出版社 2006 年版。
35. 余文烈主编：《当代国外社会主义流派》，安徽人民出版社 2000 年版。
36. 张陟遥：《播火者的使命》，社会科学文献出版社 2013 年版。
37. 张忠任：《马克思主义经济思想史（日本卷）》，中国出版集团 2006 年版。
38. 赵德宇等：《日本近现代文化史》，世界知识出版社 2010 年版。
39. 中共中央马克思恩格斯列宁斯大林著作编译局译：《资本论》，人民出版社 2004 年版。
40. 中国社会科学院马克思列宁主义、毛泽东思想研究所图书资料部编译：《社会主义、共产主义、马克思主义》，东方出版社 1985 年版。
41. 周向军等主编：《走进社会主义殿堂》，山东大学出版社 2009 年版。
42. 朱谦之：《日本哲学史》，人民出版社 2002 年版。

二　日文资料

1. ベルンシュタイン：『社会主義の諸前提と社会民主党の任務』，佐瀬昌盛訳，ダイヤモンド社 1974 年。
2. F・G・ノートヘルファー：『幸徳秋水——日本の急進主義者の肖像』，竹山護夫訳，福村出版 1980 年。
3. 岸本英夫編：『明治文化史』，原書房 1979 年。

4. 岸本英太郎：「無政府主義の抬頭と日本社会党大会——明治社会主義史の一齣」，『経済論叢』1958 年 5 月。

5. 岸本英太郎編：『明治社会運動思想』，青木文庫 1955 年。

6. 岸本英太郎編：『片山潜・田添鉄二集』，青木文庫 1955 年。

7. 岸本英太郎ほか編：『日本近代社会思想史』，青木書店 1971 年。

8. 坂本多加雄：『山路愛山』，吉川弘文館 1988 年。

9. 坂野潤治：『日本近代史』，筑摩書房 2012 年。

10. 北岡伸一：『日本政治史——外交と権力』，有斐閣 2011 年。

11. 城塚登：『社会思想史講義』，有斐閣 1998 年。

12. 赤松克麿：『日本社会運動史』，岩波書店 1952 年。

13. 出原政雄：「<書評>岡林伸夫著『ある明治社会主義者の肖像——山根吾一覚書』」，『志学館法学』2001 年 3 月。

14. 大原慧：『幸徳秋水思想と大逆事件』，青木書店 1977 年。

15. 定平元四良：「明治 20 年代の社会主義文献」，『関西学院大学社会学部紀要』1961 年 9 月。

16. 定平元四良：「明治社会主義者の基督教批判」，『社会学部記念論文集』1964 年 11 月。

17. 定平元四良：「山路愛山研究 1」，『関西学院大学社会学部紀要』1976 年 12 月。

18. 定平元四良：「山路愛山研究 2」，『関西学院大学社会学部紀要』1977 年 1 月。

19. 渡部義通ほか編：『日本社会主義文献解説』，大月書店 1958 年。

20. 飯田鼎：「明治の社会主義 3」，『三田学会雑誌』1974 年 3 月。

21. 飯田鼎：「明治社会主義史料にあらわれた外国社会主義運動——『直言』を通じてみた」，『三田学会雑誌』1961 年 6 月。

22. 岡本宏：『日本社会主義政党論史序説』，法律文化社 1968 年。
23. 岡林伸夫：「＜論説＞ある明治社会主義者の肖像——山根吾一覚書」，『同志社法学』1995 年 9 月。
24. 高坂正顕編：『明治文化史思想言論篇』，洋洋社 1955 年。
25. 高畠徹郎：『近代日本の社会思想』，新報新書 1969 年。
26. 工藤英一：『近代日本社会思想史研究』，教文館 1989 年。
27. 宮本盛太郎：『近代日本の思想 3』，有斐閣 1978 年。
28. 宮地正人ほか編：『政治社会思想史』，山川出版社 2010 年。
29. 古田光ほか編：『近代日本社会思想史』，有斐閣 1968 年。
30. 古屋哲夫：「北一輝論」，『人文学報』第 36 号，1973 年 3 月。
31. 横山源之助：『日本の下層社会』，岩波文庫 1958 年。
32. 荒畑寒村：『社会主義伝道行商日記』，新泉社 1971 年。
33. 荒畑寒村：『続平民社時代』，中央公論社 1979 年。
34. 吉川守圀：『荊逆星霜史——日本社会主義運動側面史』，青木書店 1957 年。
35. 加田哲二：『明治初期社会思想の研究』，春秋社 1933 年。
36. 嘉治隆一編：『明治文化資料叢書社会主義篇』，風間書房 1962 年。
37. 堺利彦：『堺利彦伝』，中央公論社 1978 年。
38. 堺利彦ほか：『日本社会主義運動史』，改造社 1928 年。
39. 今中寛司：「山路愛山の国家社会主義史観」，『キリスト教社会問題研究』1968 年 3 月。
40. 労働運動史研究会編：『日刊平民新聞』，明治文献資料刊行会 1961 年。
41. 労働運動史研究会編：『週刊平民新聞』，明治文献資料刊行会 1962 年。
42. 労働運動史研究会編：『労働世界』，明治文献資料刊行会 1963 年。
43. 労働運動史研究会編：『社会主義』，明治文献資料刊行会 1963 年。
44. 労働運動史研究会編：『東京社会新聞』，明治文献資料刊行会 1962 年。

45. 労働運動史研究会編：『大阪平民新聞』，明治文献資料刊行会 1962 年。
46. 労働運動史研究会編：『週刊社会新聞』，明治文献資料刊行会 1962 年。
47. 労働運動史研究会編：『光』，明治文献資料刊行会 1960 年。
48. 林癸未夫：『国家社会主義原理』，章華社 1932 年。
49. 林尚男：『平民社の人びと』，朝日新聞社 1990 年。
50. 梅澤昇平：「国家社会主義の皇室観」，『尚美学園大学総合政策論集』2011 年 6 月。
51. 米原謙：『日本政治思想』，ミネルヴァ書房 2007 年。
52. 明治文化研究会編：『明治文化全集社会篇』，日本評論社 1968 年。
53. 明治文献資料刊行会編：『国民之友』，明治文献 1967 年。
54. 木村健康：『社会思想読本』，東洋経済新報社 1970 年。
55. 木村時夫：「山路愛山の国家社会主義」，『早稲田人文自然科学研究』1968 年 3 月。
56. 内海洋一：『社会思想案内』，新有堂 1977 年。
57. 片山潜：「労働団結の必要」，『六合雑誌』第 199 号。
58. 片山潜生誕百年記念会編：『片山潜著作集第二巻』，河出書房新社 1960 年。
59. 平井俊彦編：『社会思想史を学ぶ人のために』，世界思想社 1994 年。
60. 橋川文三編：『近代日本思想史の基礎知識』，有斐閣 1975 年。
61. 橋川文三編：『近代日本政治思想史』，有斐閣 1974 年。
62. 秋山憲兄：『日本の近代化とキリスト教』，新教出版社 1973 年。
63. 仁戸田六三郎編：『現代宗教思想のエッセンス』，ぺりかん社 1979 年。
64. 山川均：「吾国におけるマルクシズムの発達」，『改造』1933 年 3 月。
65. 山路愛山ほか：『北村透谷・山路愛山』，筑摩書房 1969 年。
66. 山路愛山：『山路愛山集』，筑摩書房 1977 年。
67. 山室信一ほか校注：『明六雑誌』，岩波書店 1999 年。

68. 社会問題資料研究会編：『社会問題資料叢書第 1 輯』，東洋文化社 1979 年。
69. 生松敬三：『近代日本思想史の反省』，中央大学出版部 1971 年。
70. 辻野功：『明治社会主義史論』，法律文化社 1983 年。
71. 辻野功：「明治社会主義運動に関する一考察——直接行動論の台頭を中心にして」，『同志社法学』1963 年 9 月。
72. 石川捷治ほか編：『時代の中の社会主義』，法律文化社 1992 年。
73. 石田一良編：『日本文化史概論』，吉川弘文館 1968 年。
74. 石田一良編：『体系日本史叢書 23 思想史 2』，山川出版社 1976 年。
75. 絲屋寿雄：『日本社会運動思想史第 2 巻』，青木書店 1968 年。
76. 絲屋寿雄：『日本社会主義運動思想史』，法政大学出版局 1979 年。
77. 絲屋寿雄：『社会思想史辞典』，清水書院 1973 年。
78. 松本健一：『北一輝論』，講談社 1996 年。
79. 松本三之介：『明治精神の構造』，岩波書店 2012 年。
80. 松沢弘陽：『日本社会主義の思想』，筑摩書房 1973 年。
81. 太田雅夫：『初期社会主義史の研究』，新泉社 1991 年。
82. 太田雅夫編：『明治社会主義資料叢書』，新泉社 1974 年。
83. 藤原正人編：『幸徳秋水全集』，誠進社 1982 年。
84. 田村秀夫ほか編：『社会思想事典』，中央大学出版部 1982 年。
85. 田添鉄二：「社会党無政府党分裂の経過」，『社会新聞』第 25 号。
86. 田中真人：「村井知至——『社会主義』以後」，『キリスト教社会問題研究』1996 年 12 月。
87. 田中惣五郎：『東洋社会党考』，新泉社 1970 年。
88. 田中惣五郎編：『日本社会運動史』，東西出版社 1947 年。
89. 町田勝：「日本社会主義運動史——百年の歩みに学ぶ」，『海つばめ』735 号（1999. 7. 25）—783 号（2000. 7. 23）。

90. 同志社大学人文科学研究所編：『民友社研究』，雄山閣 1977 年。
91. 丸山宏：「明治社会主義者達の公園観」，『昭和58年度日本造園学会研究発表論文集（1）』1983 年 3 月。
92. 西田毅編：『近代日本政治思想史』，ナカニシヤ1998 年。
93. 西田毅ほか編：『民友社とその時代』，ミネルヴァ書房 2003 年。
94. 小川信一ほか：『日本資本主義発達史講座第 2 部』，岩波書店1933 年。
95. 小山仁示ほか編：『日本の革命思想』，芳賀書店 1969 年。
96. 小山仁示：『日本社会運動思想史論』，ミネルヴァ書房 1965 年。
97. 新保哲編：『日本の文化思想史』，北樹出版 1994 年。
98. 新明正道ほか編：『社会思想史辞典』，創元社 1962 年。
99. 幸徳秋水全集編集委員会編：『大逆事件アルバム』，明治文献資料刊行会 1982 年。
100. 塩田庄兵衛：『日本社会運動史』，岩波書店 1982 年。
101. 伊藤勲：『明治政党発展史論』，成文堂 1990 年。
102. 伊藤整ほか：『近代日本思想史講座』，筑摩書房 1959 年。
103. 伊藤整編：『幸徳秋水』，中央公論社 1984 年。
104. 早稲田大学社会科学研究所：『安部磯雄の研究』，早稲田大学出版部 1990 年。
105. 朝日ジャーナル編集部編：『日本の思想家』，朝日新聞社1980 年。
106. 朝日新聞社編：『史料明治百年』，朝日新聞社 1966 年。
107. 植手通有編：『日本の名著34 西周・加藤弘之』，中央公論社1984 年。
108. 中村勝範：『明治社会主義研究』，世界書院 1966 年。
109. 住谷悦治：「明治キリスト教徒の社会主義思想——島田三郎の社会主義論について」，『同志社大学経済学会』1962 年 11 月。
110. 住谷悦治ほか編：『明治社会思想の形成』，芳賀書店 1969 年。

111. 佐々木敏二：「日本の初期社会主義3」,『経済資料研究』1976 年 3 月。

112. 佐々木敏二：「日本の初期社会主義2」,『経済資料研究』1974 年 11 月。

113. 佐々木敏二：「日本の初期社会主義1」,『経済資料研究』1974 年 5 月。

后　记

自入读中国社会科学院研究生院以来,在日本研究所崔世广教授的指导下学习日本研究。在学习过程中,崔老师给我的最大影响便是对事物规律的探究态度,这足以让我受用终生。感谢崔老师的指导,带领我走入波澜壮阔的思想研究世界,并让我逐渐领略到它的独特魅力。在查找资料和阅读资料的过程中,会发现许多意味深长的小故事,像是在探寻破解百年前的未知故事情节,而且不时会出现些令人惊心动魄的历史画卷,画卷中的人物一个个都不屈不挠,在屡次被判决入狱、屡次被间谍尾随、屡次被诬陷罪名的情况下依然坚持心中理想,实在令人动容,这些无疑给写作内容增添了许多生动性,也让我对这个原本艰难深奥的题目产生浓厚的兴趣。在写作过程中,关联知识环环相扣,需要不断查阅相关文献,极大地丰富着我的知识视野,也让我对一些原本司空见惯的问题进行重新思索。

感谢我的导师,他学识渊博、为人亲切,给予我很多指导和帮助,教会我许多知识和道理,让我收获了终生难忘的博士经历。感谢社科院日本研究所所长李薇老师,在我读博期间,她曾推荐我去日本学习,正是因为那段在日本学习思考的经历才会有今天的这些内容。感谢党委书记高洪老师,他曾给予我们许多宝贵的经验之谈,让人受益匪浅。感谢外交研究室主任吕耀东老师,他的精心授课和谆谆教诲,给予我们许多思想的启迪。还要感谢所里陆续给我们开课的韩铁英老师、王伟老师,以及给我许多帮助的张建立老师、唐永亮老师和郭颖老师、林肖老师，以及我在研究生院上课时的班主任李宏武老师、日语课王炜老师和李晓东老师等等。

感谢日本国立大阪大学米原谦老师，米原老师曾在我还未去日本时便叮嘱我注意事项，曾安排我参加《幸德秋水全集》的学习课程，曾让他的中国学生帮助我在日本的生活，曾给予我许多指导意见等等，让人心生感动。感谢中国政法大学孙承老师、北京外国语大学邵建国老师、北京日本学研究中心郭连友老师、外交学院苑崇利老师，曾给本书提出过的意见和建议，感谢无私的帮助与教诲。还要感谢那时在我周围的同学好友以及师兄姐弟妹，让人格外亲切。回想起那段博士学习时光，上课学习的情景、参加活动的情景、与老师会谈的情景、在日本生活的情景等，历历在目，让我心生眷恋。

最后还要感谢我的亲朋好友，一直以来给予我的关心与温暖。

卢　坦

2015 年 9 月